新能源汽车专业职业教育创新教材

新能源汽车构造与检修

主　编　王鸿波　谢敬武
副主编　杨效军　张文祥　房　亮

机械工业出版社

本书介绍了纯电动汽车、混合动力汽车、燃料电池汽车的构造，重点介绍了纯电动汽车驱动电机及控制系统、动力电池及管理系统、充电系统等关键子系统的结构和原理，并结合维修实例介绍了常见故障的检修与排除方法，读者可以从这些维修实例中领悟出新能源汽车故障的一般维修思路。

本书适合职业学校新能源汽车专业作为教材使用，同时也适合从事新能源汽车维修工作的专业人员阅读使用。

图书在版编目（CIP）数据

新能源汽车构造与检修/王鸿波，谢敬武主编.—北京：机械工业出版社，2018.5
（2025.5重印）
新能源汽车专业职业教育创新教材
ISBN 978-7-111-59566-3

Ⅰ.①新… Ⅱ.①王… ②谢… Ⅲ.①新能源-汽车-构造-职业教育-教材②新能源-汽车-车辆修理-职业教育-教材 Ⅳ.①U469.7

中国版本图书馆 CIP 数据核字（2018）第 063288 号

机械工业出版社（北京市百万庄大街22号　邮政编码100037）
策划编辑：杜凡如　孟　阳　责任编辑：杜凡如　孟　阳
责任校对：刘秀芝　　　　　　封面设计：王九岭
责任印制：郜　敏
中煤（北京）印务有限公司印刷
2025年5月第1版第20次印刷
184mm×260mm・14.25印张・343千字
标准书号：ISBN 978-7-111-59566-3
定价：35.00元

电话服务　　　　　　　　　　　网络服务
客服电话：010-88361066　　　机　工　官　网：www.cmpbook.com
　　　　　010-88379833　　　机　工　官　博：weibo.com/cmp1952
　　　　　010-68326294　　　金　书　网：www.golden-book.com
封底无防伪标均为盗版　　　　　机工教育服务网：www.cmpedu.com

新能源汽车专业职业教育创新教材

专家委员会

顾　问

　　张延华　中国汽车维修行业协会
　　王水利　北京新能源汽车股份有限公司
　　王凯明　北京汽车技术研究总院
　　佘镜怀　国家开放大学汽车学院
　　刘　鹏　北京理工大学电动车辆国家工程实验室

主　任

　　王忠雷　北京新能源汽车股份有限公司

副主任

　　窦银忠　合众新能源汽车有限公司
　　陈圣景　北京新能源汽车股份有限公司
　　许建忠　北京汇智慧众汽车技术研究院
　　谢　元　机械工业出版社
　　许行宇　全国汽车维修标准化技术委员会

委　员

　　赵贵君　陈社会　李　刚　付照洪　王桂成
　　王巨明　孙大庆　高　岩　吴　硕　李宏刚

新能源汽车专业职业教育创新教材

编委会

主 任	冯玉芹				
副主任	刘　斌	吴宗保	尹万建	王福忠	任　东
委　员	李华伦	程玉光	王立伟	贺永帅	王国林
	汪赵强	张　瑶	温　庚	孙潇韵	张珠让
	曹向红	贾启阳	朱　岸	赵　奇	高窦平

特 别 鸣 谢

新能源汽车技术对于职业教育来说是个全新的领域，北京新能源汽车股份有限公司一直十分关注我国职业教育的发展，充分体现了国有企业的社会责任。目前，职业教育新能源汽车专业教材相对较少，为响应国家培养大国工匠的号召，北京新能源汽车股份有限公司组织编写了职业教育新能源汽车专业系列教材，并由北京汇智慧众汽车技术研究院负责开发了课程体系。在编写过程中，北京新能源汽车股份有限公司提供了大量的技术资料，给予了专业技术指导，保证了本书成为专业针对性强、适用读者群体范围广的职业教育新能源汽车专业的实用教材，尤其是王忠雷、窦银忠、陈圣景、张国敏、李春洪等提出了大量的意见和建议。在此，对北京新能源汽车股份有限公司及北京汇智慧众汽车技术研究院在本书编写过程中给予的所有支持和帮助表示由衷的感谢！

机械工业出版社

前　言

汽车产业是国民经济的重要支柱产业，汽车后市场为消费者提供买车后所需要的一切服务。据中国汽车工业协会统计，2017年1~8月，新能源汽车产销分别为34.6万辆和32万辆，同比增长33.5%和30.2%。由于新能源汽车的高速发展，其后市场必将非常广阔。掌握新能源汽车的构造与检修，对于培养新能源汽车后市场的从业人员有着非常重要的意义。汽车专业职教领域涵盖了从汽车研发设计、加工制造到使用检测维修各个阶段，但就汽车专业教材而言，表现得却不尽如人意，总是跟不上行业发展的需要。特别是在新能源汽车飞速发展的今天，如何才能培养出能够适应行业需要的人才，如何使专业课老师有一本能够满足就业岗位需求的理实一体教材，是当今急需解决的大事。

在写作本书的过程中，我们竭尽所能做到有针对性和实用性，书中紧密贴合我国新能源汽车的发展趋势，介绍了纯电动汽车、混合动力汽车和燃料电池汽车的构造，并结合主机厂的维修资料及部分维修实例，介绍了常见故障的检修与排除方法，读者可以从这些维修实例中领悟出新能源汽车故障维修的一般思路。

本书由北京市丰台区职业教育中心学校王鸿波和云南省玉溪工业财贸学校谢敬武担任主编，山东交通职业学院杨效军、漳州职业技术学院张文祥、天津职业大学房亮担任副主编，参与本书编写的还有林振昺、杨皓、陈金苗、郭崇、孙礼亮、何孟星、曹丽娜、杨溪。同时，在编写过程中得到了北京新能源汽车股份有限公司的大力支持。

编者在编写本书的过程中查阅了大量的书籍、文献和网上资料，引用了一些网上资料和参考文献中的部分内容，在此特向其作者表示深切的谢意。

由于我们水平有限，新能源纯电动汽车也正处于大发展时期，难免有疏漏和不足之处，欢迎广大读者批评指正。

编　者

目 录

前言
第1章 新能源汽车认知 ·· 1
1.1 新能源汽车概述 ··· 1
1.1.1 新能源汽车 ·· 1
1.1.2 纯电动汽车的特点 ·· 4
1.2 新能源汽车的发展 ·· 4
1.2.1 新能源纯电动汽车的发展 ·· 4
1.2.2 新能源插电式混合动力汽车的发展 ·· 6
1.2.3 新能源燃料电池汽车的发展 ··· 7
1.3 新能源纯电动汽车操作及注意事项 ·· 8
实训项目 新能源汽车认知 ··· 9
 实训1 新能源汽车仪表认知 ·· 9
本章小结 ··· 10

第2章 新能源汽车的高压安全防护 ··· 11
2.1 触电对人体的危害 ··· 11
2.1.1 电流对人体的危害 ··· 11
2.1.2 触电的形式 ··· 13
2.1.3 触电对人体的伤害 ··· 13
2.2 用电安全、防护及应急措施 ··· 14
2.2.1 电压对人体影响的等级 ··· 14
2.2.2 电气安全用具检查与使用 ·· 15
2.2.3 触电急救 ·· 17
2.2.4 伤员脱离电源后的处理 ··· 19
2.3 新能源汽车使用与维护安全操作要求 ··· 21
2.3.1 新能源汽车维修人员基本要求 ·· 21
2.3.2 新能源汽车维修安全规程 ·· 21
2.3.3 高压安全断电基本流程 ··· 22
2.3.4 新能源汽车维修必备防护措施及工具 ·· 22
实训项目 新能源汽车高压安全防护 ··· 23
 实训2 绝缘安全护具及工具的使用 ·· 23
 实训3 典型维护开关的拆卸与安装 ·· 25
 实训4 高压部分的断电与上电 ·· 27
本章小结 ··· 29

第3章 动力电池及管理系统 ··· 30
3.1 动力电池系统 ··· 30
3.1.1 锂离子电池基本知识 ·· 30
3.1.2 动力电池系统组成部件 ··· 31

3.1.3 动力电池相关术语及性能指标 …… 34
3.1.4 动力电池 IP 防护等级 …… 35
3.2 动力电池管理系统 …… 36
3.3 动力电池故障与处理 …… 40
3.3.1 动力电池故障产生的原因及诊断工具 …… 40
3.3.2 动力电池故障诊断流程 …… 44
3.3.3 动力电池故障维修实例 …… 45
实训项目 动力电池及管理系统 …… 46
实训 5 动力电池拆卸 …… 46
实训 6 动力电池内部结构组成认知 …… 47
本章小结 …… 49

第 4 章 驱动电机及控制系统 …… 50
4.1 驱动电机及控制系统概述 …… 50
4.2 直流电机 …… 53
4.3 交流感应电机 …… 57
4.4 永磁同步电机 …… 63
4.5 开关磁阻驱动电机 …… 66
4.6 电机位置传感器 …… 69
4.7 驱动电机控制器组成与功能 …… 73
4.8 电机与控制器的维护与保养 …… 82
4.9 驱动电机系统常见故障的检测与排除 …… 83
实训项目 驱动电机及控制系统 …… 87
实训 7 驱动电机更换 …… 87
实训 8 驱动电机控制器更换 …… 91
本章小结 …… 93

第 5 章 充电系统 …… 94
5.1 充电系统概述 …… 94
5.2 充电接口 …… 97
5.3 车载充电机 …… 101
5.4 充电设施及安装调试 …… 104
5.5 无线充电技术 …… 118
5.6 充电系统故障诊断与排除 …… 121
实训项目 充电系统 …… 123
实训 9 车载充电系统故障诊断与排除 …… 123
本章小结 …… 124

第 6 章 高压系统 …… 126
6.1 高压控制盒 …… 127
6.2 DC/DC 变换器 …… 129
6.3 高压配线 …… 130
6.3.1 高压线缆 …… 130
6.3.2 车辆电网回路 …… 130
6.4 绝缘防护与电隔离 …… 136

6.5 高压系统故障排查与检修 ……………………………………………………………… 142
实训项目　高压系统 ……………………………………………………………………… 143
　　实训 10　充电线束、高压线束互锁功能故障诊断 …………………………………… 143
　　实训 11　高压线束、高压控制盒拆装实操 …………………………………………… 144
　　实训 12　DC/DC 变换器故障诊断 …………………………………………………… 145
本章小结 …………………………………………………………………………………… 146

第 7 章　辅助系统 …………………………………………………………………………… 147
7.1 制动系统 ……………………………………………………………………………… 147
7.2 电动转向助力系统 …………………………………………………………………… 153
7.3 旋钮式电子换档 ……………………………………………………………………… 156
7.4 空调与暖风系统 ……………………………………………………………………… 157
7.5 冷却系统 ……………………………………………………………………………… 162
实训项目　辅助系统 ……………………………………………………………………… 166
　　实训 13　电动真空泵不工作故障诊断 ………………………………………………… 166
　　实训 14　PTC 功能故障诊断 …………………………………………………………… 166
本章小结 …………………………………………………………………………………… 168

第 8 章　电动汽车整车控制系统 …………………………………………………………… 169
8.1 整车控制系统概述 …………………………………………………………………… 169
8.2 整车控制功能介绍 …………………………………………………………………… 171
实训项目　电动汽车整车控制系统 ……………………………………………………… 178
　　实训 15　新能源 CAN 系统终端电阻的测量 ………………………………………… 178
本章小结 …………………………………………………………………………………… 179

第 9 章　插电式混合动力汽车 ……………………………………………………………… 180
9.1 发动机构造与维修 …………………………………………………………………… 181
9.2 传动系统 ……………………………………………………………………………… 183
9.3 高电压部件 …………………………………………………………………………… 186
9.4 冷却系统、空调系统和温度管理系统 ……………………………………………… 193
9.5 制动系统 ……………………………………………………………………………… 196
9.6 使用与维护 …………………………………………………………………………… 199
实训项目　插电式混合动力汽车 ………………………………………………………… 200
　　实训 16　充电应急操作 ………………………………………………………………… 200
本章小结 …………………………………………………………………………………… 202

第 10 章　燃料电池汽车 ……………………………………………………………………… 203
10.1 概述 …………………………………………………………………………………… 203
10.2 燃料电池组成及工作原理 …………………………………………………………… 204
10.3 燃料电池汽车 ………………………………………………………………………… 207
本章小结 …………………………………………………………………………………… 215

参考文献 ……………………………………………………………………………………… 216

第 1 章

新能源汽车认知

1.1 新能源汽车概述

近年在能源危机和环境污染的双重压力下，各国政府都在为新能源汽车发展提供各种政策支持，能源安全同样一直是我国政府部门所关注的重点，而冬季雾霾天让汽车尾气污染成为众矢之的，同样引发了全民对环境保护的重视，此外由于长期对"市场换技术"却未能为汽车技术带来突破而备受诟病的影响，于是早在 2001 年我国就已经确定了节能与新能源汽车的发展战略，并相继出台了各类扶持政策。习近平主席更是指出：发展新能源汽车是我国从汽车大国迈向汽车强国的必由之路，要加大研发力度，认真研究市场，用好用活政策，开发适应各种需求的产品，使之成为一个强劲的增长点。

据中国汽车工业协会统计，2023 年 1—12 月我国新能源汽车产销累计分别完成 958.7 万辆和 949.5 万辆，累计分别增长 35.8% 和 37.9%，市场占有率达到 31.6%，高于 2022 年同期 5.9 个百分点。从细分车型看，2023 年 1—12 月我国纯电动汽车产销累计分别完成 670.4 万辆和 668.5 万辆，累计分别增长 22.6% 和 24.6%；插电式混合动力汽车产销累计分别完成 287.7 万辆和 280.4 万辆，累计分别增长 81.2% 和 84.7%；燃料电池汽车产销累计分别完成 0.6 万辆和 0.6 万辆，累计分别增长 55.3% 和 72%。

1.1.1 新能源汽车

2012 年 7 月 9 日，由工信部牵头制订的《节能与新能源汽车发展规划（2011—2020 年）》正式发布。明确指出新能源汽车是指采用新型动力系统，完全或主要依靠新型能源（如电能）驱动的汽车，并将新能源汽车的范围定为插电式混合动力汽车、纯电动汽车，燃料电池汽车。

依据中华人民共和国工业和信息化部 2017 年 1 月 16 日发布的第 39 号部令《新能源汽车生产企业及产品准入管理规定》中，第三条对新能源汽车的定义如下：

本规定所称汽车，是指国家标准 GB/T 3730.1—2001《汽车和挂车类型的术语和定义》中第 2.1 款所定义的汽车整车（完整车辆）及底盘（非完整车辆），不包括整车装备质量超过 400kg 的三轮车辆。

本规定所称新能源汽车，是指采用新型动力系统，完全或主要依靠新型能源（不包括铅酸蓄电池）驱动的汽车，主要包括插电式混合动力（含增程式）汽车、纯电动汽车和燃料电池电动汽车。

1. 插电式混合动力汽车

插电式混合动力电动乘用车是指具有可外接充电功能并且具有一定的纯电动续驶里程的

混合动力电动乘用车（图1-1），同时按要求最高车速不低于100km/h，纯电驱动模式下综合工况续驶里程不低于50km。混合动力汽车就是由发动机或电机驱动的车辆，因此它免不了需要加油，它通常能够行驶在纯电动模式、纯油模式以及油电混合模式下。

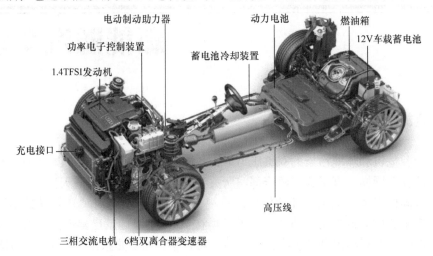

图1-1　插电式混合动力汽车

混合动力汽车一般可以分为普通混合动力汽车、插电式混合动力汽车以及增程式混合动力汽车。根据混合动力驱动的联结方式分：串联式混合动力（图1-2）、并联式混合动力（图1-3）、串并联式混合动力（图1-4）。根据在混合动力系统中，电机的输出功率在整个系统输出功率中占的比重，也就是常说的混合度的不同，混合动力系统还可以分为以下四类：

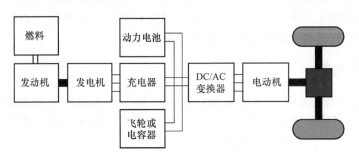

图1-2　串联式混合动力汽车类型

微混合动力系统，BSG系统，发电起动（Stop - Start）一体式电动机或加强型起动机；轻混合动力系统，ISG系统，混合度一般在20%以下；中混合动力系统，ISG系统高压电机，混合度一般在30%左右；完全混合动力系统，可纯电行驶，混合度超过50%。

传统内燃机车辆提供了良好的运行性能，并利用石油燃料高能量密度的优点可实现远距离的行驶。然而，传统内燃机车辆自身具有不

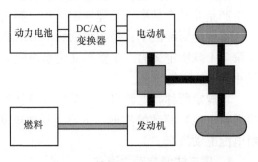

图1-3　并联式混合动力汽车类型

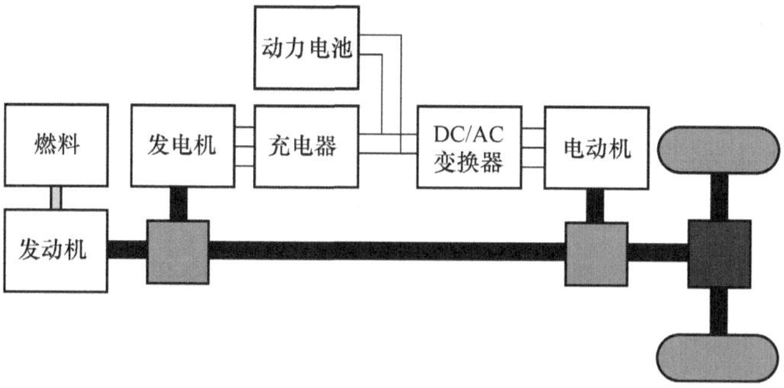

图 1-4 串并联式混合动力汽车类型

良的燃油经济性和污染环境的重要缺陷,造成其不良燃油经济性的主要原因在于:

(1) 发动机燃油效率特性与实际的运行要求不相匹配,内燃机运行在最经济的转速区间比较狭窄,在高速与城市中低速蠕行的时候效率极低。

(2) 制动期间车辆动能全部通过热能散失掉,尤其是在市区中运行时尤其明显。而配置蓄电池的电动汽车的能量使用效率很高,没有排放,但由于化学电池的能量密度远低于传统燃料,导致其续航能力,车辆动力性能都与内燃机汽车存在差距。

混合动力汽车综合了两种能量供给方式,利用他们的各自优势在保证车辆动力性能的同时又大幅提高了能量使用效率。

2. 纯电动汽车

纯电动汽车(图1-5)是指以可充电蓄电池或其他能量储存装置为动力源,用电机驱动车轮行驶,符合道路交通、安全法规和国家标准各项要求的车辆。而且不需要其他能量,如汽油、柴油等。它可以通过家用电源(普通插座)、专用充电桩或者特定的充电场所进行充电,以满足日常的行驶需求。纯电动汽车(EV)采用电动机为牵引装置,并应用化学储能电池组、燃料电池组、超级电容器或者飞轮电池组为其相应的能源来源。电动汽车具有胜过传统内燃机车辆的很多优点,比如零排放、能量转化效率高、不消耗不可再生燃料,而且运行很平稳安静。

现有的内燃机车辆与电动汽车的最显著区别,是用电机驱动装置和蓄电池组件替代内燃机和燃料箱,而保留所有其他组件。

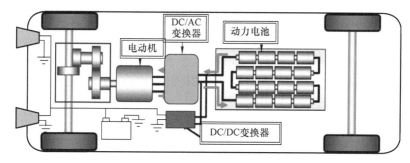

图 1-5 纯电动汽车

电力动力系统主要由三个部分组成:电机驱动系统、储能系统(动力电池组)、辅助控制系统。其中电机驱动系统由控制器(电机控制器)、电力电子变换器(DC/AC、DC/DC)、电动机、机械传动装置、驱动轮组成。储能系统由储能单元,能量管理与分配单元组成。辅助系统由整车控制器、舒适系统、辅助电源组成。

3. 燃料电池汽车

燃料电池汽车（图1-6）以燃料电池系统作为动力源或主动力源的汽车。通过氢气和氧气的化学作用，而不是经过燃烧，直接变成电能动力。与传统汽车相比，燃料电池汽车具有以下优点：零排放或近似零排放；减少了机油泄露带来的水污染；降低了温室气体的排放；提高了燃油经济性；提高了发动机燃烧效率；运行平稳、无噪声。FCEV按"多电源"的配置不同，可分为以下几种：

① 纯燃料电池驱动（PFC）的 FCEV。

② 燃料电池与辅助蓄电池联合驱动（FC + B）的 FCEV。

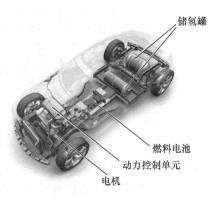

图1-6 燃料电池汽车

③ 燃料电池与超级电容联合驱动（FC + C）的 FCEV。

④ 燃料电池与辅助蓄电池和超级电容联合驱动（FC + B + C）的 FCEV。

1.1.2 纯电动汽车的特点

1. 节能环保

纯电动汽车在运行过程中可以做到零排放，完全不排放污染大气的有害气体。节能方面主要是因为电机的高转化效率，我们可以按电动汽车的百公里耗电量为 15~20kW·h，算上发电厂和电动机的损耗之后，百公里的能耗约为 7kg 标准煤。传统汽车按百公里耗油量 10L 计，能耗约为 10kg 标准煤。并且在城市的拥堵环境里，电动汽车的节能优势会进一步放大。

2. 结构简单，维护方便

纯电动汽车和传统汽车相比，我们可以看到发动机及占据了大量空间的排气系统、复杂的传动系统中的大部分零部件在纯电动汽车上没有了，而且电动汽车还能方便地实现四轮驱动，同时空间也得到了大幅的扩展，维护起来方便了很多。

3. 经济实惠，使用成本低

由于结构的简单，没有了发动机、离合器和变速器等需要进行经常维护的部件，同时由于采取了再生制动，制动系统的维护周期也加长了，维护的成本大大降低。

4. 噪声小

电动机在运行中的噪声和振动水平都要远远小于传统内燃机。在急速和低速情况下，电动汽车的舒适性要远高于传统汽车，随着速度的提升，胎噪和风噪成为噪声的主要来源，两者才回到同一水平上。

1.2 新能源汽车的发展

1.2.1 新能源纯电动汽车的发展

1. 国外新能源纯电动汽车的发展

1834年，苏格兰人德文博特（T. Davenport）制造了一辆电动三轮车，它由一组不可充电的简单玻璃封装的干电池驱动，只能行驶一小段距离。1859年，法国人普兰特（G. Plante）发明了世界上第一只可充电的蓄电池，为后来纯电动汽车的发展奠定了基础。1881年，法国工程师特鲁夫（G. Trouve）第一次将直流电动机和可充电的铅酸电池用于私人车辆，并在同年巴黎举办的国际电器展览会上展出了一辆能实际操作使用的电动三轮车。1885年，在德文博特的电动车问世半个世纪后，德国人卡尔·本茨（K. Benz）发明了汽油机驱动的汽车，并于1886年1月26日获得专利，成为人类历史上的伟大创举。由此可见电动汽车的历史比现在最常见的内燃机驱动的汽车要早。据统计，到1890年在全世界4200辆汽车中，有38%为电动汽车，40%为蒸汽车，22%为内燃机汽车。在1899年和1900年期间，电动汽车的销量要比其他类型的汽车销量都要好。

但是，由于但随着石油的开发和内燃机技术提高，而电池技术的局限性导致电动汽车成本难以下降，并且电动汽车的续航里程短，再加上由于当时没有晶体管技术，电动车的性能受到限制，极速大约只有32 km/h，当时内燃机汽车就已经能够超过100km/h，所以靠电力驱动的汽车逐步退出市场，到19世纪30年代，纯电动汽车几乎消失了。直到20世纪七八十年代，石油危机和空气污染等原因才促使人们重燃对纯电动汽车的兴趣。

在20世纪60年代，当时的第一大汽车生产制造企业通用汽车公司投资1500万美元开发出了Electrovair和Electrovan两款电动汽车。20世纪90年代初，一些国家和城市开始实行更严格的排放法规，1990年，美国加利福尼亚州大气资源管理局（CARS）颁布了一项法规，规定1998年在加利福尼亚州出售的汽车中，2%必须是零排放车辆（ZEV），到2003年零排放车辆应达到10%。受加利福尼亚州法规的影响，美国其他州以及世界上其他国家开始制定类似的法规，纯电动汽车被认为是符合零排放标准的唯一可用的技术，因此纯电动汽车迅速发展起来。

2. 国内新能源纯电动汽车的发展

我国早在"八五"期间就启动了电动汽车的研究和开发工作，在"九五"期间又进而启动了"空气净化工程"；到了"十五"科技部提出了我国发展新能源汽车的实施方案，电动汽车重大专项被国家科教工作领导小组批准为国家"十五"期间重点组织实施的12个重大科技专项之一。国家"863"计划电动汽车重大专项，从国家汽车产业发展战略的高度出发，选择新一代电动汽车技术作为国内汽车科技创新的主攻方向，组织企业、高等院校和科研机构，以四位一体的方式，联合进行攻关。

我国涉足新能源研究的大型集团是一汽集团，从20世纪末至今，新能源发展已经历了10余个年头，从混合动力到插电式混动再到纯电动车研发，一汽集团在新能源技术方面有了一定的积累。东风集团是国内最早研究新能源汽车技术的大企业集团之一，其纯电动技术的研发始于"八五"期间，至今已经历时20个年头，在新能源汽车关键技术的自主研发方面有了一定的积累。上汽集团开发新能源汽车是从2001年底与同济大学合作共同承担了国家"八六三"电动汽车重大专项开始。除了三大汽车集团外，最早进行纯电动汽车研发生产的是成立于2001年的天津清源电动车辆有限责任公司。另外一家最早进入批量化生产电动汽车的企业是深圳比亚迪，由于以研发生产电池起家，在电池技术领域处于国际领先水平。2009年11月14日北汽集团成立北京新能源汽车股份有限公司专门生产新能源纯电动汽车。

由于2008年奥运会的召开和2009年"十城千辆节能与新能源汽车示范推广应用工程"的开展和国家关于《新能源汽车生产企业及产品准入管理规则》推出，开启了我国新能源汽车发展的新篇章。

1.2.2 新能源插电式混合动力汽车的发展

插电式混合动力汽车（Plug – in hybrid electric vehicle，PHEV）是新型的混合动力电动汽车。它结合了传统混合动力汽车的优点，在提供较长的续航里程（指混合动力模式）的同时也能满足人们用纯电力行驶的需求，起到了良好的能源代替作用。插电式混合动力汽车在三种模式下可进行充电：

（1）汽油机工作的同时为蓄电池充电。除了急加速或上坡等状态下需要汽油机和电动机配合工作以外，通常情况下汽油机工作时电动机会停止工作，并且汽油机会为电池进行充电。

（2）制动力充电。与所有混合动力车型相同，制动时能量会被逆向存入蓄电池。

（3）外接电源充电。这也是插电式混合动力不同于传统混合动力车型的最大特点，可以通过生活中的电源插头进行蓄电池充电。

最先受到普遍关注的PHEV是美国通用公司推出的PHEV概念车——雪佛兰Volt。它采用的是串联混合动力技术，发动机（可以是内燃机也可以是燃料电池）的动力不直接驱动车轮，只是用来发电，车轮由电机带动。2011款雪佛兰Volt已在美国7个州和哥伦比亚地区进行销售。作为全球首款增程型电动车，雪佛兰Volt沃蓝达已于2011年底正式在中国上市。在美国，除Volt以外，其他PHEV还有通用公司的土星VUE插电式混合动力车、凯迪拉克Converj串联式插电式混合动力车、欧宝Ampera串联插电式混合动力车；克莱斯勒公司吉普Wrangler Unlimited牧马人插电式混合动力车、Town & Country串联插电式混合动力车；福特公司的Escape PHEV等。

日本方面有丰田公司生产的轻量插电式混合动力"FFV I/X"、Hi – CT、Plug – in HV、丰田普锐斯插电式混合动力车、三菱PX – Miex插电式混合动力、铃木雨燕串联插电式混合动力车等。

德国各大汽车公司方面有奔驰推出的Blue Zero E – Cell Plus和Vision S500插电式混合动力车及宝马Vision Efficient Dynamics插电式混合动力车等。

插电式混合动力车在我国也呈高速发展态势，2017年1~8月，插电式混合动力汽车产销分别达6.2万辆和5.9万辆。例如比亚迪公司的比亚迪秦采用1.5T发动机和电动机组成的混动系统，最大功率可以达到217kW，而电动机和峰值转矩为479N·m，在纯电状态下可续驶70km，满足日常代步需求。比亚迪唐由一台最大转矩为320N·m的2.0TI涡轮增压发动机，和两台高功率的电动机提供动力，此外比亚迪唐配备了高容量磷酸铁锂电池（18.4kW·h），在纯电动模式下最大行驶距离约为80km。上汽荣威e550动力系统由一台1.5L汽油发动机和电动机组成，综合最大功率为160kW，峰值转矩为587N·m；e550采用镍钴锰酸锂（三元材料）电池，电池的容量达到同级领先的22.4kW·h，纯电续航里程可达60km。

奇瑞艾瑞泽7e搭载一台1.6L发动机和电动机组成的动力系统，传动部分匹配CVT变速箱。据称，其最低油耗仅为2.2L/100km，所搭载的电池容量为9.2kW·h，纯电行驶续航里程超过50km。

1.2.3 新能源燃料电池汽车的发展

1801年英国科学家H·Davy发明了燃料电池的原理；1889年英国科学家Mond首先用工业煤和空气合成装置制氢，并正式用上燃料电池的命名；20世纪50年代，英国剑桥大学教授培根用高压氢试制成功5kW的燃料电池，在试验室中应用；1965年美国GE公司把燃料电池装上阿波罗（Appollo）登月飞船，提供电力；2002年美国总统布什制订《自由汽车计划（Freedom CAR）》，研究应用燃料电池汽车产业化问题，为此提供FCEV的不断探索留下不少经验和教训；2003年美国提议成立《氢能经济国际合作伙伴（IPHE）》，美国和西欧等15个国家都参与了，中国也在其中，2004年5月第二届IPHE指导委员会议就是在北京人民大会堂召开的，2007年美国通用汽车公司和加拿大知名的巴拉德燃料电池公司，在雪佛兰Equinox轿车装上燃料电池进行试运行，至今还在继续改进实验中；同年欧盟提出《欧洲清洁都市交通计划（CUTE）》，拟在阿姆斯特丹、汉堡、伦敦、马德里、斯德哥尔摩等城市开展燃料电池公共汽车示范运行；2011年德国戴姆勒汽车公司开展了FCEV全球巡展演示，投入Citano燃料电池客车36辆，由20个交通运营商负责进行巡展，其全程运行已达480万km；欧盟在2014年发布《地平线2020年计划》，指出到2020年，燃料电池各种车辆应用要达到20万辆，加氢站1000座，氢气来源50%以上来自非石化能源生成的，成本要下降90%。

国际汽车界人士认为2015年是FCEV的元年，这主要以日本丰田的"未来"（Mirai）正式进入初期的商业化运作为标志而提出的，Mirai功率113kW，转矩335N·m，相当于2.0发动机轿车水平，续行500km，在日本成本720万日元，政府补贴200万日元，市场售价500万日元（约折合26万元人民币），这和"皇冠"轿车价格差不多。丰田2015年产销700辆，2016年1600辆，其中三分之一出口，2017年计划3000万辆，2020年为迎东京的奥运会，计划推出3万辆。与此同时，本田、三菱、马自达、大发等公司也都抛出具有自己特色的FCEV，本田的ClarityFCEV续程已达589km。近来，日本通产省公布《燃料电池汽车战略路线图和氢能社会白皮书》提到，2025年实现200万辆的目标，2030年加氢站达1800座，相应对质量，成本和配套工程设施都要很好改善，形成规模化能力走向市场。

我国早在20年前的"十五"的863重大专项中，就明确指出要支持燃料电池的研发，拨款3.8亿元；到"十一五"和"十二五"规划中，在节能与新能源汽车重大项目中，都把FCEV列为重点项目，支持发展；2014年1月《中国燃料电池技术创新战略联盟》在上海成立，同济大学、清华大学、武汉理工大学、重庆大学参与，一汽、东风、上汽、长安、奇瑞等汽车及零部件企业都参与，燃料电池及其附属企业也参与，目的是加紧实行产、学、研联合，更好攻克核心技术，加强FCEV产业更好更快发展；2017年4月，三部委关于《汽车产业中长期发展规划》中，对FCEV的战略地位进一步加强，提出三个时间节点要求，2020年在特定地区的公共服务车辆领域进行小规模示范应用，2025年私人用车和公共服务用车领域批量应用，不低于1万辆，到2030年在私人乘用车，大型商用车领域进行规模化推广，不低于10万辆。与此同时，三部委发布《2016~2020新能源汽车推广应用财政支持政策通知》中指出，在2017~2020年除燃料电池汽车外，对其他新能源汽车的补助标准实行必要的退坡，而燃料电池汽车补助保持不变，甚至个别车种还有所提高。由此可见国家在宏观层面，对氢能和燃料电池汽车给予越来越重视和支持。

1.3 新能源纯电动汽车操作及注意事项

1. 夏季注意事项

严禁使用高压水枪清洗前机舱,严禁用高压水枪直接从前格栅向机舱内喷水,另外夏季的注意事项如表1-1所示。

表1-1 夏季注意事项

序号	注意事项
1	雨季行车前应先做好行车前检查,主要检查刮水器、车辆空调除雾功能是否正常
2	行驶速度尽量不要超过60km/h,暴雨尽量不要行驶,时速不应超过20km/h
3	当雨季行驶时车辆发生故障无法行驶后应当靠边停车,摆放好三角架等待救援,严禁自行维修
4	在泥泞路面行驶时,不要猛踩加速踏板,以免发生侧滑
5	请勿驶入深水中,以免发生漏电短路事故
6	当车辆被积水浸泡时,不要考虑继续行驶,应迅速断电并离开车内,尽量不要与车身金属接触,以免发生触电
7	避免高温充电。因动力电池温度特性,车辆高速行驶后,夏季建议停放30min后,在阴凉通风处进行充电
8	暴雨打雷时、尽量不要充电;车辆在露天或者地势较低的地方充电时,若开始下雨应终止充电,以免积水高度超过充电口发生短路
9	避免车辆暴晒。建议将车辆停放在阴凉通风处,以防车内温度过高,造成安全隐患

2. 冬季注意事项

纯电动车辆在冬季低温行驶后,建议及时充电,避免因长时间停驶导致动力电池温度低,造成用电浪费和充电延时;车辆充电时,建议尽量将车辆停放于避风朝阳且温度较高的环境存放;充电时预防雪水淋湿充电接口,更不要将充电插头直接暴露在雪水下,防止发生短路;避免因冬季气温较低导致充电异常情况等的出现,建议车辆充电开始后检查车辆充电是否开始。检查充电桩充电电流,若充电电流达到12A以上,充电已开始。

3. 车辆起火

车辆行驶中机舱电器起火,主要为电机控制器出故障元件温度失控起火;电线接头接触不良,通电时打火引燃电线绝缘层破损起火;动力电池内部故障起火。当出现车辆起火时,按照如下步骤冷静处理起火事故:

1)迅速停车。
2)然后切断电源。
3)取下随车灭火器。
4)依据实际情况采用不同灭火方式。

4. 拖车

车辆在需要求援时,应首先选择专业拖车公司或者进行悬吊牵引(前轮抬起),不得盲目自行拖拽,以免对车辆造成不可逆损坏。如无专业拖车公司且车辆必须四轮同时着地被牵引时,应注意在保证安全的前提下,先将起动开关置于位置1,转向盘解锁。然后,将起动开关置于位置2,可以使用制动灯、刮水器和转向灯。如果出现电器故障,则断开12V蓄电池负极电缆,并将启动置于位置1,将变速杆置于空档(N位),放开驻车制动器。建议使用硬拖,选择合适的拖车杠。在自行拖车时,因车辆特性需控制拖车时速不超过20km。

5. 车辆托底

在遭遇凹凸不平的路面时，应减速通过，尽量避免托底情况的发生，一旦发生严重托底，要检查电池外观是否发生损坏，若无损坏，重新启动车辆行驶；若发生车辆无法起动，应及时拨打救援电话，待救援人员赶赴现场处理。

车辆充电尽量浅充浅放，当电池电量接近30%时，请立刻充电，这样可以提高电池的使用寿命。电池电量接近10%时，车辆将限速9km/h。

纯电动车辆在冬季低温行驶后，应及时充电，避免因长时间停驶导致动力电池温度低，造成用电浪费和充电延时。按照保养规定里程定期进行车辆保养。车辆长期停放应保证50%~80%的电量，将12V低压电源线断开，每2~3个月至少对电池进行一次充放电，以保证电池寿命。

实训项目　新能源汽车认知

实训1　新能源汽车仪表认知

1. 实操目标

初步认知新能源汽车，能够正确的解读仪表上的图标及含义。

2. 操作时间

20min

3. 实操所需材料与工具

警示标志、警示隔离带、遮栏、使用说明书或维修手册、培训用车（EV160）。

4. 注意事项

请务必按照老师的指导，同时设置好车辆挡块，并严格按老师示范动作操作，做到安全正确，并防止造成实操总成及车辆的损坏。

5. 实操步骤

（1）打开起动开关，观察仪表指示灯。

（2）查阅用户手册及维修资料，完成以下表格。

序号	名称	符号	点亮条件	处理方式
1		🔋		
2		⛽🔌		
3		〰️ 〰️		
4		🔌		
5		READY		

（续）

序号	名称	符号	点亮条件	处理方式
6				
7				
8				
9				

本 章 小 结

1. 通过本章的学习，应当解了新能源汽车的范畴，新能源汽车，是指采用新型动力系统，完全或主要依靠新型能源（不包括铅酸蓄电池）驱动的汽车，主要包括插电式混合动力（含增程式）汽车、纯电动汽车和和燃料电池电动汽车。插电式混合动力电动乘用车是指具有可外接充电功能并且具有一定的纯电动续驶里程的混合动力电动乘用车，同时按要求最高车速不低于 100km/h，纯电驱动模式下综合工况续驶里程不低于 50km。纯电动汽车是指以可充电蓄电池或其他能量储存装置为动力源，用电机驱动车轮行驶，符合道路交通、安全法规和国家标准各项要求的车辆。燃料电池汽车以燃料电池系统作为动力源或主动力源的汽车。通过氢气和氧气的化学作用，而不是经过燃烧，直接变成电能动力。

2. 纯电动汽车与现有的内燃机车辆与电动汽车的最显著区别，是用电机驱动装置和蓄电池组件替代内燃机和燃料箱，而保留所有其他组件。电力动力系统主要由三个部分组成，电机驱动系统、储能系统（动力电池组）、辅助控制系统。其中电机驱动系统由控制器（电机控制器）、电力电子变换器（DC/AC、DC/DC）、电机、机械传动装置、驱动轮组成。储能系统由储能单元、能量管理与分配单元组成。辅助系统由整车控制器、舒适系统、辅助电源组成。

3. 混合动力汽车一般可以分为普通混合动力汽车、插电式混合动力汽车以及增程式混合动力汽车。根据混合动力驱动的联结方式分串联式混合动力、并联式混合动力、串并联式混合动力。根据在混合动力系统中，电机的输出功率在整个系统输出功率中占的比重，也就是常说的混合度的不同，混合动力系统还可以分为以下四类：微混合动力系统、轻混合动力系统、中混合动力系统、完全混合动力系统。

第 2 章

新能源汽车的高压安全防护

新能源电动汽车带有高电压动力回路,在乘用车上其最高电压可达 600V 以上。高压电缆线绝缘介质老化或受潮湿环境影响等因素都会导致绝缘性能下降,电池组自身产生的漏液、受潮等,均会导致绝缘程度下降。电源正负极引线或电池通过受潮绝缘层和底盘构成漏电回路,使底盘电位上升,不仅将影响低压电气和车辆控制器的正常工作,而且会危及乘客的人身安全。当高压电路和底盘发生多点绝缘性能严重下降时,还会导致漏电回路的热积累效应,可能造成车辆的电气火灾。新能源汽车在维修过程中,维修人员更是需要对高压部件进行维护与检修,如何保证驾驶人员、乘车人员、以及汽车保养和维修人员安全将是重点工作之一。不仅在设计时要在车辆上有相关的保护措施,同样为保证所有人员、车辆及相关设备的安全,在使用、维护维修时,也必须建立安全用电意识,创造可靠的安全作业环境,严格按照安全操作规程作业。

2.1 触电对人体的危害

电能做功的多少与电流的大小、电压的高低、通电时间长短都有关系。加在用器上的电压越高,通过的电流越大,通电时间越长,电流做功越多。对任何可以形成电流回路的物质都会和电能进行能量的转换,所以说如果有电压施加于人体就会有相应的电流从人体中流过,造成不同程度的伤害。

2.1.1 电流对人体的危害

通过人体的电流越大,热的生理反应和病理反应越明显,引起心室颤动所需的时间越短,致命的危险性越大。按照人体呈现的状态,可以将人体通过的电流分为三个级别。

(1) 感知电流:在一定概率下,通过人体引起人有任何感觉的最小电流(有效值),称为该概率下的感知电流,感知电流的最小值称为感知阈值。感知电流一般不会对人体构成伤害,但当电流增大时,感觉增强,反应加剧,可能导致坠落等二次事故。

(2) 摆脱电流:当通过人体的电流超过感知电流时,肌肉收缩增加,刺痛感觉增强,感觉部位扩展。当电流增大到一定程度时,由于中枢神经反射和肌肉收缩、痉挛,触电人将不能自行摆脱带电体。在一定概率下,人触电后能自行摆脱带电体的最大电流,称为该概率下的摆脱电流(图2-1),摆脱电流的最小值,称为摆脱阈值。摆脱电流与人体生理特征、电极形状、电极尺寸等因素有关。对应于概率50%的摆脱电流,成年男子约为16mA,成年女子约为10.5mA;对应于概率99.5%的摆脱电流则分别为9mA 和6mA。儿童的摆脱阈值较小。摆脱电流是人体可以忍受但一般尚不致造成不良后果的电流。电流超过摆脱电流以后,人会感到异常痛苦、恐慌和难以忍受,如时间过长则可能昏迷、窒息,甚至死亡。因此，可以认为摆脱电流是表明有较大危险的界限。

（3）室颤电流：通过人体引起心室发生纤维性颤动的最小电流称为室颤电流，室颤电流的最小值称为室颤阈值。室颤电流是短时间内使人致命的最小电流。室颤电流受电流持续时间、电流途径、电流种类、人体生理特征等因素的影响。当电流持续时间超过心脏搏动周期时，人的室颤电流约为 50mA；当电流持续时间短于心脏搏动周期时，人的室颤电流约为数百毫安；当电流持续时间在 0.1s 以下时，如电击发生在心脏易损期，500mA 以上的电流可引起心室颤动。

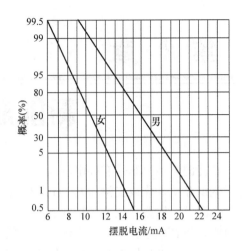

图 2-1 摆脱电流

人体通过的电流越大，人体的生理反应越明显，破坏心脏所需的时间越短，致命危险越大。对于 50mA 以下的直流电通过人体时，可以自行摆脱，即安全电流。工频交流电流通过人体时，依通过人体电流的大小不同，人体呈现的状态也不同，大致将电流划分为感知电流、摆脱电流、致命电流。

电流在人体内作用的时间越长，电击危险性越大：电击持续时间越长，人体电阻由于出汗、击穿、电解而下降，电击危险性越大；电流持续时间越长，体内积累外界电能越多，伤害程度增高，表现为室颤电流减小；电击持续时间越长，中枢神经反射越强烈，电击危险性越大。人体触电后的生理反应如图 2-2 所示。

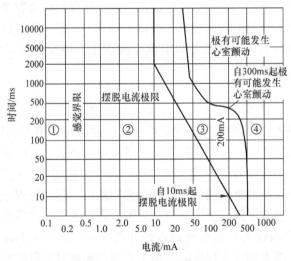

图 2-2 人体触电后的生理反应
① 无影响即使时间任意延长。
② 0.5~2mA 感觉到电，3~5mA，出现痛觉没有危险。
③ 肌肉痉挛，呼吸困难，心律失常，一般不会出现持续性器官损伤。
④ 心室颤动，心跳停止，呼吸停止。

每个人的身体条件不同，不同的人对同样电流的敏感程度和危害程度都不完全相同。人体触电时，如电压一定，则通过人体的电流由人体电阻值决定，人体电阻值越大，通过人体的电流越小,危险也就越小,反之越大。

人体等效电阻如表2-1所示,人体电阻包括体内电阻和皮肤电阻。体内电阻基本上不受外界影响,其数值一般不低于500Ω。皮肤电阻随条件不同而有很大的变化,使人体电阻也在很大范围内有所变化。干燥的皮肤有相当高的电阻,但是当皮肤潮湿时的电阻就会突然减小。一旦皮肤的电阻作用被破坏,则电流就会迅速通过血液和人体组织。一般人体电阻平均电阻值是1000~1500Ω。

表2-1 人体等效电阻

电流路径	人体电阻
手－手	1000Ω
手－脚	750Ω
手－脚	500Ω
手－胸	450Ω
手－胸	230Ω
手－臀部	300Ω

影响人体电阻的因素有很多,除了皮肤薄厚外,皮肤潮湿多汗,有损伤,带有导电性物质等均会降低人体电阻。另外,接触面积加大和接触压力增强也会降低人体电阻。通过人体电阻的电压增加,会击穿角质层,增加人体组织的电解作用,也会降低人体电阻。

此外,人体的健康程度与人的精神正常与否有关。一个健康的成人触电所引起的后果会轻一些,如果患病(心脏病、精神病、内分泌器官疾病)或者长期酗酒的人由于自身的抵抗能力较差,触电后果较之健康的人要更为严重,甚至会诱发原病。

2.1.2 触电的形式

触电的形式包括单相触电、两相触电和跨步电压触电三种。单相触电是指人体站在接地体上,当某一部位接触到电气装置带电体的任何一相形成回路所引起的触电。两相触电(线电压触电)是指人体的两处同时接触带电的任意两相电源形成回路所引起的触电。跨步电压触电是指高压输电线路一根导线发生了断线形成了接地,此时导线与大地构成回路,电流经过导线入地时,导线周围的地面形成了一个强大的电场,地面上不同点之间会形成电位差,即跨步电压。

2.1.3 触电对人体的伤害

触电对人体的伤害形式,一般可分为电击和电伤两种。

1. 电击

电流直接通过人体的伤害称为电击。电流通过人体内部造成人体器官的损伤,破坏人体内细胞的正常工作,主要表现为生物学效应。电流通过人体,会引起麻感、针刺感、压迫感、打击感、痉挛、疼痛、呼吸困难、血压异常、昏迷、心律不齐、窒息、心室颤动等症状。心室颤动是小电流电击使人致命最多见和最危险的原因。发生心室颤动时,心脏每分钟颤动1000次以上,但幅值很小,而且没有规则,血液实际上已终止循环。发生心室颤动时的心电图如图2-3所示,心室颤动是在心电图上T波前半部发生的。

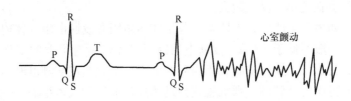

图 2-3　发生心室颤动时的心电图

当人体遭受电击时，如果有电流通过心脏，可能直接作用于心肌，引起心室颤动。如果没有电流通过心脏，亦可能经中枢神经系统反射作用于心肌，引起心室颤动。

由于电流的瞬间作用而发生心室颤动时，呼吸可能持续 2～3min。在其丧失知觉前，有时还能叫喊几声，有的还能走几步，但是，由于其心脏已进入心室颤动状态，血液已终止循环，大脑和全身迅速缺氧，病情将急剧恶化，如不及时抢救，很快将导致死亡。

2. 电伤

电流转换为其他形式的能量作用于人体的伤害称为电伤。电伤是由电流的热效应、化学效应、机械效应等对人造成的伤害。

（1）电灼伤：电灼伤是电流的热效应造成的伤害，分为电流灼伤和电弧烧伤两种情况。电流灼伤是人体与带电体接触，电流通过人体由电能转换成热能造成的伤害。电弧烧伤是由弧光放电造成的烧伤，分为直接电弧烧伤和间接电弧烧伤两种情况。直接电弧烧伤是带电体与人体之间发生电弧，有电流流过人体的烧伤；间接电弧烧伤是电弧发生在人体附近对人体的烧伤，包括熔化了的炽热金属溅出造成的烫伤。

（2）电烙印：人体与带电体接触的部位留下的永久性斑痕，斑痕处皮肤失去弹性，表皮坏死。

（3）皮肤金属化：由于电流的作用使熔化和蒸发了的金属微粒，渗入人体的皮肤，使皮肤坚硬和粗糙而呈现特殊的颜色。皮肤金属化多是在弧光放电时发生和形成的，在一般情况下，此种伤害是局部性的。

（4）机械性损伤：电流作用于人体，中枢神经反射和肌肉强烈收缩等作用导致的机体组织断裂、骨折等伤害。

（5）电光眼：当发生弧光放电时，由红外线、可见光、紫外线对眼睛的伤害，电光眼表现为角膜炎或结膜炎。

2.2　用电安全、防护及应急措施

2.2.1　电压对人体影响的等级

1. 电压等级

电压按照幅值和对人体的伤害程度划分了三个等级：安全电压、低压、高压。

安全电压是指不致人直接死亡或伤残的电压。一般环境条件下允许持续接触的"安全特低电压"是 36V。安全电压也指为了防止触电事故而由特定电源供电所采用的电压系列。安全电压应满足以下三个条件：

(1) 标称电压不超过交流 50V（AC）、直流 120V（DC）。
(2) 由安全隔离变压器供电。
(3) 安全电压电路与供电电路及大地隔离。

2. 电动汽车的工作电压等级划分

中华人民共和国国家标准 GB/T 18384.3—2015 电动汽车安全要求第 3 部分：人员触电防护内容中电路的电压分级有明确规定。

根据电路的工作电压 U，将电路分为 A/B 两级，如表 2-2 所示。

表 2-2 电动汽车的工作电压等级划分

工作电压/V	直流	交流
A 级	$0 < U \leqslant 60$	$0 < U \leqslant 30$
B 级	$60 < U \leqslant 1500$	$30 < U \leqslant 1000$

触电防护应包含防止人员与任何带电部件的直接接触和在带电部件的基本绝缘故障的情况下的触电防护。对于 A 级电压的电路不要求提供触电防护。

对于任何 B 级电压电路的带电部件，都应为人员提供危险接触的防护。直接接触防护应由带电部件的基本绝缘提供或由遮挡/外壳提供，或两者结合来提供。所有的防护及规定都是从安全的角度出发，防止人体及电气设备因触电或短路发生故障，造成事故。

2.2.2 电气安全用具检查与使用

新能源汽车的电气安全工作是一项综合性的工作，有技术的一面，也有组织管理的一面。技术和组织管理相辅相成，有着十分密切的联系。电气安全工作主要有两方面的任务。一方面是研究各种电气事故，研究电气事故的机理、原因、构成、特点、规律和防护措施；另一方面是研究用电气的方法解决各种安全问题，即研究运用电气监测、电气检查和电气控制的方法来评价系统的安全性或获得必要的安全条件。

1. 电气安全用具的种类

电气安全用具，是指在电气作业中，为了保护电气作业人员所必不可少的专用工具或用具。电气安全用具可以避免触电事故，弧光灼伤事故和高空坠落等伤害的发生。它们在各种不同的条件下具有一定的安全防护作用。电气安全用具可分为绝缘安全用具和非绝缘安全用具两大类。绝缘安全用具是防止作业人员直接接触带电体用的，按其功能又可分为基本安全用具和辅助安全用具两种。基本安全用具是指可以直接接触带电部分，能够长时间可靠地承受设备工作电压的绝缘安全用具。使用基本安全用具时，其电压等级必须与所接触的电气设备的电压等级相符合，因此这些用具都必须经过耐压试验。

辅助安全用具是指用来进一步加强基本安全用具强度而不直接接触带电设备的工具，其绝缘强度不足以抵抗电气设备运行电压。辅助安全用具一般与基本安全用具配合使用。如果仅仅使用辅助安全用具直接在高压带电设备上进行工作或操作，由于其绝缘强度较低，不能保证安全。但配合基本安全用具使用，就能防止工作人员遭受接触电压或跨步电压的危险。辅助安全用具应用于低压设备，一般可以保证安全。因此，有些辅助安全工具，如绝缘手套，在低压设备上可以作为基本安全用具使用；绝缘靴可作为防护跨步电压的基本安全用具。

非绝缘安全用具是保证电气维修安全用的,一般不具备绝缘性能,因此不能直接与带电体接触。其主要用途是防止停电的设备突然来电或者产生感应电压,防止工作人员误接触带电设备受到伤害,如防护遮栏、安全标示牌、护目镜等。这类用具虽然不绝缘但是对防止工作人员触电、灼伤是必不可少的。

2. 安全用具使用注意事项

为了保证人身及设备的安全,防止安全责任事故的发生,正确使用安全用具至关重要。在使用安全用具之前,必须对安全用具进行详细的检查,工具的外观检查仅仅是若干检查项目中的一部分,还要检查是否经试验合格、试验期是否在有效期和是否符合安全用具的要求。下面分别介绍:

(1) 安全用具的使用者应熟悉安全用具的使用方法,否则不准使用。

(2) 安全用具使用之前做外观检查,应无裂纹、露金、划痕、毛刺、孔洞、断裂、损伤、老化、松动、油污、潮湿、进水,且检验合格证应在有效期内,并由监护人复查。

(3) 使用安全用具其绝缘强度足以抵抗电气设备运行的电压。

(4) 使用验电器时,须事先在已知带电设备上确认验电器良好。

(5) 专物专用,严禁将安全用具当作其他工具使用(非电气作业),严禁超负荷使用工器具,严禁错用工器具,严禁野蛮使用工器具。

(6) 安全用具应定期进行检测。

(7) 安全用具使用完毕按规定妥善保管和摆放。

3. 安全用具试验与检查

安全用具在出厂前及使用前要进行必要的试验与检查,具体如表2-3所示。

表2-3 安全用具的试验与检查

安全用具	有效期	出厂前试验	使用前的检查
绝缘工具 VDE(1000V)	无	剥离试验、耐压试验、燃烧试验	应无油污、潮湿、松动、裂纹、露金、断裂、损伤
低压验电器	无	机械强度试验、耐久性试验、硬度试验、扭矩试验、防锈试验、电气强度试验、启辉电压试验、常态及潮态工作电流测试	用前的外观检查:应无油污、潮湿、松动、裂纹、露金、断裂、损伤。经外观检查合格后,必须在已知、且与之电压等级相符的带电体上进行试验后方可使用 每半年一次工频耐压试验,不合格即报废
绝缘手套	两年	交、直流验证电压试验,交、直流耐受电压试验、泄漏电流试验、热性能试验、耐低温试验、机械试验	应无油污、潮湿、进水、粘连、裂纹、漏气 每半年进行一次工频耐压试验,不合格即报废
绝缘鞋	两年	电性能试验、耐折性、耐磨性、耐撕裂性试验	使用之前外观检查:应无油污、潮湿、进水、外伤、裂纹、孔洞、毛刺、断底、断帮等 每半年进行一次工频耐压试验,不合格即报废

（续）

安全用具	有效期	出厂前试验	使用前的检查
绝缘垫	两年	机械试验、电气试验、老化试验、防滑试验、耐燃试验、低温试验、穿刺试验等	使用前外观检查：应无油污、潮湿、孔洞、割裂、破损、金属粉末附着、厚度减薄等 每一年进行一次工频耐压试验，不合格即报废
安全帽（D类）	无	冲击试验、穿刺试验、电绝缘试验、阻燃试验、耐低温试验等	使用前外观检查：帽壳无龟裂、凹陷、裂痕或严重磨损。帽箍、顶衬、下颚带、后扣（或帽箍扣）等组件应完好无损，帽壳与顶衬缓冲空间在25~50mm 每一年进行一次工频耐压试验，不合格即报废 安全帽只要受过一次强力的撞击，就无法再次有效吸收外力，即不能继续使用
护目镜	无	冲击试验、耐腐蚀性能试验、耐高温性能试验、耐低温性能试验、耐磨性能试验、落砂试验	使用前外观检查：镜片无裂痕或严重磨损，张紧带无老化。镜架镜腿连接可靠。外观检查不合格即报废
安全隔离栏、杆	无		外观检查无开焊无断裂，隔离杆机械锁止装置完好
高压防护罩	无	机械试验、电气试验、老化试验、防滑试验、耐燃试验、低温试验等	使用前外观检查：应无油污、潮湿、进水、粘连、裂纹、金属粉末附着物、锁具与钥匙功能完好 每半年进行一次工频耐压试验，不合格即报废
标示牌	无		张贴、悬挂的标示牌外观清洁、平整牢固。移动式置于电气部件壳体周边的标示牌不得使用金属导电材料

4. 安全用具存放注意事项

（1）绝缘安全工器具与个人防护用品应存放在温度-5~35℃，相对湿度50%~80%的干燥通风的绝缘安全工具室（柜）内。

（2）VDE绝缘工具必须独立存放，不准与其他物品混放。避免与金属锐利物接触，以防破坏绝缘。

（3）绝缘手套应存放在密闭的橱内，应与其他工具、仪表分别存放。

（4）绝缘靴应放在橱内，不准代替雨鞋使用，只限于在操作现场使用。

（5）所有安全用具不准代替其他工具使用。

5. 安全用具的报废

符合下列条件之一的安全工器具即予以报废：

（1）经试验或检验不符合国家或行业标准的安全工器具。

（2）超过有效使用期限，不能达到有效防护功能指标的安全工器具。

报废的安全工器具应及时清理，不得与合格的安全工器具存放在一起，更不得使用报废的安全工器具。

2.2.3 触电急救

进行触电急救，应坚持迅速、就地、准确、坚持的原则。触电急救必须分秒必争，立即就地迅速用心肺复苏法进行抢救，并坚持不断地进行，同时及早与医疗部门联系，争取医务人员接替救治。在医务人员未接替救治前，不应放弃现场抢救，更不能只根据没有呼吸或脉搏擅自判定伤员死亡，放弃抢救。只有医生有权做出伤员死亡的诊断。

1. 触电急救的原则

当事故已经发生，人员伤亡已成事实的时候，作为施救者，首先应该做到的是保持冷静的头脑，只有思路清晰沉着冷静者才是一个合格的施救者。换言之，只有合格的施救者作为基础，才有可能在后续的施救过程得以顺利进行。触电急救的原则如下：

（1）施救者需保持冷静的头脑。

（2）确实认清施救环境，确保施救人自身安全前提下方可进行施救。

（3）保证安全的前提下，用最快的方式将触电者脱离带电体。

（4）将触电者脱离带电体的过程中，要防止二次伤害。

（5）触电者脱离带电体以后，火速投入急救工作且拨打120求救。

（6）密切观察触电者的伤势情况，判断准确，对症施救。

（7）"不抛弃、不放弃"，在专业医护人员到达施救现场接手施救工作之前，坚决不可停止施救。

2. 脱离低压电源的方法

当发现有人触电，应该迅速将触电者脱离带电体。因为触电时间的增长和通电电流的增大会进一步的影响触电者的健康状况，甚至会神经麻痹，呼吸中断，心跳停止。掌握正确的救护方法使触电者脱离电源显得尤为重要，具体方法如下：

（1）如果触电地点附近有电源开关或者电源插销，可立即断开开关或拔掉插销，断开电源。注意：单线开关只能断开一根导线。有可能由于安装不符合标准而断开的是零线而并非火线，导致触电者仍旧未能脱离带电体。

（2）如果触电地点远离电源开关，可用有绝缘的电工钳剪断电线，或者用带绝缘木把的斧头、刀具切断电源侧的导线。此时应注意防止带电导体断落以后触及人体。

（3）触电者由于肌肉痉挛，手握带电体不放松或者是导线围绕在身上时，可先用木板或绝缘物塞进触电者身下，使其与地绝缘来隔离电源，然后再采取其他办法切断电源。

（4）如果电线搭落在触电者身上或被压在身下，可用干燥的木棒、木板、绳索、衣服、手套等绝缘物作为工具，拉开触电者或拉开电线，使触电者脱离电源。

（5）如果触电者的衣服是干燥的，又没有紧围在身上，可以用一只手抓住触电者的衣服，拉离电源。注意：因为触电者的身体是带电的，其鞋的绝缘很可能遭到破坏，施救人不可接触带电者的皮肤，也不可以抓触电者的鞋。

（6）施救人可一只手戴绝缘手套或垫着如干燥的衣服、帽子、围巾等绝缘物将触电者脱离电源。

（7）施救人可站在干燥的木板、桌椅或者绝缘胶垫等绝缘物上，用一只手拉触电者，使之脱离电源。

3. 脱离高压电源的方法

使高压触电者脱离电源与低压触电者脱离电源的方法不同，主要区别在于：电压高，一般的绝缘物不足以抵御来自高电压的威胁，不能保证施救人的人身安全。另外就是高压电源开关距离较远，不便于立即切断电源。

（1）立即通知有关部门停电。

（2）戴上绝缘手套，穿上绝缘靴，用相应电压等级的绝缘工具拉开高压熔断器。

（3）可抛掷裸金属线使线路短路接地，迫使保护装置动作，切断电源。抛掷金属线前，一定将金属线一端可靠接地，再抛掷另一端。被抛出的一端不可触及触电者和其他人。

2.2.4 伤员脱离电源后的处理

1. 防止二次伤害

触电急救时应有效防止二次伤害，不容忽视。施救环境危险的预判对于施救人来讲也同样适用。

（1）对于发生了人员触电事故，且已经自动保护跳闸的线路，应防止线路远端误合闸后再次来电。

（2）对于触电者在离地较高位置发生的触电，应防止人员坠落摔伤，同时防止导线或其他带电体掉落接触到人员，使之再次触电或砸伤。

（3）对于变压器室或另有较为复杂的触电环境（带电间隔、安全距离），应迅速撤离至安全环境中救治。

（4）推、拉触电者使之脱离带电电源时，应注意触电人的倒向，防止再次触及带电体。

2. 施救措施

（1）触电伤员如神志清醒者，应使其就地躺平，严密观察，暂时不要站立或走动。

（2）触电伤员如神志不清者，应就地仰面躺平，且确保气道通畅，并用5s时间，呼叫伤员或轻拍其肩部，以判定伤员是否意识丧失。禁止摇动伤员头部呼叫伤员。

（3）需要抢救的伤员，应立即就地坚持正确抢救，并设法联系医疗部门接替救治。

（4）呼吸、心跳情况的判定。触电伤员如意识丧失，应在10s内，用看、听、试的方法，判定伤员呼吸心跳情况。看：看伤员的胸部、腹部有无起伏动作；听：用耳贴近伤员的口鼻处，听有无呼气声音；试：试测口鼻有无呼气的气流。再用两手指轻试一侧（左或右）喉结旁凹陷处的颈动脉有无搏动。若看、听、试结果，既无呼吸又无颈动脉搏动，可判定呼吸心跳停止。

（5）如果触电者伤势不重、神志清醒，但有些心慌、四肢麻木、全身无力，或触电者曾一度昏迷，但已经清醒过来，应让触电者安静休息，不要走动。注意观察并请医生前来治疗。

（6）如果触电者伤势较重，已经失去知觉，但心脏跳动和呼吸仍在，应让触电者安静平卧，保持空气流通，解开其紧身衣服以利呼吸；若天气寒冷，则注意保温。严密观察，速请医生治疗或送往医院。如果发现触电者呼吸困难、稀少，或发生痉挛，应准备心跳或呼吸停止后立即做进一步的抢救。

（7）如果触电者伤势严重，呼吸停止或心脏跳动停止，应立即实施口对口人工呼吸或胸外心脏挤压进行急救；若二者都已停止，则应同时进行口对口人工呼吸和胸外心脏挤压急救，并速请医生或送往医院。注意：急救要尽快进行，不可等待医生到来急救，在送往医院的途中，也不能中止急救。

（8）若触电的同时发生外伤，应根据情况酌情处理。对于不危及生命的轻度外伤，可以在触电急救之后处理；对于严重的外伤，在实施人工呼吸和胸外心脏挤压的同时进行处理，如伤口出血，应予以止血，进行包扎，以防感染。

3. 心肺复苏及施救前的准备

（1）人工呼吸法施救前，尽量保证触电者移动至干燥通风处，应迅速将妨碍触电者呼吸的领口风衣扣、裤带等解开。并迅速取出触电者口腔内妨碍呼吸的食物、假牙等，以免堵塞呼吸道。

（2）胸外挤压施救前应满足人工呼吸的条件，并应使触电者仰卧在比较坚实的地方。

（3）触电伤员呼吸和心跳均停止时，应立即按心肺复苏法支持生命的三项基本措施，正确进行就地抢救。

1）通畅气道。

2）口对口（鼻）人工呼吸。

3）胸外接压（人工循环）。

4. 胸外挤压法应用

（1）救护人蹲跪在触电者一侧或骑跪在其腰部两侧，两手相叠，手掌根部放在心窝左上方，胸骨下 1/3～1/2 处。

（2）掌根用力垂直向下（脊背方向）挤压，两臂肘部要伸直，略带冲击力，压出心脏里面的血液，成年人压陷深度为 3～5cm，以每秒挤压 1 次，每分钟挤压 60 次为宜。挤压太快、太慢、太重、太轻效果都不好。对儿童用力稍轻，以免损伤胸骨，挤压速度必要时可稍快些，但不宜超过每分钟 100 次。

（3）挤压后掌根迅速全部放松，让触电者胸部自动复原，血液充满心脏，放松时掌根不必完全离开胸部。

5. 人工呼吸法应用

（1）使触电者的头部尽量后仰，鼻孔朝天，使气道畅通。

（2）施救人蹲跪在触电者的头部一侧，用一只手捏紧触电者鼻孔，另一只手的拇指和食指掰开其嘴巴，如果掰不开可用口对鼻人工呼吸法（捂住嘴巴，紧贴鼻孔吹气）。

（3）施救人深吸气后，紧贴掰开的嘴巴吹气，吹气时可隔一层纱布或毛巾，吹气时要使触电者胸部膨胀，为时 2s。对儿童的吹气量酌减。

（4）吹气完毕，立即离开触电者的口鼻，令其自行呼气，为时 3s。

（5）在人工呼吸过程中，若发现触电者有轻微的自然呼吸时，人工呼吸应与自然呼吸的频率一致。当触电者的自然呼吸好转时，可暂停人工呼吸数秒并密切观察。若正常呼吸仍不能完全恢复，应立即继续进行人工呼吸直到完全恢复正常为止。

6. 心肺复苏的注意事项

请注意，心脏跳动和呼吸是相互联系的。心脏停止跳动后呼吸也很快就停止。呼吸停止了，心脏跳动也将维持不了多久。一旦呼吸和心跳都停止了，应该同时进行口对口（鼻）人工呼吸和胸外心脏挤压。如果现场仅是一个人抢救，两种方法应交替进行，吹气 2～3 次，再挤压 10～15 次，而且吹气和挤压的速度都应该提高一些。

进行人工呼吸和胸外心脏挤压抢救要坚持不断，不可轻率终止，送医途中也不可终止抢救。在抢救过程中，经过观察如发现触电者皮肤由紫变红，瞳孔由大变小则说明抢救得到了效果；若发现触电者嘴唇微有开合、喉头微动、眼皮微动，则应注意其是否有了自主心跳和呼吸。触电者能够开始呼吸时，即可停止人工呼吸。如果人工呼吸停止后，触电者仍不能自主呼吸，应立即再次投入人工呼吸。急救过程中，如果触电者身上出现尸斑或身体僵冷，须经医生做出无法救活的诊断后方可停止抢救。

2.3 新能源汽车使用与维护安全操作要求

2.3.1 新能源汽车维修人员基本要求

（1）确保维修人员具备有相当于中等职业教育以上的学历。所谓中等职业教育包括：技校、中专、高中及职高以上教育或丰富的工作实践经验。这将确保从业人员具备有一定的分析、判断和解决问题的能力。

（2）具备有阻止他人进行违规操作、报警、紧急求救和报告安全事故的思想意识。

（3）具备有基本的维修作业安全理论与实践知识，这包括正确使用日常工具、保养工具、设备，清理和整洁工作现场，水、气、电的安全使用知识，规避工作中潜在的风险。

（4）具备有高低压电的安全相关知识，通过进行必要的测量，能够判别出这些高低压电的状况。在事故发生后能够通过有效的方式进行自救和寻求帮助。

（5）确保具备接受过纯电动汽车的维修及维护培训，并获得相关厂家的认证。参加过技术培训，并获得资格认证。熟悉所维修车型的用户手册和维修手册。在遇到故障时，能够快速查询和定位维修手册，根据维修手册相关内容进行故障排查。

（6）熟练使用各种纯电动汽车的诊断工具，如电动汽车故障电脑诊断仪、数据流采集和分析，程序刷写等专用工具。

2.3.2 新能源汽车维修安全规程

在新能源汽车使用与维护过程中必须贯彻一个方针"安全第一，预防为主"。在新能源汽车全部停电或部分停电的电气设备上工作，必须完成下列措施：①停电；②挂锁；③验电；④放电；⑤悬挂标示牌；⑥装设遮栏；⑦有监护人。在维修作业时必须注意遵守以下安全操作规程：

（1）必须穿戴齐全个人安全防护用品。禁止佩带手表、戒指、项链等首饰，防止高压系统短路，造成人员伤害，车辆和工具损坏。

（2）开始作业前必须设置安全隔离，并放置安全警示牌。

（3）开始作业前必须对工位铺设的绝缘垫进行绝缘检测。

（4）必须用干净的布或塑料罩对车辆进行保护，以免损坏车辆。

（5）工作要由两名或更多工作人员完成时，尽可能经常相互沟通。

（6）高压断电、验电和放电完成之前必须佩戴绝缘手套。

（7）举升车辆之前必须按操作规程进行相应的检查，车辆举升高度原则上不超过1.7m。

（8）在进行动力电池拆装过程中，必须严格注意动力电池举升车的举升高度和与动力电池的接触情况。

（9）在拆装各类线束（缆）时，一定要注意各插接器按要求进行断开与接合。

（10）操作过程中任何设备工具的操作必须符合操作安全规程。

2.3.3 高压安全断电基本流程

新能源汽车由于涉及高压操作,因此必须进行断电、验电和放电操作。下面以某车型为例介绍高压安全断电的基本流程。

请特别注意!不同车辆请严格参照其维修手册的要求进行高压安全断电。

1. 断电操作

首先将车钥匙置于 OFF,并拔下蓄电池负极电缆,随后对桩头做绝缘包裹,之后断开(拨出)PDU(电子分配单元)控制电路 35 针插件。

2. 验电操作

验电的目的就是检测高压直流是否还有输出,以保证后续的安全操作,因此检查端应该是在动力电池输出端。断开动力电池高压电缆有两种方法:一种是把车举起来从动力电池插接器处拔掉(有举升机的条件下)。另一种是不举升车辆而是在 PDU 插接器处拔掉(没有举升机的条件下)。用万用表直流电压档测试电池接口端是否还有电压(这是在车下方进行的,车辆在举升机上)。如果是在 PDU 接插件处断开的,就对电池的高压电缆插头进行直流电压档检测(这是在前机舱里进行的)。

3. 放电操作

用放电工装对负载端放电,如果在车的下方就对高压电缆插头放电(因为另一段连接的是 PDU——负载侧)。如果是在前机舱里放电,就拔掉 PDU 端给空调压缩机供电的插接器,在此给高压负载放电即可(这是在前机舱里进行的),直至放电工装指示灯熄灭为止,然后使用万用表对其电压进行测量,确保直流电压在 36V 以下,方可确认放电结束。

2.3.4 新能源汽车维修必备防护措施及工具

在新能源汽车维修时必要的绝缘以及防护工具包括:绝缘手套(绝缘等级为 1000V/300A)、绝缘鞋、护目镜、绝缘安全帽(D类)、警示牌(高压危险,请勿靠近)、高压测试仪、绝缘工具、放电工装等,在开始作业前要对绝缘及防护工具进行检查,以确保其性能。防护工具的用途及适用作业项目如表 2-4 所示。

表 2-4 防护工具的用途及适用作业项目

图片	名称	用途	适用作业
	绝缘橡胶手套	防止触电	验电作业 强电部位拆装作业 强电附近作业 动力电池拆装与检测
	绝缘安全鞋	防止触电	强电部位拆装作业 强电附近作业 动力电池拆装与检测

（续）

图片	名称	用途	适用作业
	护目镜	短路发生时保护眼睛不被电火花灼伤	验电作业 强电部位拆装作业 强电附近作业 动力电池拆装与检测
	绝缘橡胶垫	防止触电	强电部位拆装作业 强电附近作业 动力电池拆装与检测 注：当没有绝缘安全鞋时，可使用绝缘橡胶垫放在脚下，将车身与身体会接触的部分用橡胶垫进行隔离
	绝缘工具	防止触电、防止短接	验电作业 强电部位拆装作业 强电附近作业 动力电池拆装与检测
	电气安全锁具	防止已经拆下的高压插接头被意外接通	验电作业 强电部位拆装作业 强电附近作业 动力电池拆装与检测
	电气安全指示标牌	准确表示当前高压系统或者电动汽车状态	验电作业 强电部位拆装作业 强电附近作业 动力电池拆装与检测
	围挡与护栏	避免无资格或者不相干人员接触高压系统或者维修中的电动汽车	验电作业 强电部位拆装作业 强电附近作业 动力电池拆装与检测

实训项目　新能源汽车高压安全防护

实训2　绝缘安全护具及工具的使用

1. 实操目标

学员能够了解绝缘安全护具及工具的用途，并在老师的指导下正确使用，避免出现安全事故；学员能够判断实操环境是否符合安全操作规范及要求。

2. 操作时间

20min

3. 实操所需材料与工具

警示标志，警示隔离带，遮栏，绝缘手套（等级1000V/300A以上），皮手套，绝缘帽，绝缘鞋，防护镜，绝缘工具，汽车万用表，绝缘测试仪（表），培训用车。

4. 注意事项

请务必按照老师的指导，合理使用绝缘安全护具，并严格按老师示范动作操作，做到安全、正确，并防止造成实操总成及车辆的损坏。

5. 实操步骤

（1）绝缘手套/皮手套（图2-4）用前检查与操作中使用注意事项。

（2）安全帽/绝缘鞋（图2-5）用前检查与操作中使用注意事项。

图2-4　绝缘手套/皮手套　　　　　　　图2-5　安全帽/绝缘鞋

（3）标示牌/遮栏（图2-6）的安放位置。

图2-6　标示牌/遮栏

（4）护目镜（图2-7）的用前检查及操作中使用注意事项。

（5）绝缘垫（图2-8）的用前检查及操作中使用注意事项。

图2-7　护目镜　　　　　　　　　　　图2-8　绝缘垫

（6）绝缘工具（图2-9）的用前检查及操作中的使用注意事项。

（7）放电工装（图2-10）的用前检查及操作中的使用注意事项。

图 2-9　绝缘工具

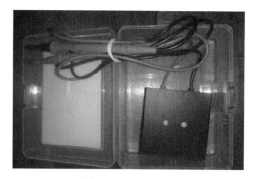

图 2-10　放电工装

实训 3　典型维护开关的拆卸与安装

1. 实操目标

学员能够找到典型维护开关的安装位置，了解其结构并能正确的拆卸与安装。通过对维护开关的拆卸安装操作，为后续高压部分及系统的维修打下基础。

2. 操作时间

25min

3. 实操所需材料与工具

典型维护开关；安全绝缘用具；警示标志，警示隔离带；培训用车。

4. 注意事项

请务必按照老师的指导，合理使用防护用品及专业工具，并严格按老师示范动作操作，做到安全、正确，并防止造成实操总成及车辆的损坏。

5. 典型维护开关的基本结构（图 2-11）**认知**

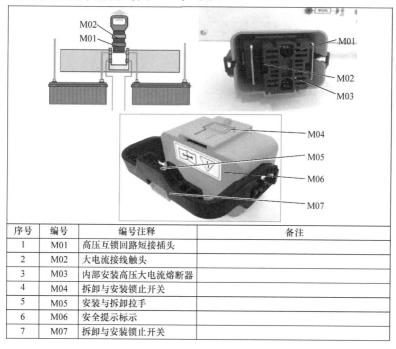

序号	编号	编号注释	备注
1	M01	高压互锁回路短接插头	
2	M02	大电流接线触头	
3	M03	内部安装高压大电流熔断器	
4	M04	拆卸与安装锁止开关	
5	M05	安装与拆卸拉手	
6	M06	安全提示标示	
7	M07	拆卸与安装锁止开关	

图 2-11　典型维护开关的基本结构

维护开关（维护插头）的拆装步骤（图2-12）：

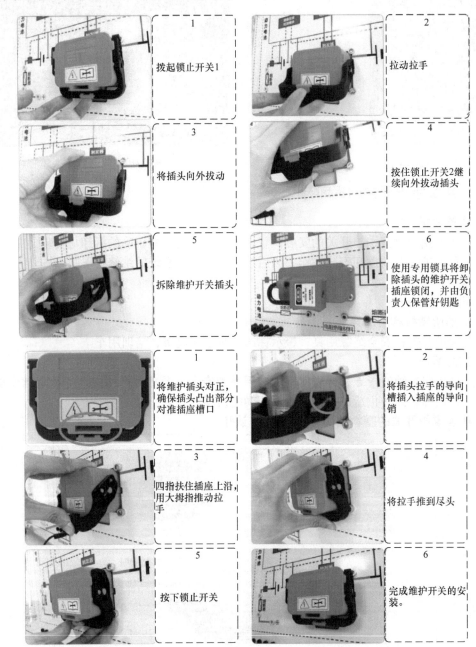

图2-12　维护开关（维护插头）的拆装步骤

6. 实操步骤

（1）实操前需安置两侧遮栏，并增添1~2名培训学员作为安全监护人。

（2）填写上电，断电操作单。

（3）将所有充电口用黄色胶带封住。

（4）关闭点火开关，拆掉12V蓄电池负极（图2-13），等待5min以上。

（5）找维护开关（图2-14）在车辆上的位置（图2-15，车型不同维护开关的位置是不一样的）并拆除后排座椅和地板胶。

图2-13 低压蓄电池负极位置　　　图2-14 维护开关　　　图2-15 维护开关的位置

（6）实操学员需佩戴绝缘手套和绝缘鞋。

（7）拆除维护开关遮板，解除维护开关锁扣并拔下维护开关（图2-16），注意维护开关锁分两级，在拆装过程中避免开关损坏。

图2-16 注意维护开关的正确拆装方法

（8）收好车辆钥匙和检修开关，锁入主修人工具箱。

（9）将车辆用警示带进行遮栏。

（10）在车辆顶部和检修开关处安置警示标志。

实训4　高压部分的断电与上电

1. 实操目标
学员可正确完成高压系统的断电与上电的操作，避免电击事故的发生。

通过检测高压端口的电压，判断是否还有剩余电荷。

通过此操作，可为后续学员进一步的实操及维修打下基础。

2. 操作时间
45min

3. 实操所需材料与工具
警示标志，警示隔离带；安全绝缘用具；汽车专用万用表；放电工装；培训用车。

4. 注意事项
请务必按照老师的指导，合理使用安全绝缘用具，并严格按老师示范动作操作，做到安全，正确，并防止造成实操总成及车辆的损坏。

5. 实操步骤

（1）检查实操场地，确认符合操作环境，举升车辆，在地面铺好绝缘垫，车辆举升后注意举升器落锁，且需要在车辆下放置安全支撑。

（2）拆除高压电池连接器遮板。

（3）找出高压线束和控制线束，特别需要说明的是需要先断开控制线束再断开高压线束（黑色线束为负极线，橙色线束为正极）。

动力电池外有三个卡扣（图2-17），解锁步骤：

图2-17 动力电池正、负极的拆装方法

1）拉出蓝色卡扣1到最大位置。

2）按压卡扣2同时向外拔出接插件护套贴近蓝色卡扣1。

3）按压卡扣3时向外拔出接插件护套，即可以脱离动力电池。

4）如图2-18所示，插入时把插头对准插座，插好后把接插件护套推到插座的根部。

5）把蓝色卡扣推回锁止位置。

图2-18 动力电池的连接插头

（4）用万用表对动力电池正、负极测量输出电压，正常值应为0V。

（5）对动力电池端的高压正、负极连接器进行放电。

（6）对高压线束端的正、负极连接器进行同样放电操作。

（7）用万用表测两端的电压，确认电压为零。

以上为高压安全断电七步法，此过程为后续所有高压安全操作、维修的基础，请务必掌握并能独立、正确的完成此项实际操作。

本 章 小 结

1. 按照人体呈现的状态，可以将人体通过的电流分为感知电流、摆脱电流、室颤电流三个级别。在一定概率下，通过人体引起人有任何感觉的最小电流（有效值），称为该概率下的感知电流。感知电流一般不会对人体构成伤害，但当电流增大时，感觉增强，反应加剧，可能导致坠落等二次事故。当电流增大到一定程度时，由于中枢神经反射和肌肉收缩、痉挛，触电人将不能自行摆脱带电体。在一定概率下，人触电后能自行摆脱带电体的最大电流，称为该概率下的摆脱电流。通过人体引起心室发生纤维性颤动的最小电流称为室颤电流，室颤电流的最小值称为室颤阈值。室颤电流是短时间内使人致命的最小电流。

2. 触电对人体的伤害形式，一般可分为电击和电伤两种。电流直接通过人体的伤害称为电击。电流通过人体内部造成人体器官的损伤，破坏人体内细胞的正常工作，主要表现为生物学效应。电流转换为其他形式的能量作用于人体的伤害称为电伤。电伤是由电流的热效应、化学效应、机械效应等对人造成的伤害，包括电灼伤、电烙印、皮肤金属化、机械性损伤、电光眼等几种形式。

3. 电气安全用具可分为绝缘安全用具和非绝缘安全用具两大类。绝缘安全用具是防止作业人员直接接触带电体用的，按其功能又可分为基本安全用具和辅助安全用具两种。基本安全用具是指可以直接接触带电部分，能够长时间可靠地承受设备工作电压的绝缘安全用具。使用基本安全用具时，其电压等级必须与所接触的电气设备的电压等级相符合，因此这些用具都必须经过耐压试验。辅助安全用具是指用来进一步加强基本安全用具强度而不直接接触带电设备的工具，其绝缘强度不足以抵抗电气设备运行电压。辅助安全用具一般须与基本安全用具配合使用。非绝缘安全用具是保证电气维修安全用的，一般不具备绝缘性能，所以不能直接与带电体接触。

4. 进行触电急救，应坚持迅速，就地，准确，坚持的原则。触电急救必须分秒必争，立即就地迅速用心肺复苏法进行抢救，并坚持不断地进行，同时及早与医疗部门联系，争取医务人员接替救治。在医务人员未接替救治前，不应放弃现场抢救，更不能只根据没有呼吸或脉搏擅自判定伤员死亡，放弃抢救。

5. 在新能源汽车使用与维护过程中必须贯彻一个方针"安全第一，预防为主"。在新能源汽车全部停电或部分停电的电气设备上工作，必须完成下列措施：①停电；②挂锁；③验电；④放电；⑤悬挂标示牌；⑥装设遮栏；⑦有监护人。

第 3 章

动力电池及管理系统

动力电池系统是为新能源汽车的驱动提供能量的能量储存装置,由一个或多个电池包以及电池管理(控制)系统组成。动力电池是新能源汽车驱动电机、动力电池、控制器三大电之一,动力电池对整车的动力性、续驶里程、安全性、可靠性和使用寿命等起到决定性作用。

3.1 动力电池系统

3.1.1 锂离子电池基本知识

锂离子电池是目前电动车上最常用的电池种类之一,从 1970 年诞生至今时间并不算长,但相对于铅酸电池、镍镉电池和镍氢电池,凭借其能量密度高、循环使用寿命长等特点迅速在电动汽车上广泛应用。目前在电动汽车上配备的锂电池主要有锰酸锂电池、磷酸铁锂电池及三元锂聚合物电池。

锂(Lithium)是一种化学元素,化学符号是 Li,它的原子序数是 3,三个电子其中两个分布在 K 层,另一个在 L 层,是化学活动性较强的金属。原子量 6.941,是最轻的碱金属元素。锂是银白色金属,质较软,可用刀切割。锂的密度非常小,仅有 $0.534g/cm^3$,非气态单质中最小的一个。密度比所有的油和液态烃都小,是最轻的金属,故应存于固体石蜡或者白凡士林中(在液体石蜡中锂也会浮起)。锂 Li 很容易分解成 Li^+ 和 e^-,即锂离子和电子。锂可与许多金属形成晶状锂合金结构物质,锂合金活性要小许多。锂 Li 在许多晶状结构的物质中可逆地以离子 Li^+ 形式嵌入和脱出。锂以这些晶状结构的材料为载体就安全多了。这是锂离子电池的应用的重要基础。

1. 锂离子电池组成与结构

无论是方形电池还是圆柱形锂离子电池基本都由正极、负极、电解液及隔膜组成,另外加上正负极引线、安全阀、PTC(正温度控制端子)、外壳等,具体材料及作用见表 3-1。

表 3-1 锂离子电池组成、材料及作用

组成	材料或作用
正极	采用锂化合物 $LiCoO_2$(钴酸锂)、$LiNiO_2$(镍酸锂)、$LiFePO_4$(磷酸铁锂)、$LiMnO_2$(锰酸锂)、以及三元材料 $Li(NiCoMn)O_2$(镍钴锰酸锂);这些锂化合物材料是晶状体结构材料
负极	采用锂-碳层间化合物 $LiXC_6$、Li_3TiO_3(钛酸锂)
电解液	一般采用溶解有锂盐的有机制剂,根据所用电解质的状态可分为液态锂离子电池、聚合物锂离子电池、全固态锂离子电池
隔膜	只允许锂离子 Li^+ 往返通过,阻止电子 e^- 通过,在正负极之间起到绝缘作用
外壳	分为钢壳(方型很少使用)、铝壳、镀镍铁壳(圆柱电池使用)、铝塑膜(软包装)等,还有电池的盖帽,也是电池的正负极引出端
安全阀	防止蓄电池内部压力过高导致蓄电池破裂,并能防止外面的空气进入蓄电池

2. 锂离子电池的充放电过程

当对电池进行充电时（图3-1），电池的正极上有锂离子脱出，脱出的锂离子经过电解液运动到负极。而作为负极的碳呈层状结构，它有很多微孔，到达负极的锂离子就嵌入到碳层的微孔中，嵌入的锂离子越多，充电容量越高。放电过程（图3-2）则正好相反，电子和Li^+同时行动，电子从负极经过外电路导体跑到正极，锂离子Li^+从晶状体结构负极"脱插"进入电解液，"穿过"隔膜上弯弯曲曲的小洞，"游泳"嵌入正极晶体空隙，与外电路过来的电子结合在一起。

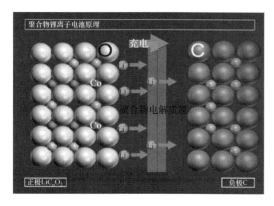

图3-1 锂离子电池的充电过程

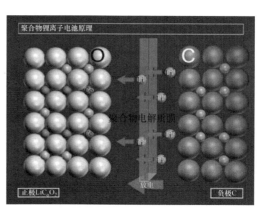

图3-2 锂离子电池的放电过程

从中不难看出，在锂离子电池的充放电过程中，锂离子处于从正极 → 负极 → 正极的运动状态。如果把锂离子电池形象地比喻为一把摇椅，摇椅的两端为电池的两极，而锂离子就象优秀的运动健将，在摇椅的两端来回奔跑。因此，专家们又给了锂离子电池一个可爱的名字摇椅式电池。

放电时锂离子不能完全移向正极，必须保留一部分锂离子在负极，以保证下次充电时的锂离子畅通嵌入通道，否则，电池寿命就相当短。为了保证碳层中放电后留有部分锂离子，也就是锂离子电池不能过放电，这就要严格限制放电终止最低电压；同时，根据锂离子工作原理最高充电终止应为4.2V，不能过充电，否则会因正极材料中的Li离子脱出太多造成晶型瘫塌，而使电池表现出寿命终结状态。由此可见，锂离子充/放电控制精度要求相当高，既不能过充电，也不能过放电，否则都将影响电池寿命，这是由锂离子电池工作机理所决定的。

3.1.2 动力电池系统组成部件

动力电池系统主要由电池模组、电池管理系统、动力电池箱及辅助元器件等四部分组成，如图3-3所示。

1. 电池模组

由一个或多个单体并联再串联成一个组合，称电池模组；把每个电池组串联起来形成动力电池总成。例如：3P91S即3个并联组成一个单体，再由91个单体串联成动力电池总成。其中P的含义是并联，S的含义是串联。图3-4所示是一款实车采用动力电池的基本性能参数，该动力电池的型号为BESK-E305-3P91S-001。

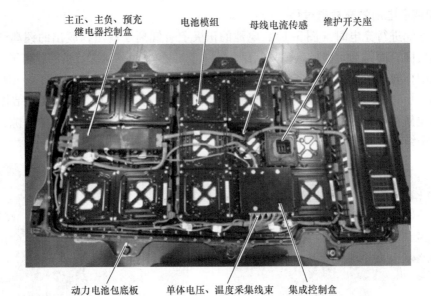

图 3-3 动力电池的内部组成

图 3-4 动力电池性能参数

2. 电池管理系统 BMS（Battery Management System）

电池管理系统 BMS 是电池的管理核心，它的作用、功能及组成见表 3-2。

表 3-2 电池管理系统作用、功能及组成

项目	内　容
作用	电池保护和管理的核心部件，在动力电池系统中，它不仅要保证电池安全可靠的使用，而且要充分发挥电池的能力和延长使用寿命；作为电池和整车控制器以及驾驶者沟通的桥梁，通过控制接触器控制动力电池组的充放电，并向 VCU（整车控制单元）上报动力电池系统的基本参数及故障信息
功能	通过电压、电流及温度检测等功能实现对动力电池系统的过电压、欠电压、过电流、过高温和过低温保护，继电器控制、SOC 估算、充放电管理、均衡控制、故障报警及处理、与其他控制器通信等功能；此外电池管理系统还具有高压回路绝缘检测功能，以及为动力电池系统加热控制功能
组成	按性质可分为硬件和软件，按功能分为数据采集单元和控制单元
硬件	主板、从板及高压盒，还包括采集电压、电流、温度等数据的电子器件
软件	监测电池的电压、电流、SOC 值、绝缘电阻值、温度值，通过与 VCU、充电机的通信，来控制动力电池系统的充放电

3. 辅助元器件

主要包括动力电池系统内部的电子电器元件，如熔断器、继电器、电流传感器、接插件、烟雾传感器以及电子电器元件以外的辅助元器件，如密封条、绝缘材料等。

（1）预充继电器与电阻（图3-5）。预充流程在充、放电初期闭合预充继电器，串进预充电阻对外部容性负载进行预充电，预充完成后断开预充继电器。

BMS控制预充继电器闭合或断开。放电模式低电压、小电流给各控制器电容充电。电容两端电压接近电池总电压时，闭合总正极继电器。充电模式给各单体进行预充电，确定单体无短路后闭合总正极继电器。

（2）电流传感器与熔断器（图3-6）。电流传感器监测充、放电电流；熔断器防止能量回收过压过流或放电过流。

（3）加热继电器与熔断器（图3-7）。充电过程当单体温度低于设定值，BMS控制加热继电器闭合，通过加热熔断器接通加热膜电路。

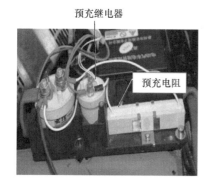

图3-5 动力电池内的预充系统

图3-6 电流传感器与熔断器

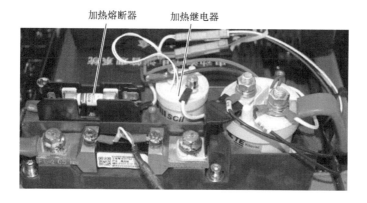

图3-7 加热继电器与熔断器

（4）继电器集成器（PRA），如图3-8所示。
（5）维护开关如图3-9所示。

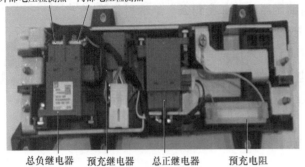

图 3-8 继电器集成器

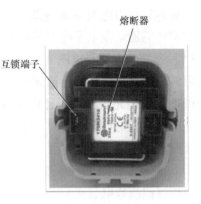

图 3-9 维护开关

3.1.3 动力电池相关术语及性能指标

（1）动力电池相关术语见表 3-3 所示，参照国标 GB/T 19596—2017 的规定。

表 3-3 动力电池相关术语

名词	英文及缩写	定义
放电深度	DOD（depth of discharge）	表示蓄电池放电状态的参数，等于实际放电容量与额定容量的百分比
涓流充电	trickle charge	为补充自放电，使蓄电池保持在近似完全充电状态的连续小电流充电
荷电状态	SOC（state-of-charge）	蓄电池放电后剩余容量与全荷电容量的百分比
n 小时率	n hour rate	表示蓄电池放电电流大小的参数，如果以电流 I 放电，蓄电池在 n 小时内放出的电量为额定容量的话，这个放电率称为 n 小时放电率
容量	C（capacity）	完全充电的蓄电池在规定条件下所释放的总的电量，单位为 A·h
额定容量	rated capacity	在规定条件下测得的，由制造商给定的蓄电池容量
n 小时率容量	n hour rate capacity	完全充电的蓄电池以 n 小时率放电电流放电，达到规定终止电压时所释放的电量
放电能量（蓄电池）	discharge energy	蓄电池放电时输出的电能，单位为 W·h
能量密度	energy density	从蓄电池的单位质量或单位体积所获取的电能，用 W·h/kg、W·h/L 来表示
质量能量密度	specific energy	从蓄电池的单位质量所获取的电能，用 W·h/kg 表示
体积能量密度	volumetric energy density	从蓄电池的单位体积所获取的电能，用 W·h/L 表示

(续)

名词	英文及缩写	定义
功率密度	power density	从蓄电池的单位质量或单位体积所获取的输出功率,用 W/kg,W/L 表示
质量功率密度	specific power	从蓄电池的单位质量所获取的输出功率,用 W/kg 表示
体积功率密度	volumetric power density	从蓄电池的单位体积所获取的输出功率,用 W/L 表示
充电终止电压	end – of – charge voltage	在规定的恒流充电期间,蓄电池达到完全充电时的电压
放电终止电压	end – of – discharge voltage	蓄电池停止放电时的电压
放电电流	discharge current	放电时蓄电池里输出的电流
自放电	self discharge	蓄电池内部自发的或不期望的化学反应造成可用容量自动减少的现象
内部短路	internal short circuit	蓄电池内部正极与负极间发生短路的现象
热失控	thermal runaway	蓄电池在充/放电过程中,电流及温度发生一种累积的互相增强的作用而导致蓄电池损坏的现象
记忆效应	memory effect	蓄电池经过长期浅充放电循环后,进行深放电时,表现出明显的容量损失和放电电压下降,经数次全充/放电循环后,电池特性即可恢复的现象
过充电	over charge	蓄电池完全充电后仍延续充电的现象
过放电	over discharge	蓄电池放电至低于放电终止电压的放电现象
绝缘电阻	insulation esistance	蓄电池端子与蓄电池箱或车体之间的电阻
内阻	internal esistance	蓄电池中电解质、正负极群、隔膜等电阻的总和

2. 不同电池类型的性能对比(表 3-4)

表 3-4 不同电池类型的性能对比

电池类型	质量能量密度/(W·h/kg)	质量功率密度/(W/kg)	能量效率(%)	循环寿命/次
铅酸电池	35 ~ 50	150 ~ 400	80	500 ~ 1000
镍镉电池	30 ~ 50	100 ~ 150	75	1000 ~ 2000
镍氢电池	60 ~ 80	200 ~ 400	70	1000 ~ 1500
锂离子电池	100 ~ 200	200 ~ 350	>90	1500 ~ 3000
锂聚合物电池	150 ~ 200	300 ~ 400	>90	2000 ~ 3000

3.1.4 动力电池 IP 防护等级

IP 表示 Ingress Protection(进入防护),防护等级多以 IP 后跟随两个数字来表述,数字用来明确防护的等级。第一位数字表明设备抗微尘的范围,或者是人们在密封环境中免受危害的程度，代表防止固体异物进入的等级（表3-5），最高级别是6；第二位数字表明设备防水的程度，代表防止进水的等级（表3-6），最高级别是8。目前很多动力电池采用的防护等级为IP67。

表3-5　第一特性（防尘等级）

防护等级	（代码中的第一个数字）简要描述定义
0	无防护
1	防直径为50mm甚至更大的固体颗粒物物体尖端或50mm直径的固体颗粒物不能完全穿透
2	防直径为12.5mm甚至更大的固体颗粒物物体尖端或12.5mm直径的固体颗粒物不能完全穿透
3	防直径为2.5mm甚至更大的固体固体颗粒物物体尖端或2.5mm直径的固体颗粒物完全不能穿透
4	防直径为1mm甚至更大的固体固体颗粒物物体尖端或1mm直径的固体颗粒物完全不能穿透
5	灰尘防护：并不能完全防止尘埃进入，但不会达到妨碍仪器正常运转及降低安全性的程度
6	灰尘禁锢：尘埃无法进入物体整个直径不能超过外壳的空隙

表3-6　第二特性（防水等级）

防护等级	（代码中的第二个数字）简要描述定义
0	无防护
1	防垂直下坠的水滴：垂直下坠的水滴不会造成有害影响
2	当外壳翘起可达15°时防垂直下坠的水滴：当外壳在垂直任何一侧以任何角度翘起不超过15°时，垂直下坠的水滴不会造成有害影响
3	防水雾：在任何一垂直侧以任何不超过60°的角度喷雾不会造成有害影响
4	防泼水：对着外壳从任何方向泼水都不会造成有害影响
5	防喷水：对着外壳从任何方向喷水都不会造成有害影响
6	防强力喷水：对着外壳从任何方向强力喷水都不会造成有害影响
7	防短时浸泡：常温常压下，当外壳暂时浸泡在1m深的水里将不会造成有害影响
8	防持续浸泡：在厂家和用户都同意，但是条件比7严酷的条件下，持续浸泡在水里将不会造成有害影响

3.2　动力电池管理系统

动力电池模组放置在一个密封并且屏蔽的动力电池箱里面，动力电池系统使用可靠的高压接插件与高压控制盒相连，然后输出的直流电由电机控制器转变为三组脉冲高压电，驱动电机工作；系统内的BMS实时采集各单体的电压、各温度传感器的温度值、电池系统的总电压值和总电流值等数据，时时监控动力电池的工作状态，并通过CAN线与VCU或充电机之间进行通信，对动力电池系统充放电等进行综合管理。

1. 基础电池模块电池电压及温度检查

几个单个单体并联后（大容量单体单个）形成基础模块，基础模块再串联形成便于在电池包内布置的模组；每个模组编上序号，每个模组内的基础模块也都有自己的序号，即 n 模组××号电池。单体电压检测用电阻阵列取单体电压值，各个模组内电池基础模块正负极分别引出检测线，集中成低压检测线束，送到电压采集从控盒对应的插接器上，然后分别引导单体电压检测电阻矩阵的对应电阻上，由控制板上的测量电路按顺序接通检测电阻，这样在检测电阻上就可以取出某个单体的电压值（图3-10 单体电压检测接点）。从控盒电路板上的检测电路对各个单体巡回检查，电压数据经隔离后送到电路板计算区域处理，再通过内部 CAN 线送主控盒分析处理；主控盒要进一步计算整个电池包的 SOC、最高电压单体与最低电压单体的差值是否超标，是否达到放电截止电压或充电截止电压；做后续控制处理。

图 3-10　单体电压检测接点

电池温度检测：电池温度检测一般在电池模组上安置温度传感器检查，温度传感器安置在模组的接线柱附近，温度传感器的测量引线分别送到从控盒的插接器对应 PIN 脚上，由从控盒内电路测量处理，并经内部 CAN 线送到主控盒电路上处理。温度信号对于电池的热保护，对于高低温加热或冷却控制是十分重要的因素。

2. 动力电池母线继电器开闭状态检测与高压回路绝缘检测

（1）动力电池上下电过程。动力电池上下电过程原理如图3-11 所示，动力电池对外部负载上电指令一般是驾驶人起动车辆，钥匙置 ON 位；动力电池负极继电器闭合；全车高压系统各个控制器初始化、自检，完成后 CAN 线通报；动力电池对内部单体电压和温度检查合格、母线绝缘检测合格；动力电池主控盒接通预充继电器（预充继电器与预充电阻串联，然后与正极继电器并联）；动力电池为外部负载所有电容器充电，当充电电压与动力电池电压差值小于 5V 时认为预充结束；控制闭合主正继电器，对外负载上电；主正闭合 10ms 后，预充继电器断开；仪表屏幕显示 READY，上电结束。当起动钥匙置 Off 档位，动力电池主控盒控制主正继电器和主负继电器断开，全车高压下电。在高压上电后如果发生重要故障，主控盒也会断开主正和主负继电器。

动力电池对外高压上下电过程，有几个重要时间节点必须检测高压回路的关键控制点。图 3-11 中 V1 检测的是动力电池串联后的总电压，若维护开关 MSD 插入良好，或者没有配置维护开关，V1 可以测出总电压。也就是说 V1 电压值可以判断动力电池串联回路的电联接是否完好。V2 检测的是预充电阻之后的电压，预充继电器闭合后高压回路接通，V2 电压随着电容器充电迅速上升，当 V2 与 V1 差值小于 5V 时，判定为预充电结束，闭合主正继电器。当预充电时间超过设定时间，系统判断并记录预充电超时故障。正极母线继电器和预充

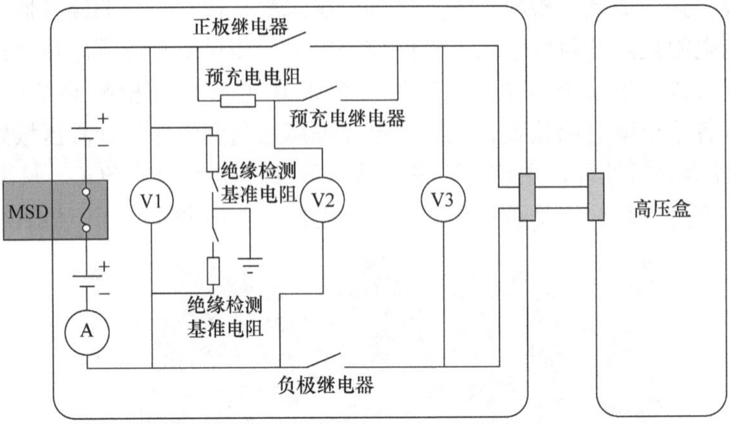

图 3-11 动力电池上下电过程原理图

电继电器闭合时间会重叠 10ms，保证对外供电流畅。如果 V2 与 V1 电压相等，则预充电继电器判定已经断开；或因故障没有按要求闭合。

负极继电器闭合后，主正继电器和预充电继电器都没有闭合，V3 电压为零；当预充电继电器闭合时，主正继电器断开，V3 电压等于 V2 电压；当主正继电器闭合后，V3 电压等于 V1 电压，由 V1、V2、V3 电压值的比较就可以判断各个继电器触点是否按要求正确开闭。

V1、V2、V3 电压检测点位置设置在继电器主触点处，通常用螺栓把检测线的线端固定在主触点座上，检测线连接到高压检测盒。图3-12是某款车高压回路绝缘检测与继电器开闭状态检测控制盒。

（2）高压回路绝缘状况检测。高压回路绝缘状况检测点，设置在正极母线和负极母线接触器主触点处。动力电池金属底壳与车身搭铁良好。通过检测高压回路正负母线对车辆底盘的绝缘电阻来反映高压电气系统的绝缘性能。

为检测绝缘电阻，将动力电池高压电源作为检测电源，在电源正极、负极和车辆底盘之

图 3-12 高压回路绝缘检测与继电器开闭状态检测控制盒

间建立桥式阻抗网络，如图 3-13 所示。其中绝缘监测电路 A 点与电源正极相连，B 点与电源负极相连，O 点与车辆底盘相连。U_0 为高压电源的输出电压，I 为绝缘检测电路内部电流。R_{g1}、R_{g2} 分别为高压正、负极引线对底盘的绝缘电阻（可以想象成一个实体电阻），其阻值根据正负母线对地（电池包壳体对车身搭铁）绝缘状况可能是变化的；母线对车身搭铁绝缘良好，R_g 阻值无穷大，母线绝缘层损坏，R_g 阻值会变小。限流电阻 R 有两个，阻值非常大，有的电动汽车 $R = 20\text{k}\Omega$。

VT$_1$、VT$_2$ 为电子控制开关管，由高压盒内部控制器通过控制其导通与关断，改变点 A 和点 B 之间的等效电阻和电源的输出电流 I。根据 U_0、I 和等效电阻之间的关系，可以计算出 R_{g1} 和 R_{g2}。相对电压 U_0 而言，开关管 VT$_1$ 和 VT$_2$ 的导通电压很小，可以忽略不计。在电动汽车运行过程中，电压 U_0 随着电量变化而变化，其数值要和电流 I 同时采集。

当 VT$_1$ 导通、VT$_2$ 关断时，图 3-14 桥式阻抗网络的等效形式为 R_{g1} 与 R 并联后与 R_{g2} 串联，这时，电源电压为 U_{01}、电流为 I_1：

$$U_{01} = I_1(R_{g2} + R_{g1}R/(R_{g1} + R)) \quad (3-1)$$

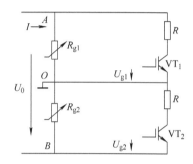

图 3-13 桥式阻抗网络电路

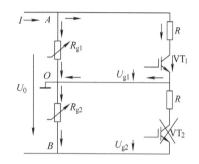

图 3-14 桥式阻抗网络等效形式（一）

当 VT$_2$ 导通、VT$_1$ 关断时，图 3-15 桥式阻抗网络的等效形式为 R_{g2} 与 R 并联后与 R_{g1} 串联，这时，电源电压为 U_{02}、电流为 I_2：

$$U_{02} = I_2(R_{g1} + R_{g2}R/(R_{g2} + R)) \quad (3-2)$$

当高压电源正、负极引线对底盘绝缘性能较好，满足 $R_{g1} > 10R$、$R_{g2} > 10R$ 时，可以做以下近似处理：

$$R_{g1}R/(R_{g1} + R) \approx R \quad (3-3)$$
$$R_{g2}R/(R_{g2} + R) \approx R \quad (3-4)$$

由式 (3-1)～式 (3-4) 得到：

$$R_{g1} = U_{02}/I_2 - R \quad (3-5)$$

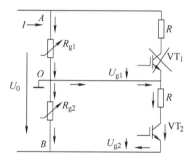

图 3-15 桥式阻抗网络等效形式（二）

$$R_{g2} = U_{01}/I_1 - R \quad (3-6)$$

如果 VT$_1$ 和 VT$_2$ 同时关断时，电流 I 大于 2mA，说明绝缘电阻 R_{g1}、R_{g2} 之和小于 250kΩ，电源的正、负极引线电缆对底盘的绝缘性能都不好，检测系统不再单独检测 R_{g1} 和 R_{g2}，立即发出报警信号。

绝缘电阻是反映电池用电安全的重要方面，根据人体所能承受的电压范围，当监测到绝缘电阻小于 500Ω/V 时，电池管理系统即对驾乘人员做出安全警告或做出切断高压继电器动作。

3. 动力电池母线电流与电压检测

动力电池母线电流检测一般有两种方法，一种是在电池高压回路串联检测电流传感器（图 3-16），另一种是用霍尔电流传感器套在高压母线上（图 3-17）。检测的电流信号送到控制盒。

母线电流用以判断是否过放电或过充电,是否降功率运行,主控盒是否采取进一步相应措施,数据还送到显示仪表、整车控制器和数据采集终端。

图 3-16　串联在主回路内的电流传感器

图 3-17　套装在母线上的霍尔电流传感器

动力母线电压信息直接在正负母线接线柱上取出送到高压绝缘盒内,隔离处理后检测计算即可。

3.3　动力电池故障与处理

3.3.1　动力电池故障产生的原因及诊断工具

下面以某车型为例介绍动力电池故障及处理。

1. 动力电池故障等级

根据故障对整车的影响划分为三个等级。三级故障表明动力电池性能下降,电池管理系统降低最大允许充/放电电流。二级故障表明动力电池在此状态下功能已经丧失,请求其他控制器停止充电或者放电;其他控制器应在一定的延时时间内响应动力电池停止充电或放电请求。一级故障表明动力电池在此状态下功能已经丧失,请求其他控制器立即(1s 内)停止充电或放电。如果其他控制器在指定时间内未作出响应,电池管理系统将在 2s 后主动停止充电或放电(即断开高压继电器)。

2. 动力电池系统故障报警阈值及处理措施

报警阈值及处理措施见表3-7。

表3-7 动力电池系统故障报警阈值及处理措施

序号	保护参数名称	单位	三级故障 阈值	三级故障 BMS措施	二级故障 阈值	二级故障 BMS措施	故障类型	一级故障 BMS措施	一级故障 阈值	BMS执行延时时间
1	总电压过电压保护	V	378(3.6×105)	降低允许充电电流	388.5(3.7×105)	请求停止充电或能量反馈	可恢复故障	N/A	N/A	N/A
2	总电压欠电压保护	V	283.5(2.7×105)	降低允许放电电流	262.5(2.5×105)	请求停止放电		N/A	N/A	N/A
3	单体电压过电压保护	V	3.6	降低允许充电电流	3.7	请求停止充电或能量反馈		3.8	主动断开继电器	2s
4	单体电压欠电压保护	V	2.7	降低允许放电电流	2.5	请求停止放电		2.3	主动断开继电器	2s
5	充电过电流保护	A	80	降低允许充电电流	100	请求停止充电或能量反馈		N/A	N/A	N/A
6	放电过电流保护	A	255	降低允许放电电流	300	请求停止放电		350	主动断开继电器	2s
7	温度过高保护	℃	45	启动冷却系统	50	请求停止充放电		55	主动断开继电器	2s
8	温度过低保护	℃	−15	启动加热系统	−20	请求停止充放电		N/A	N/A	N/A
9	温度不均衡保护	℃	10	降低允许充/放电电流	15	请求停止充放电		N/A	N/A	N/A
10	电压不均衡保护	mV	300	降低允许充/放电电流	500	请求停止充放电		N/A	N/A	N/A
11	绝缘电阻过低保护	kΩ	200	降低允许充/放电电流	40	请求停止充放电		N/A	N/A	N/A
12	SOC过低保护	%	10	降低允许充/放电电流	N/A	N/A		N/A	N/A	N/A
13	BMS与CHG通信故障	s	N/A	N/A	10	请求停止充电或能量反馈	不可恢复故障	12	主动断开继电器	6s
14	BMS内部通信故障	s	N/A	N/A	2	请求停止充/电或能量反馈		4	主动断开继电器	6s
15	高压母线连接故障	s	N/A	N/A	2	请求停止充/电或能量反馈		4	主动断开继电器	6s
16	加热元件故障	s	N/A	N/A	2	请求停止充/电或能量反馈		4	主动断开继电器	6s
17	高压母线继电器故障	s	N/A	N/A	2	请求停止充/电或能量反馈		4	主动断开继电器	6s
18	BMS硬件故障	s	N/A	N/A	2	请求停止充/电或能量反馈		4	主动断开继电器	6s

注：其他控制器响应动力电池二级故障的延时时间建议少于60s，否则会引发动力电池上报一级故障。

关于动力电池的故障,仪表上只显示动力电池故障、动力电池绝缘故障及动力电池系统断开三种故障信息,只能很粗略判断故障位置,并不能精确定位,仪表故障显示如图 3-18 所示。

图 3-18　仪表故障显示

在上述仪表显示中指示灯 1 代表动力电池故障,指示灯 2 代表动力电池切断,指示灯 3 代表动力电池绝缘故障。

3. OBD 诊断接口定义

OBD 诊断接口在驾驶人侧仪表台下侧,靠近车门处(图 3-19),各针脚定义如表 3-8 所示。

图 3-19　OBD 诊断接口

表 3-8　OBD 诊断接口定义

接口		插脚	线号	线色	线径	接线点	终端插件	插脚	线型	备注
9	1	4	G304	B	0.35	SG3			FLRY-B	地线
10	2	5	G303	B	0.35	SG3			FLRY-B	地线
11	3	6	CH9	R	0.35	SCH			FLRY-B	原车 CAN_H
12	4	7	KL	V	0.35	SKL			FLRY_B	K 线
13	5	14	CL9	L	0.35	SCL			FLRY_B	原车 CAN_L
14	6	16	I32b	LR	0.5	SI32			FLRY_B	常电
15	7	10	91	Y	0.5		CT1	11	双绞线 <50 帧/m	电池 CAN_L
16	8	2	90	W	0.5		CT1	12	双绞线 <50 帧/m	电池 CAN_H
		1	32	Y	0.5		CT1	33	双绞线 <50 帧/m	新能源 CAN_H
		9	33	W	0.5		CT1	34	双绞线 <50 帧/m	新能源 CAN_L
		3	62	D	0.5		CT1	22	双绞线 <50 帧/m	快充 CAN_H
		11	63	V	0.5		CT1	36	双绞线 <50 帧/m	快充 CAN_L
		8								

注:1. 当排查动力电池问题时,一般用插脚 2 和 10 采集电池信息进行分析。
　　2. 当排查整车故障时,一般用插脚 1 和 9 采集整车信息进行分析。
　　3. 当排查快充问题时,一般用插脚 3 和 11 采集快充 CAN 的信息进行比对分析。

4. 监控软件的使用

通过在电脑内安装的监控软件，可以读取电池内部的各种相关信息，以便判断故障是动力电池自身，还是由其他部分的故障导致了动力电池故障的出现。具体的操作方法：首先在电脑上先安装 EV03 监控软件，然后使用周立功 CAN 卡连接诊断口的 CAN3L 和 CAN3H，同时 USB 口与电脑连接，接着直接打开 EV05 应用程序，在 CONFIG 界面上进行如下操作。

（1）设置参数：选择 CAN1、500kbit/s。

（2）点击确认。

（3）点击启动，便进入使用界面（图 3-20、图 3-21），在图 3-22 界面中出现了报警项。

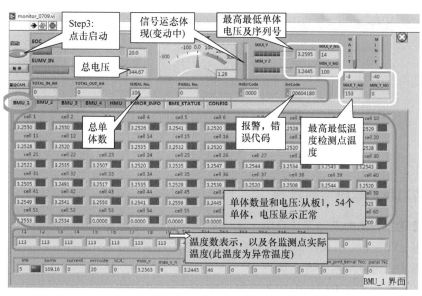

图 3-20　监控软件的使用界面（一）

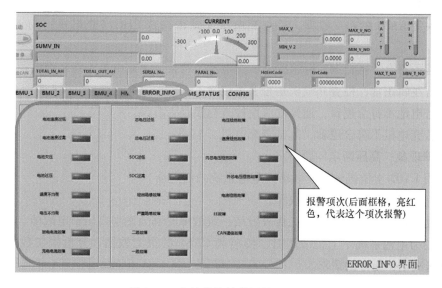

图 3-21　监控软件的使用界面（二）

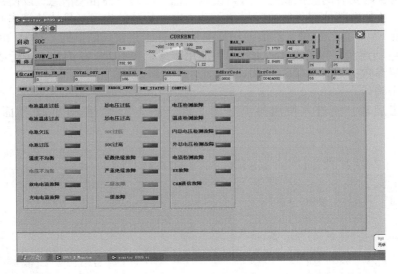

图 3-22　监控软件的使用界面（三）

3.3.2　动力电池故障诊断流程

1. 故障现象：动力电池无法充电

（1）用 EV03 上位机软件读取动力电池系统内部数据。

（2）确认动力电池系统有无故障。

（3）动力电池系统出现如电压不均衡二级故障单体电压欠压二级故障等除了 SOC 过低二级故障以外的故障时，均无法充电。

（4）动力电池系统无故障时，要监测 CAN1 的报文数据。

（5）采集 CAN1 的报文数据，检查充电报文是否符合 CHG（充电机）与 BMS 的握手过程。

（6）若不符合，再根据实际情况分析是电池不符合还是充电机不符合充电逻辑。

（7）若逻辑正常，检查充电机是否上报故障。

（8）若电池不符合逻辑，通知供应商检查程序是否有误。

（9）若充电机不符合逻辑，需排查充电机。

2. 故障现象：高压断电问题

（1）用 EV03 上位机软件读取动力电池系统内部数据。

（2）确认动力电池系统有无故障。

（3）动力电池系统出现任何二级故障或一级故障时都会发生高压断电故障。

（4）动力电池系统不上报故障时，要监测 CAN1 的报文数据，分析报文数据，检查电池是否发送继电器断开的请求。

（5）如果是电池请求继电器断开，检查报文中是否显示动力电池故障，进一步确认电池是否上报故障，如果是 VCU 发送下点指令，就可以排除电池自身的故障。

3. 故障现象：绝缘故障

（1）无论电池自身还是电池外电路的高压回路上存在绝缘故障，电池都会上报，直接导致高压断开，在排查时要先断开动力电池与其他部件的连接，然后用绝缘表依次测量各部件的绝缘值。

（2）建议优先排查方向：高压盒、电机控制器、空调压缩机、PTC。

（3）进行高压安全断电。

（4）逐段进行绝缘检测。

（5）排除故障后，装复所有高压线束，重新启动车辆，确认车辆正常显示READY。

3.3.3　动力电池故障维修实例

1. M30RB　慢充无法充电

（1）故障现象。车辆在使用充电桩充电时，充电桩指示灯亮，充电机电源工作灯亮，车辆无法充电现象。

（2）诊断思路。可能原因为动力电池控制器故障、电池包故障、通信故障。

（3）故障诊断与排除。根据上述故障现象充电桩和充电机工作指示灯正常，第一个检查对象应该放在通信和动力电池内部。用故障检测仪检测故障码及数据流，读出故障码：P1048（SOC过低保护故障）、P1040（电池单体电压欠压故障）、P1046（电池电压不均衡保护故障）、P0275（电池电压不均衡保护故障）；用EV03上位机软件读取动力电池系统内部数据：动力电池单体最低电压为2.56V，动力电池单体最高电压为3.2V；单体电压差大于500mV时动力电池管理系统（BMS）启动充、放电保护而无法充电。经过更换动力电池单体，动力电池故障解除，车辆恢复充电。

2. E150EV　上电时偶尔断高压

（1）故障现象。车辆在上电时偶尔断高压，仪表显示动力电池断开故障和系统故障。

（2）诊断思路。可能原因为动力电池内部故障、电机控制器故障、动力电池通信信号故障、整车控制器故障。

（3）故障诊断与排除。用诊断仪读出的故障码是P0773（电池系统生命信号故障），检查低压熔断器盒BMS电源熔断器正常。再将车辆用举升机升起把动力电池低压控制线束插件拔出，检查是否有退针现象。经过检查发现动力电池低压控制线束插接器内E脚为动力电池供电线端子退针，将端子复位故障解除，车辆恢复正常。

（4）故障分析。在检查电路时通常规则都是首先检查保险是否正常和电气设备端的供电情况，在这要提示一下插接器针脚是否退针、变形一定要小心留意，有时就是因为不注意细节给诊断故障过程走了弯路。在此，分析一下："电池系统生命信号"是向整车控制器（VCU）反馈其自身的工作状态，如果电池系统工作不正常，其反馈的"生命信号"与整车控制器不能匹配，此时就会报P0773（电池系统生命信号故障）。此故障是动力电池管理系统（BMS）电源供电故障，也就是说动力电池管理系统（BMS）不工作了，肯定不会给整车控制器反馈"生命信号"。

3. E150EV 动力电池断开故障灯亮

（1）故障现象。点火开关置于 ON 档，仪表显示整车系统故障灯和动力电池断开故障灯亮。

（2）诊断思路。可能原因为高压电路绝缘故障、高压控制盒故障、电机控制器故障、电机绕组故障、空调（加热）系统故障。

（3）故障诊断与排除。用诊断仪检测出故障码 P0031（电机控制器 IGBT 故障），经过故障码的分析初步判断为电机控制器故障，造成动力电池掉高压无法行驶，更换电机控制器故障排除。

（4）故障分析。经过一些经验总结，各系统故障反馈到整车控制器（VCU）的时候，仪表上的整车系统故障灯都会点亮，高压系统出现绝缘和短路动力电池就会切断输出，同时点亮仪表"动力电池断开故障灯"。出现动力电池断开故障，可以依次启动高压电器系统用排除法判断哪个系统存在故障（如：挂档行车、启动空调压缩机或启动电加热器）。

实训项目　动力电池及管理系统

实训 5　动力电池拆卸

1. 实操目标

（1）掌握动力电池高压部件的安全断电操作。

（2）能够正确安全的将动力电池从车辆上拆下。

（3）正确使用动力电池举升平台。

2. 操作时间

90min

3. 实操所需材料与工具

VCI 电动车专用诊断仪、数字万用表（电动汽车专用）、安全绝缘用具、高压安全放电工装、动力电池举升平台、双柱龙门举升器、EV160 或 EV200 整车电路图及维修手册、培训用车（EV160 或 EV200 纯电动车）。

4. 注意事项

请务必按照老师的指导，合理使用绝缘安全护具，并严格按老师示范动作操作，做到安全、正确，并防止造成实操总成及车辆的损坏。

5. 实操步骤

（1）设置安全隔栏，挂警示牌。

（2）拔下 12V 低压蓄电池负极桩头，并用电工胶布包好，拔下动力电池维修开关，车上举升机举升，拆卸底部护板，拔出动力电池的高低压线束。

（3）放电，验电。

（4）电池举升平台入位，松开卸下电池连接螺栓，放下动力电池并拉出车底，转移放到平台上。

实训 6　动力电池内部结构组成认知

1. 实操目标

（1）能够正确拆解动力电池，认识了解电池内元器件的名称、位置及功能。

（2）认识控制部件的低压供电接脚。

（3）认知电池单体串联形成的高压回路与安全控制元件。

（4）认知电池单体电压与模组温度检测元件与回路。

（5）认知电池通信 CAN 线的硬线分布与检测，认识电池模组结构。

（6）能够说出（写出）动力电池在车辆点火开关处于 OFF 位、车辆起动上电、行车、能量回馈、停车下电、慢充、快充状态时，动力电池内各个回路及部件的工作状态。

2. 操作时间

90min

3. 实操所需材料与工具

VCI 电动车专用诊断仪、数字万用表（电动汽车专用）、安全绝缘用具、高压安全放电工装、动力电池举升平台、双柱龙门举升器、EV160 或 EV200 整车电路图及维修手册、培训用车（EV160 或 EV200 纯电动车）。

4. 注意事项

请务必按照老师的指导，合理使用绝缘安全护具，并严格按老师示范动作操作，做到安全、正确，并防止造成实操总成及车辆的损坏。

5. 实操步骤

（1）松开并拧下维修开关与电池上盖的连接螺栓（小心密封胶条）。

（2）拧下电池上盖与底板的连接螺栓，打开电池上盖（小心密封胶条）。

（3）认识电池内高低压元器件。

1）高压正、负极母线继电器的位置。

2）预充电继电器的位置。

3）维修开关和熔断器的位置。

4）母线电流传感器的位置。

5）电池单体电压检测的位置。

6）电池温度传感器的位置。

7）加热继电器的位置。

8）电池内外通信 CAN 的位置与检测点。

（4）在图 3-23 画出 EV160 动力电池串联路径图

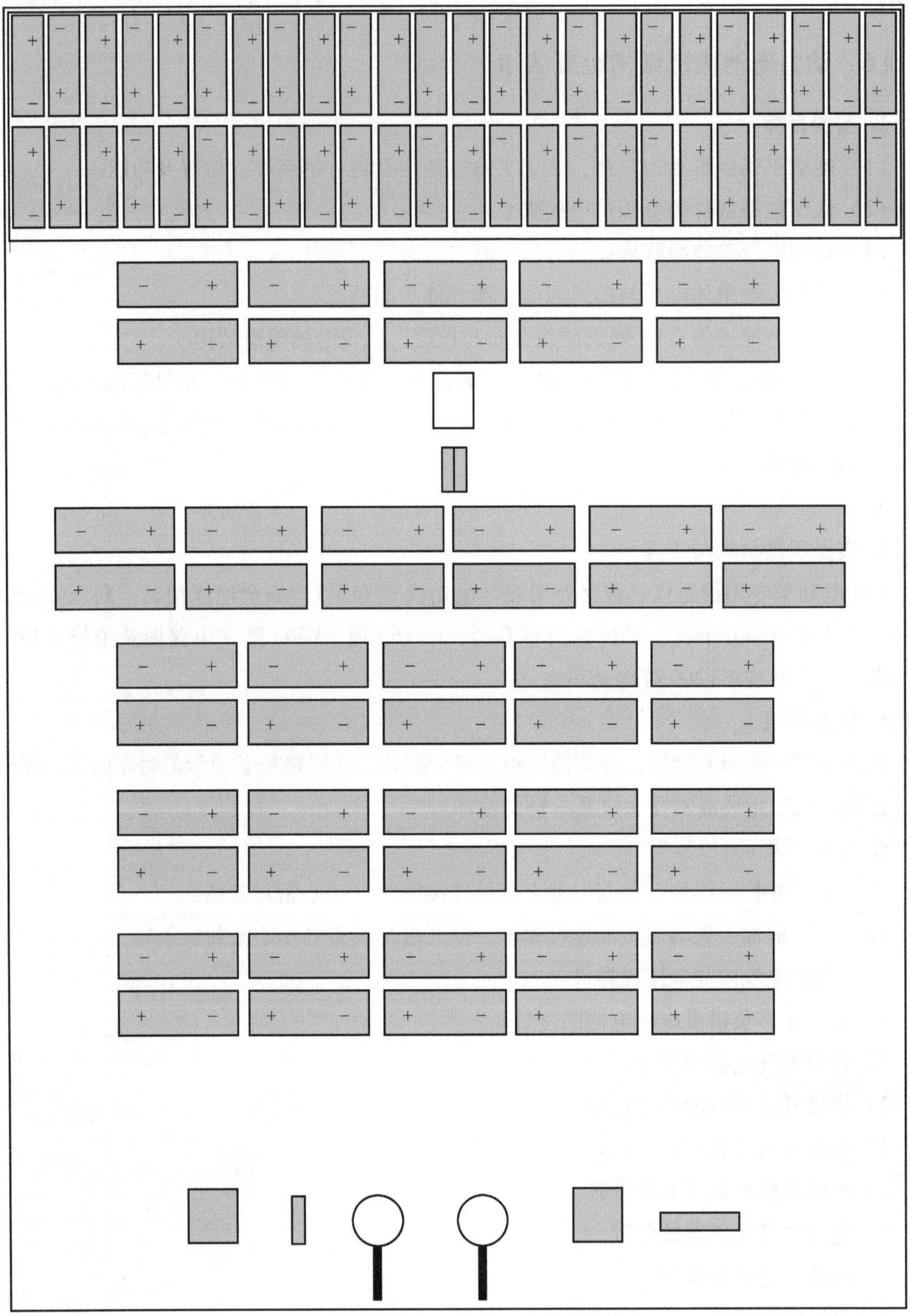

图 3-23　EV160 动力电池串联路径图

本 章 小 结

1. 锂离子电池由正极、负极、电解液及隔膜、正负极引线、安全阀、PTC（正温度控制端子）、电池壳等部件组成。

2. 锂离子电池的充放电过程。

锂离子电池充电时，电池的正极上有锂离子脱出，脱出的锂离子经过电解液运动到负极。而作为负极的碳呈层状结构，它有很多微孔，到达负极的锂离子就嵌入到碳层的微孔中，嵌入的锂离子越多，充电容量越高。

锂离子电池放电时，电子和 Li^+ 同时行动的电子从负极经过外电路导体跑到正极，锂离子 Li^+ 从晶状体结构负极"脱插"进入电解液里，"穿过"隔膜上弯弯曲曲的小洞，"游泳"嵌入正极晶体空隙，与外电路过来的电子结合在一起。

3. 动力电池系统主要由动力电池模组、电池管理系统、动力电池箱及辅助元器件等四部分组成。电池模组由一个或多个单体并联再串联而成；把每个电池组串联起来形成动力电池总成。电池管理系统是电池保护和管理的核心部件，在动力电池系统中，它不仅要保证电池安全可靠的使用，而且要充分发挥电池的能力和延长使用寿命；作为电池和整车控制器以及驾驶者沟通的桥梁，通过控制接触器控制动力电池组的充放电，并向整车控制器上报动力电池系统的基本参数及故障信息。辅助元器件主要包括动力电池系统内部的电子电器元件，如熔断器、继电器、分流器、插接器、烟雾传感器以及电子电器元件以外的辅助元器件，如密封条、绝缘材料等。

4. 结合动力电池上下电过程原理图，理解动力电池上下电过程。

5. 理解高压回路绝缘状况检测原理。

第 4 章　驱动电机及控制系统

4.1　驱动电机及控制系统概述

1. 系统概述

驱动电机系统是车辆行驶的主要执行机构，其特性决定了车辆的主要性能指标，直接影响车辆动力性、经济性和用户驾乘感受。可见，驱动电机系统是纯电动汽车中十分重要的部件。

驱动电机系统由驱动电机、驱动电机控制器构成，通过高低压线束、冷却管路，与整车其他系统作电气和散热连接（图4-1）。

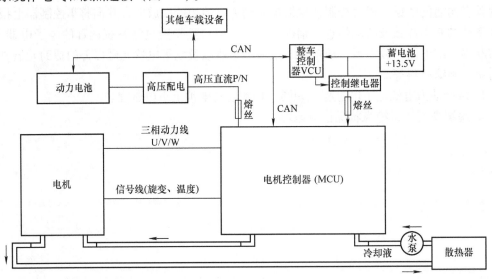

图 4-1　驱动电机系统

整车控制器（VCU）根据驾驶人意图发出各种指令，电机控制器响应并反馈，实时调整驱动电机输出，以实现整车的急速、前行、倒车、停车、能量回收以及驻坡等功能。电机控制器另一个重要功能是通信和保护，实时进行状态和故障检测，保护驱动电机系统和整车安全可靠运行。

2. 电动汽车对驱动电机性能的要求

电机是电动汽车驱动系统的核心部件，其性能直接影响电动汽车驱动系统的性能，电动汽车对驱动电机性能要求主要包括以下几个方面：

（1）结构紧凑、尺寸小、功率密度高、转矩密度高。纯电动汽车的整车布置空间有限，因此要求电机的结构尽量紧凑,便于安装布置。

(2) 可靠性要求高。能够在恶劣的条件下可靠工作,电机应具有较高的可靠性耐温和耐蚀性,并且能够在较恶劣的条件下长期使用。

(3) 重量轻、效率高、高效区广。驱动电机重量轻有利于降低整车的重量,延长汽车续航里程。电机可通过采用铝合金外壳等途径降低其重量,各种控制装置和冷却系统的材料也尽可能选用轻质材料。

(4) 低噪声、低振动、舒适性强。为了满足驾驶舒适性的要求,要求电机低噪声,低振动。

3. 电机及分类

电机是指依据电磁感应定律实现电能的生产、传输和使用的能量转换机械,按功能分可以将电机分为发电机、电动机和变压器。发电机的功能是将机械能转变为电能;电动机的功能是将电能转换为机械能,在电动汽车上,车辆由电动机所驱动,因此又称电动机为驱动电机;变压器的功能是改变交流电压的大小,也就是将一种电压等级的交流电能转为为同频率另外一种电压等级的交流电。

按运动形式分可将电机分为静止电机和运动电机,变压器为静止电机,运动电机又可分为直线电机与旋转电机。按工作电源种类划分(图4-2)可分为直流电机和交流电机。直流电机按结构及工作原理可划分:无刷直流电动机和有刷直流电机。有刷直流电机可划分:永磁直流电机和电磁直流电机。电磁直流电机划分:串励直流电机、并励直流电机、他励直流电机和复励直流电机。永磁直流电机划分:稀土永磁直流电机、铁氧体永磁直流电机和铝镍钴永磁直流电机。其中交流电机还可分:同步电机和异步电机。同步电机可划分:永磁同步电机、磁阻同步电机和磁滞同步电机。异步电机可划分:感应电机和交流换向器电机。感应电机可划分:三相异步电机、单相异步电机和罩极异步电机等。交流换向器电机可划分:单

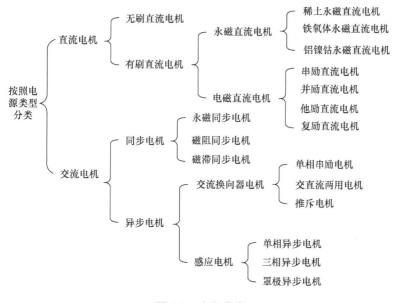

图4-2 电机分类

相串励电机、交直流两用电机和推斥电机。

4. 驱动电机主要性能指标及特点

(1) 主要性能指标见表4-1。

表4-1 驱动电机主要性能指标

序号	性能指标	定义
1	额定功率	在额定条件下的输出功率
2	持续功率	规定的最大、长期工作的功率
3	峰值功率	在规定的持续时间内,电机允许的最大输出功率
4	额定转速	额定功率下电机的最低转速
5	额定转矩	电机在额定功率和额定转速下的输出转矩
6	峰值转矩	电机在规定的持续时间内允许输出的最大转矩
7	堵转转矩	转子在所有角位堵住时所产生的转矩最小测得值
8	电机效率	驱动电机输出功率与输入电功率的百分比
9	控制器效率	控制器输出电功率与输入电功率的百分比
10	驱动电机系统效率	驱动电机系统的输出功率与输入电功率的百分比。输入电功率包含为确保驱动电机系统正常运行的其他器件电功率

(2) 各种驱动电机的基本性能比较见表4-2。

表4-2 驱动电机基本性能比较

项目	直流电机	三相异步电机	永磁同步电机	开关磁阻电机
功率密度	低	中	高	较高
过载能力(%)	200	300~500	300	300~500
峰值效率(%)	85~89	94~95	95~97	90
负荷效率(%)	80~87	90~92	97~85	78~86
功率因数(%)	—	82~85	90~93	60~65
恒功率区	—	1:5	1:2.25	1:3
转速范围/(r/min)	4000~6000	12000~20000	4000~10000	可以大于15000
可靠性	一般	好	优良	好
结构的坚固性	差	好	一般	优良
电机的外形尺寸	大	中	小	小
电机质量	重	中	轻	轻

5. 电机中所用的材料

电机中使用的材料主要包括导电材料、导磁材料、绝缘材料、结构材料等。导电材料为紫铜线、铝线,用于制成电机绕组。导磁材料主要是0.35mm或0.5mm厚的硅钢片叠成,构成电机磁路。绝缘材料用来把导电体之间、导电体与铁磁体之间绝缘开来,绝缘等级与允许温度对应关系见表4-3。结构材料是制造电机所需要的其他金属材料。

表4-3 绝缘等级与允许温度对应关系

绝缘等级	A	E	B	F	H
允许温度/℃	105	120	130	155	180

4.2 直流电机

直流电机由于存在调速性能好、过载能力强、控制简单等优势，曾在调速电机领域独占鳌头，20世纪70年代前，对调速性能要求较高场合均采用直流电机，也是电动车辆应用最早较广泛的电机。但由于其存在换向火花、电刷磨损及电机本身结构复杂等问题，随着交流变频调速技术发展，交流调速电机后来居上。目前城市无轨电车和电动叉车等场合还较多采用直流驱动系统。虽直流电机应用在逐年减少，但它包含了电力调速系统最基础的理论，即仍有必要来分析讨论，并对由蓄电池提供直流电源的车辆，也有可能设法以适当简化驱动器来降低成本。

1. 直流电机的特点

（1）调速性能好。直流电机可以在重负荷条件下，实现平滑的无级调速，而且调速范围较宽。

（2）起动转矩大。可以均匀且经济地实现转速调节，因此，凡是在重负荷下起动或是要求均匀调节转速的机械，都可以使用直流电机。

（3）控制简单。一般用斩波器控制，具有效率高、控制灵活、质量和体积小、响应速度快等优点。

（4）易磨损。由于存在电刷、换向器等易损件，必须进行定期维护或更换。

2. 新能源汽车直流电机的性能要求

（1）低能耗性。为了延长一次充电续驶里程以及抑制电机的温升，尽量保持低损耗和高效率成为直流电机的重要特性。近年来，由于稀土系列永磁体的研究开发，直流电机的效率已明显提高，能耗明显减低。

（2）环境适应性。直流电机作为新能源汽车的驱动电机时，与在室外使用时的环境大致相同，因此要求在设计时充分考虑密封的问题，防止灰尘和水汽侵入电动机，另外还要考虑电机的散热性能。

（3）抗振动性。由于直流电机具有较重的电枢，在颠簸的路况行驶时，车辆振动会影响到轴承所承受的机械应力，对这个应力进行监控和采取相应的对策是很有必要的。同时由于振动，很容易影响到换向器和电刷的滑动接触，因此必须采取提高电刷弹簧预紧力等措施。

（4）抗负载波动性。车辆在不同路况下行驶，电机的负荷会有较大的变动，在市区行驶时，交通信号密集、道路拥挤，车辆起动、加速和制动等工况较频繁，不可避免地经常在最大功率下运行，此时电刷与换向器之间的电火花和磨损非常剧烈，因此必须注意换向极和补偿绕组的设计。在郊外行驶时，电机的输出速度较高，转矩较低，一般要以高效率的额定条件运行，而直流电机在高速运行情况下，对其换向器部分的机械应力和换向条件的要求会变得严格，因此在大型车辆驱动系统中，大多设置变速器以达到提高起动转矩的目的。

（5）小型化、轻量化。直流电机的转子部分含有较大比例的铜，如电枢绕组和换向器铜片，因此与其他类型的电机相比，直流电机的小型化和轻量化更难以实现。目前可以通过采用高磁导率、低损耗的电磁钢板减少磁性负荷，虽然增加了成本，但可以实现轻量化。

（6）免维护性。对于电刷，根据负荷情况和运行速度等使用条件的不同，更换时间和维修的次数也是不同的。相应的解决方法是采用不损伤换向器的电刷材质，并且将检查端口设计的较大，以延长电刷使用寿命和便于维修、更换。

3. 直流电机的基本原理

直流电机可同时兼作电动机或发电机用，电机外圈主磁极固定 S、N 极永磁铁，之间安装空芯筒状电枢铁心，铁心与磁极间为气隙，铁心空筒内安放电枢绕组，绕组两端接在换向器的半圆形铜片上，再由两个电刷 A、B 连接外电路，电机运转时电枢铁心、电枢绕组及换向器旋转，而主磁极和电刷在空间固定不动。

（1）直流电机的工作原理。将直流电能转换成机械能从轴输出做功。从电刷 A、B 通入直流电，在图 4-3 所示位置导体 ab 段正处于 N 极下，cd 段在 S 极上。电流正极从电刷 A 流入线圈，方向为 a→b、c→d，再经电刷 B 返回电源负极。如导体所处磁通密度为 B，导体有效长度为 l，电流为 i，按电磁力定律此时导体所受电磁力 $F=Bli$。其方向由左手定则判定，即导体 ab 和 cd 受力产生的转矩均使电机转子按逆时针转动。转子转过 180°导体 ab 段与 cd 段对换，使 cd 段在 N 极下，ab 段在 S 极上。电流经电刷 A 由 d 端流入线圈内，方向为 d→c、b→a，仍如图 4-3 箭头所示。根据左手定则判定导体 ab 和 cd 受力产生的转矩仍为逆时针方向。即虽导体内电流方向改变，但受力转矩方向不变，使转子连续旋转。

（2）直流发电机的工作原理。将电机轴上机械能转换为直流电能。原动机拖动转子电枢按逆时针旋转，如图 4-4 所示导体 ab 段在 N 极下，cd 段在 S 极上。如导体所处磁通密度为 B，长度为 l，其线速度为 v，则根据法拉第电磁感应定律，导体感应电动势瞬时值 $e=Blv$。电动势方向按右手定则如图 4-4 箭头所示：N 极下 ab 段为 b→a、S 极上 cd 段为 d→c。线圈 abcd 电动势为 ab（或 cd）的 2 倍，并使电刷极性方向 A 为正、B 为负。转子转过 180°导体 ab 段与 cd 段对换，使 cd 段在 N 极下，ab 段在 S 极上，电动势方向仍如图箭头所示：cd 段为 c→d、ab 段为 a→b。因电刷不随换向片转动，使线圈 abcd 电动势方向仍是电刷极

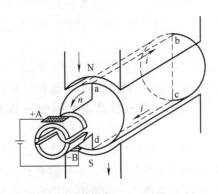

图 4-3 直流电机工作原理示意图

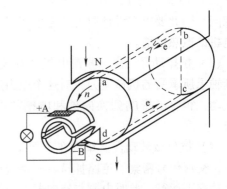

图 4-4 直流发电机工作原理示意图

性方向 A 为正、B 为负。转子旋转时绕组感应的交变电动势经换向器与电刷变成直流电动势。

实际电机的电枢不只是一个线圈，而是由多个按一定规律连接的线圈组成的，并且主磁极对数也成倍增加，提高电机的功率密度，也使所输出转矩（电动机）或电动势（发电机）的脉振程度极大减少。由此表明：同台直流电机只要改变外界条件，既可用作电动机，也能转换为发电机运行，这是适于各类电机的普遍原理。

4. 直流电机的基本结构

直流电机主要由定子、转子、气隙等部分组成，如图 4-5 所示。

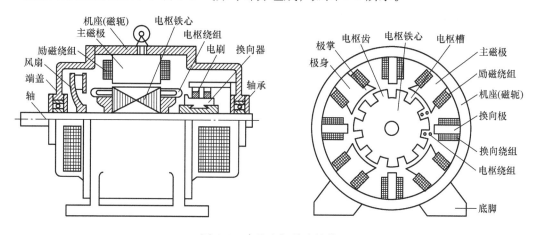

图 4-5　直流电机基本结构

（1）定子。定子由主磁极、换向极、机座、电刷装置四部分组成。主磁极在定、转子间气隙中建立磁场，致使电枢绕组产生电磁转矩或感应电动势。它由包括极身和极掌的主极铁心及励磁绕组组成，按 N、S 极相隔排列。为降低涡流损耗常用 1～1.5mm 厚低碳钢冲片叠压成。小电机也用永磁铁替代励磁绕组为永磁直流电机。

换向极也称附加极，装在相邻主磁极间中心处，为改善换向，消除或减小电刷与换向器间火花。它包含换向极铁心和其绕组。铁心常用整块钢制成，也用 1～1.5mm 厚钢片叠压成以提高换向性能。对小容量电机的换向极可减少一半或省去。

机座也称机壳，用以固定主磁极、换向极和端盖等，也为其磁通路。要求机座既要导磁性好，有足够的导磁面积，又有足够的机械强度和刚度。

电刷装置作用是使旋转的电枢电路连接静止的外电路，与换向器配合进行逆变或整流。它由电刷、刷握、握杆、握杆座以及铜丝辫等零部件组成。

（2）转子。转子由电枢铁心、电枢绕组、换向器三部分组成。电枢铁心是电机主磁路部分，并嵌放电枢绕组。常由涂绝缘漆的 0.5mm 厚硅钢片叠压成，以降低电枢旋转使磁通变向引起的铁心损耗。

电枢绕组产生电磁转矩或感应电动势，起转换机电能量的关键。由绕电枢铁心的多个线圈组成，各线圈称作元件为单匝或多匝。元件两端嵌在相隔一定槽数电枢铁心的两槽中，以串联或并联接成回路。

换向器用来保证各磁极的电枢导体电流方向不变，产生恒向电磁转矩，或在电刷间得到直流电动势。因绕组由多个元件组成，各元件两端与各换向片连接，所以换向器由多个互相绝缘的铜制换向片组成。

（3）气隙。气隙是定子磁极和转子电枢间自然形成的缝隙，它虽不为结构部件，但为主磁路重要部分，是机电能量转换媒介。气隙大小直接影响电机性能，越小磁损耗越小，使效率越高，但受机械加工精度和旋转同轴度限制，因此随电机容量（体积）和最高允许转速增加而增大。

5. 直流电机的励磁方式

按直流电机结构原理，主磁极的励磁有永磁式和电励磁式两种。电励磁式由励磁绕组供电有图4-6所示四类，而并励、串励和复励通称自励。

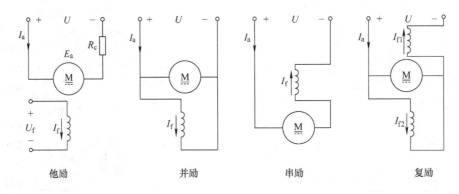

图4-6　直流电机的励磁方式

直流电机励磁绕组所耗功率虽只占整个电机功率的1%~3%，但其性能随励磁方式不同产生很大差别，电机的机械特性也大不相同，如图4-7所示。

他励是指励磁绕组与转子电枢的电源分开，可分别控制励磁电流和电枢电流，以扩大调速范围，实现在减速和制动时的再生制动。他励有良好的线性特征和稳定输出特性。并励是指励磁绕组与电枢绕组并联，机械特性与永磁直流电机相似。串励是指励磁绕组与电枢绕组串联，机械特性具有起动转矩大及恒功率调速范围宽，较适于电动汽车起步要求，但机械特性软使加速性能差，设想在汽车起步时采用串励方式起动，其他工况均采用他励方式驱动。复励是指主磁极有并励、串励两个励磁绕组，若两个励磁绕组所产生的磁电动势方向相同就称为积复励，否则称为差复励。

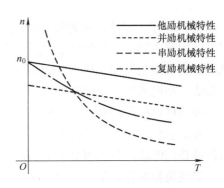

图4-7　直流电机的机械特性

作为新能源汽车驱动电机的直流电机主要是他励式直流电机（包括永磁直流电机）、串励式直流电机和复励式直流电机三种类型。小功率（<10kW）的电机多采用小型高效的永磁式直流电机，一般应用在小型、低速的车用车辆上，如电动自行车、电动观光车、电动叉车、警用巡逻车等；中等功率（10~100kW）的电机多采用复励式，可以用于结构简单、转矩较大的电动火车上；大功率（>100kW）的电机多采用串励式，可以用于低速、大转矩的大型专用电动车上，如电动矿石搬运车等。

直流电机的效率和转速相对较低，运行时需要电刷和机械换向装置，在换向过程中易出现电火花及电磁干扰，不易在多尘潮湿、易燃易爆的环境中使用，而电磁干扰对高度电子化的新能源汽车来说是致命的。由于机械磨损，电刷和换向器需要定期维护更换，加之直流电机造价高并且质量和体积较大，这些缺点大大降低了直流电机的可靠性和适用范围，一定程度上也限制了其在新能源汽车领域的发展及应用。随着电力电子技术及电机控制技术的发展，直流电机与其他类型的电机相比，已明显处于劣势。

4.3 交流感应电机

交流感应电机也称为交流异步电机，是目前工业中应用十分广泛的一类电机，与同功率的直流电机相比效率更高，质量约轻了一半左右。如果采用矢量控制的控制方式，可以获得与直流电机相媲美的可控性和更宽的调速范围。

1. 交流感应电机基本结构

交流感应电机结构如图 4-8 所示。

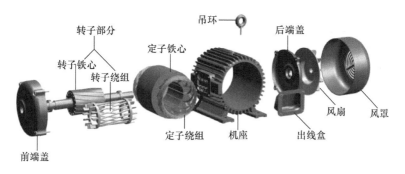

图 4-8　交流感应电机结构

（1）定子部分。定子部分由定子铁心、定子绕组、机座三部分构成。定子铁心压装在机座内，是电机磁路的一部分，铁心用 0.5mm 硅钢片叠成，以减少铁心损耗，叠片内圆冲有槽，以嵌放定子（电枢）绕组。定子绕组是电机的电路部分，按一定规律连接而成的三相对称绕组，嵌放在定子铁心槽内。机座用来固定和支撑定子铁心，一般不作为工作磁路的组成部分，因此大多数采用铸铁铸造而成，也可以用铸铝或铜制成。中小电机用铸铁机座，大型电机用钢板焊接而成。

（2）转子部分。转子部分由转子铁心和转子绕组两部分组成。转子铁心固定在转轴上，是电机磁路的一部分，用 0.5mm 硅钢片叠成，以减少铁心损耗，叠片外圆冲有槽，以嵌放转子绕组。转子绕组有两种结构形式鼠笼式转子（图 4-9）和绕线式转子（图 4-10），相应的使用鼠笼式转子的称为笼型异步电机，而采用绕线式转子的称为绕线型异步电机。

鼠笼式转子每个槽中有一根导条，在铁心两端用短路环短接，形成一个多相对称短路绕组（一个槽为一相）。如去掉转子铁心，整个绕组犹如一个"松鼠笼子"，由此得名。大型电机多用铜导条和铜端环组成；中、小型电机采用铸铝导条，连同端环、冷却用的风叶一次浇铸成型。电动汽车采用的三相异步电机多使用鼠笼式转子。

绕线式转子绕组是对称三相绕组，一般采用星形联结。三相绕组的出线端分别接在三个

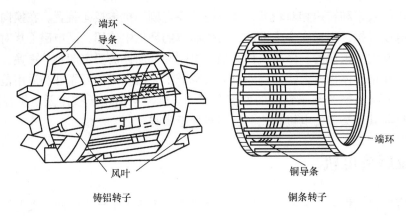

图 4-9 鼠笼式转子

滑环上，经电刷引出，再经串联电阻后短接起来。转子回路串电阻，可以改善电机的起动性能或实现电机调速。

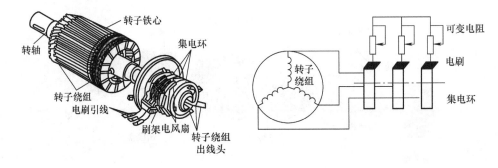

图 4-10 绕线式转子

（3）气隙。定子和转子之间的气隙大小，对电机的性能影响很大。变压器主磁路全部是铁心，磁阻很小，产生主磁通所需励磁电流很小（2%～10%）。异步电机主磁路由定、转子铁心和两段气隙构成，气隙虽然很小但磁阻却很大，因此产生一定的主磁通所需要的励磁电流较大，一般为额定电流的20%～50%。励磁电流是无功电流，励磁电流较大是异步电机功率因数较低的主要原因。为提高功率因数，必须减小励磁电流，最有效的方法就是减小气隙长度。异步电机的气隙大小一般为0.2～1.5mm左右。

2. 工作原理

为了便于理解三相异步电机的转动原理，先假设用一对旋转着的永久磁铁作为旋转磁场，旋转磁场中间为仅有一匝绕组的转子，如图4-11所示。

设这个两极磁场顺时针方向旋转，于是旋转磁场与转子导体相互切割，在转子绕组中会产生感应电动势。由于转子绕组是闭合回路，所以，在感应电动势的作用下出现感应电流，感应电流的方向如图4-11所示。图中⊙表示电流从该端流出，⊗表示电流从该端流入。感应

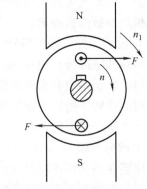

图 4-11 三相异步电机的工作原理

电流又同旋转磁场相互作用产生电磁力 F，电磁力的方向根据左手定则判定，在电磁力的作用下转子和旋转磁场同方向旋转。

上面的讨论有两点启示：第一，要有一个旋转磁场；第二，转子随旋转磁场转动。三相异步电机的转动原理与上面的讨论是相似的。那么，三相电机中的旋转磁场是怎么产生的呢？首先来研究这个问题。

为简单起见，假定三相异步电机的每相定子绕组只有一个线圈，这三个线圈的结构相同，对称地嵌放在定子铁心线槽中，绕组的首端与首端、末端与末端都互相间隔 120°，如图 4-12 所示。设三相绕组接成星形，如图 4-13 所示。当三相绕组的首端接通三相交流电源时，绕组中的电流波形如图 4-14 所示。

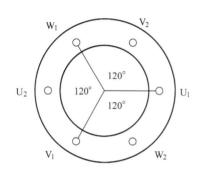

图 4-12　三相绕组空间布置

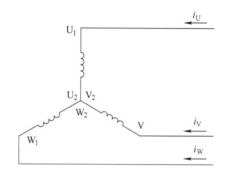

图 4-13　三相绕组星形联结

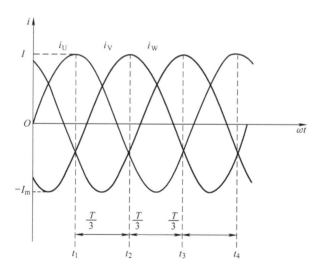

图 4-14　绕组中的电流波形

在 t_1 时刻 $\omega t = 90°$，i_U 的实际方向与参考方向一致，即电流从 U_1 流到 U_2，而 i_V、i_W 的实际方向与参考方向相反，即电流分别从 V_2、W_2 流到 V_1、W_1，根据右手螺旋法则可知三相电流的合成磁场如图 4-15a 所示，为一对磁极的磁场，方向自下而上。在 t_2 时刻 $\omega t = 210°$，三相电流的合成磁场如图 4-15b 所示。此时两极磁场在空间的位置较 t_1 时刻沿顺时针方向旋转了 120°。在 t_3 时刻 $\omega t = 330°$，三相电流的合成磁场如图 4-15c 所示。此时两极磁场

在空间的位置较 t_2 时刻沿顺时针方向又旋转了 120°。即在 t_4 时刻，两极磁场又沿顺时针方向旋转 120°而回到了图 4-15a 所示的位置。当三相电流不断变化时，合成磁场在空间将不断旋转，这样就产生了旋转磁场。

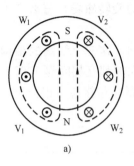 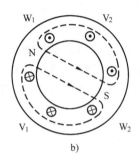 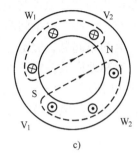

图 4-15 三相电流产生的旋转磁场

一对极的磁场旋转一周需要 T 时间，即和交流电的周期相同。换句话说，旋转磁场的转速和交流电的频率相等。根据上面的讨论还可以确定旋转磁场的转动方向。在图 4-15 中，电流正幅值按 U_1 相→V_1 相→W_1 相的顺序出现，磁场的旋转方向与这个顺序是一致的，即磁场的转向与通入绕组的三相电流的相序有关。如果将三相电源连接的任意两根导线对调，或将三相电源线任意交换两相，磁场将反向旋转。异步电机的转速恒小于同步转速，转子与定子旋转磁场间有相对运动，在转子导体中产生感应电动式和感应电流，转子才会受到电磁转矩作用而旋转。当转子与定子旋转磁场间无相对运动，在转子导体中不产生感应电动式和感应电流也就不产生电磁转矩。由于转子转速低于旋转磁场转速，故称为异步电机。因为电机转子电流是通过电磁感应作用产生的，所以又称为感应电机。

3. 三相异步电机的运行状态

（1）转差率。同步转速与转子转速之差称为 $\Delta n = n_1 - n$ 称为转差，转差 Δn 与同步转速 n_1 的比值称为转差率，用字母 s 表示，即：

$$s = \frac{n_1 - n}{n_1} \tag{4-1}$$

转差率 s 是异步电机的一个基本物理量，它能反映异步电机的各种运行状况。对于三相异步电机来说，在起动瞬间转子还未转动时，$n = 0$，此时 $s = 1$；当电机空载运行时，可以近似认为转子转速接近同步转速，$n = n_1$，此时 $s = 0$。由此可见三相异步电机的转速 n 在 $0 \sim n_1$ 范围内变化，其转差率在 $1 \sim 0$ 之间变化。三相异步电机正常工作时，转差率很小，一般在 0.01~0.06 之间，即三相异步电机的转速略旋低于同步转速 1%~6%。

（2）运行状态。三相异步电机的运行状态如表 4-4 所示。

表 4-4 三相异步电机的运行状态

状态	制动状态	堵转状态	电机状态	理想空载状态	发电机状态
转子转速	$n < 0$	$n = 0$	$0 < n < n_1$	$n = n_1$	$n > n_1$
转差率	$s > 1$	$s = 1$	$1 > s > 0$	$s = 0$	$s < 0$

1）制动状态 $n < 0$，$s > 1$。定子接电源，在外力作用下电机转子逆着定子磁场方向转

动,电磁转矩方向与电机转向相反,起制动作用,电机定子从电网吸收电能,转子从外力吸收机械能,都成为了电机损耗。

2)堵转状态 $n=0$,$s=1$。三相异步电机处于堵转状态时,转子 n 转速为 0,转差率 $s=1$,类同于变压器的短路运行。堵转状态说明了电机直接起动的能力。

3)电动机状态 $0<n<n_1$,$1>s>0$。定子接电源,转子带机械负载;电磁转矩为驱动转矩,n 与 n_1 方向相同;将电能转换机械能。

4)理想空载状态 $n=n_1$,$s=0$。三相异步电机处于理想空载状态时,可以近似认为转子转速等于同步转速,$n=n_1$,此时 $s=0$。

5)发电机状态 $n>n_1$,$s<0$。定子接电源,并用原动机拖动电机转轴顺着定子磁场方向以大于同步转速旋转,降低电磁转矩方向与转子转向相反,起制动作用,即电磁转矩为制动转矩,电机把机械能转变为电能输送给电网。由以上可知通过提高转子的速度或降低电源频率从而降低同步转速的方法,可使三相异步电机处于发电状态。

4. 三相异步电机的调速方法

三相异步电机比直流电机结构简单,成本低,维修方便,但是其调速性能能远不及直流电机。因为直流电机结构所共有的两个特点,三相异步电机都不具备,即只有定子回路从外界供电,而电枢电路中的电流是由转子导体切割定子电流产生的旋转磁场感应而来的,两者并不相互独立;两个磁场(旋转磁场和电枢感应磁场)只相差很小的角度,也不互相垂直。电枢感应磁场不能单独存在,很难从外部去进行控制。这正是三相异步电机调速特性不及直流电机的根本原因。

三相异步电机转速控制的基本方程如下:

$$n=(1-s)n_1=(1-s)\frac{60f_1}{p} \tag{4-2}$$

从以上方程可知通过控制频率 f_1、磁极对数 p、转差率 s 可以控制电机的转速。通过调节三相交流电的频率,也就调节了同步转速,调节了异步电机转子的转速。只要平滑地调节三相交流电的频率,就能实现异步电机的无调速,就能使三相异步电机的调速性能赶超直流电机。

因为电动汽车运行工况较为复杂,所以一般采用控制多变量的方法,其中应用比较成功的是变频变压控制(VVVF)、磁场定向控制(FOC)(矢量控制或解耦控制)等。

(1)变频变压控制(VVVF)。三相异步电机的电磁关系同变压器类似,定子绕组相当于变压器的原绕组,转子绕组相当于变压器的副绕组。当定子绕组接上三相交流电压 U_1 时,在定子绕组中就有三相电流通过,定子三相电流会产生旋转磁场,其磁感应线通过定子和转子铁心而闭合,旋转磁场不仅在转子每相绕组中要感应出电动势 E_2,而且在定子绕组每相绕组也要感应出电动势 E_1。设定子绕组与转子每相绕组的匝数分别为 N_1、N_2,电机运行时若忽略定子阻抗压降,定子每相绕组感应电动势 E_1 的幅值为 $U_1 \approx E_1 = 4.44N_1k_1f_1\Phi_m$,其中 Φ_m 为旋转磁场每极磁通最大值;E_1 为气隙磁通在定子每相绕组中感应电动势;N_1 为定子每相绕组串联匝数;k_1 为定子基波绕组系数。

当 f_1 小于额定频率(基频)时,定子内阻抗变小,定子电流变大,导致气隙磁通最大值 Φ_m 变大,大于额定气隙磁通 Φ_{m0},这样,电机铁心产生过饱和,这就意味着励磁电流会过大,导致绕组过分发热,造成系统的功率因数下降,电机的效率也随之下降,严重时会使定子绕组过热而烧坏。

当 f_1 大于额定频率（基频）时，定子内阻抗变大，定子电流变小，导致气隙磁通最大值 Φ_m 变小，小于额定气隙磁通 Φ_{m0}，这样，电机铁心的效能没有得到充分利用，而且磁通减小也会使电机的输出转矩下降。因此，要实现交流电动机的变频调速，应保持气隙磁通，Φ_m 不变。

1）在基频以下调速。当交流电机在基频（额定频率）以下调速时，必须同时降低 E_1，使 U_1/f_1（简称压频比）保持不变。保持气隙磁通 Φ_m 不变，就意味着定子励磁电流不变，也就意味着电机的转矩不变，因此在基频以下调速时，电机调速机械特性具有恒转矩特性。表明电机在不同的转速下都具有额定电流，都能在温升允许的条件下长期运行。

2）在基频以上调速。让频率 f_1 从基频向上调整时，不可能保持 U_1/f_1 不变，因电压 U_1 不可能超过额定电压。这时只能保持电压 U_1 不变，其结果是：使气隙磁通最大值 Φ_m 随频率升高而降低，电机的同步转速升高，最大转矩减少，输出功率不变。所以，基频以上调速属于弱磁恒功率调速。

总之，基于变频变压调速（VVVF）的电机在额定转速以下，保持电机恒转矩运行；在额定转速以上，保持电机恒功率运行，在电动汽车驱动中，还要求恒功率区的调速范围尽可能宽。但该控制没有考虑到电机内复杂的电磁动态变化规律，所以动态控制性能不够理想。

（2）磁场定向控制（FOC）。为了解决交流电机的机械特性不如直流电机的问题，人们认真比较了交流电机和直流电机的工作原理以后，发现直流电机的结构有以下两个特点：

1）定子励磁电路和电枢供电电路相互独立，却可以分别调整，互不干扰。

2）两个磁场（主磁场和电枢磁场）在空间互相垂直，互不影响。

矢量控制的基本思想是，仿照直流电机的调速特点，使异步交流电机的转速也能通过控制两个互相独立的直流磁场进行调节。

这个思想的提出，是在人们研究了三相异步电机的数学模型，并和直流电机比较后，发现经过数学上的处理（坐标变换），可以像控制直流电机那样去控制交流电机。人们发现给异步电机的定子绕组通入三相平衡的正弦电流，可以产生旋转磁场。在空间位置上互相垂直的两相绕组，通入两相相位差为 90°平衡的正弦电流，也会产生旋转磁场。直流电机能够转动，是因为其定子绕组与转子导体分别通入直流电流后，产生的两个互相垂直磁场相互作用。尽管电枢在转动，但整流子的电刷位置不动，才保证了电枢磁场在空间位置上与定子绕组磁场互相垂直。如果以直流电机的转子为参照物，那么，定子所产生的磁场就是旋转磁动势，如图 4-16 所示。

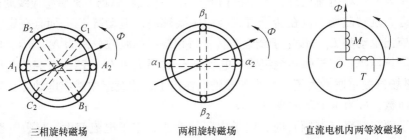

三相旋转磁场　　　　两相旋转磁场　　　　直流电机内两等效磁场

图 4-16　三相异步电机与直流电机的等效磁场

由此可见，以产生同样的旋转磁动势为准则，三相交流电绕组、两相交流电绕组和两组直流绕组可以彼此等效。换句话说，三相交流电磁场可以分解并等效为两相互相垂直的交流电磁场。这两相交流电磁场，又和两组直流绕组磁场等效，两者仅相差一个相位角 ϕ。这样，从整体上来看，A、B、C 三相输入（i_A、i_B、i_C），转速 ω 输出，是一台异步电机，从内部看，经过 3/2 坐标变换，和 VR（同步矢量旋转）坐标变换（指同步矢量旋转 Ψ 角，Ψ 是等效两相交流磁场与直流电机磁场的两者磁通轴的瞬时夹角），变成一台由直流电机。

既然，异步电机经过坐标变换可以等效成直流电机，那么，模仿直流电机的控制方式，求得直流电机的控制量，经过相应的坐标反变换，就可以控制异步电机。因为进行坐标变换的是电流（代表磁动势）的空间矢量，所以通过坐标变换实现的控制系统称为矢量变换控制系统或称矢量控制系统、磁场定向控制等。

4.4 永磁同步电机

在目前新能源汽车领域，如起亚 K5 混动、荣威 E50、腾势、北汽新能源 EU260 等在新能源汽车领域，永磁同步电机被广泛使用。所谓永磁，是指在制造电机转子时加入永磁体，使电机的性能得到进一步的提升。而所谓同步，则指的是转子的转速与定子旋转磁场的转速相同。

1. 永磁同步电机的特点

永磁同步电机在汽车上应用的越来越广泛，它具有功率密度高、转子的转动惯量小、运行效率高、转轴上无滑环和电刷等优点。但是永磁同步电机也有自身的缺点，转子上的永磁材料在高温、振动和过电流的条件下，会产生磁性衰退的现象，所以在相对复杂的工作条件下，电机容易发生损坏，而且永磁材料价格较高，因此整个电机及其控制系统成本较高。

2. 永磁同步电机分类

永磁同步电机根据永磁体结构和按定子绕组感应电势波形进行分类，如表 4-5 所示。

表 4-5 永磁同步电机分类

永磁同步电机	按永磁体结构分类	内置式永磁同步电机
		表面永磁同步电机
	按定子绕组感应电势波形分类	梯形波永磁同步电机 BLDC
		正弦波永磁同步电机 PMSM

目前在纯电动汽车上应用较多的是正弦波永磁同步电机 PMSM（Permanent Magnet Synchronous Motor），且电机永磁体一般采用内置式。

3. 永磁同步电机的结构

永磁同步电机主要由定子和转子、端盖、轴承、旋转变压器等部件组成，具体结构如图 4-17 所示。

（1）定子。定子部分与三相异步电机完全一样，三相绕组沿定子铁心对称分布，在空间互差 120°电角度，通入三相交流电时，产生旋转磁场。

（2）转子。永磁同步电机转子结构如图 4-18 所示，转子采用永磁体，目前主要以钕铁硼作为永磁材料。由于采用永磁体简化了电机的结构，提高了可靠性，又没有转子铜耗，提

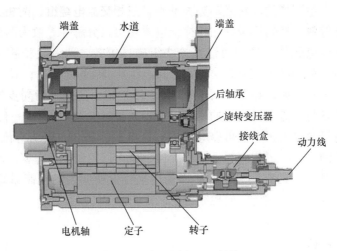

图 4-17 永磁同步电机结构

高电机的效率。

永磁体的安装形式（图 4-19）有表面贴装式和内埋式两种，其中内埋式又包括插入式及内装式。用于矢量控制的 PMSM，要求其永磁励磁磁场波形是正弦的，这也是 PMSM 的一个基本特征。

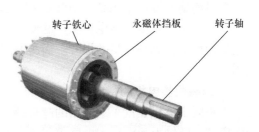

图 4-18 永磁同步电机转子结构

4. 永磁同步电机的工作原理

对称三相定子绕组通入对称三相交流电产生旋转磁场，永磁转子在定子旋转磁场的磁力拖动下转动且达到同步转速。

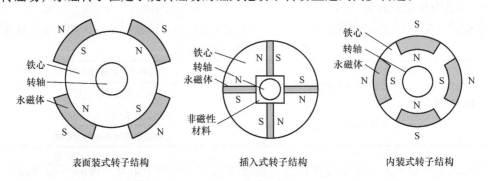

图 4-19 永磁体的安装形式

5. 永磁同步电机转速控制方法

随着计算机技术、控制理论、电力电子技术和微电子技术的发展，永磁同步电机的调速方法也不断发展，主要经历了由他控式变频调速发展到自控式变频调速；由电压波形正弦脉宽调制发展到电流波形正弦脉宽调制，再发展到磁通正弦脉宽调制；由矢量控制发展到直接转矩控制，再发展到弱磁控制；从传统的比例积分控制发展到模糊控制、自适应控制、滑模变结构控制、神经网络控制、专家控制等先进控制策略。

(1) 变频变压控制 (VVVF)。在进行电机调速控制时,希望保持电机中磁通量为额定值不变。在额定频率以下,如果电压一定而只降低频率,那么气隙磁通变大,造成磁路饱和,严重时烧毁电机。因此为了保持气隙磁通不变,近似保持电机在恒磁通的工作状态,就要求在降低供电频率的同时降低输出电压,保持 U_1/f_1 为常数,这种控制方式为恒压频比控制。恒压频比控制的SPWM(正弦脉宽调制)方法是永磁同步电机调速常用的控制方式之一。变压变频装置(VVVF)的控制变量为电机的电压和频率,控制系统将参考电压和频率输入至SPWM波形生成调制器中,输出PWM信号控制逆变器的电力电子器件的导通或者关断状态,由逆变器产生一个交变的正弦电压施加在电机的定子绕组上,使之运行在指定的电压和参考频率下。按照这种控制策略进行控制,使供电电压的基波幅值随着速度指令成比例的线性增长,从而保持定子磁通的近似恒定。

(2) 磁场定向控制 (FOC)。对永磁同步电机转速的控制需要通过对永磁同步电机转矩的控制来实现,因此电机的转矩控制是电气调速系统的核心。

通过分析可知,定子电流可以分解为转矩电流 i_q 和励磁电流 i_d 两个分量,通过控制定子电流转矩分量的大小来控制电机的转矩,这一电流与直流电机的电枢电流相对应,因此永磁电机的转矩控制可以转化为定子电流转矩分量的控制。另一方面定子电流的励磁分量会影响电机定子磁链的大小,可以通过它产生弱磁升速的效果,这一点与直流电机的励磁电流类似,因此永磁同步电机与直流电机存在着很大的相似性。图4-20为永磁同步电机的内部结构图。

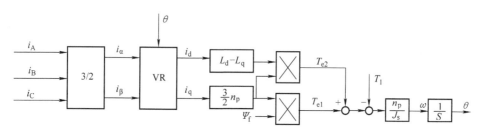

图4-20 PMSM内部结构图(电流解耦)

永磁同步电机磁场定向控制技术的核心是在转子磁场旋转dq坐标系中,针对电机定子电流的励磁电流 i_d 和转矩电流 i_q 分别进行独立控制。图4-21为永磁同步电机矢量控制技术原理框图。

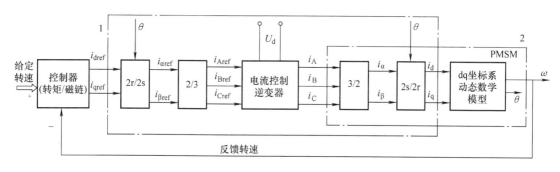

图4-21 永磁同步电机矢量控制技术原理框图

图 4-21 中的控制系统根据调速的需求（结合给定转速与电机的反馈转速），设定合理的电机转矩与磁链目标值（磁链设定需要考虑电机电压与工作转速，转矩设定需要考虑电机的电流，两者的合理设定都需要考虑电机的实际运行环境），结合图 4-20 中 PMSM 转矩与电流的关系，给出合理的 i_{dref} 与 i_{qref} 指令值。这两个电流仅仅存在于 dq 坐标系电动机的数学模型中，并不能直接进行电机控制，所以需要将它们转化为三相定子坐标系中的变量。经过图 4-21 中的 2r/2s 旋转变换与 2/3 变换两个单元的作用后，得到了三相定子电流的指令值（i_{Aref}、i_{Bref}、i_{Cref}）。采用合适的 PMW（如电流滞环 PMW）技术控制逆变器三相输出电流紧紧跟随该电流参考值。当三相定子电流得到很好控制的时候，就可以认为 dq 旋转坐标系中的励磁电流 i_d 和转矩电流 i_q 得到了很好的控制，则 PMSM 的磁场与电磁转矩就得到了很好的控制。

采用 dq 坐标系磁场定向控制策略可以对永磁同步电机进行高性能的控制。目前转子磁场定向矢量控制技术交成熟，动态、稳态性能较好，因此得到了广泛的实际应用。

4.5 开关磁阻驱动电机

开关磁阻电机的最早文献可追溯到 1838 年，英格兰学者 Davidson 制造了一台用以推动蓄电池机车的驱动系统。70 年代左右，英国 Leeds 大学步进电机和磁阻电机研究小组首创了一台现代开关磁阻电机的雏形。1980 年，Lawrenson 及其同事在 ICEM 会议上，发表著名论文"开关磁阻调速电机"，系统地介绍了他们的工作成果，阐述了开关磁阻电机的原理及设计特点，在国际上奠定了现代开关磁阻电机的地位，这也标志着正式得到国际认证。从此，世界上大批学者投入开关磁阻电机的研究领域。

电机可以根据转矩产生的机理粗略的分为两大类：一类是由电磁作用原理产生转矩；另一类是由磁阻变化原理产生转矩。在第一类电机中，运动是定子、转子两个磁场相互作用的结果。这种相互作用产生使两个磁场趋于同向的电磁转矩，这类似于两个磁铁的同极性相排斥、异极性相吸引的现象，一般的直流电机和交流电机都是遵循这一原理。第二类的电机，运动是由定子、转子间气隙磁阻的变化产生的。当定子绕组通电时，产生一个单相磁场，其分布要遵循"磁阻最小原则"，即磁通总要沿着磁阻最小的路径闭合。因此，当转子轴线与定子磁极的轴线不重合时，便有磁阻力作用在转子上并产生转矩，使其趋向于磁阻最小的位置，即两轴线重合位置，这类似于磁铁吸引铁质物质的现象。开关磁阻电机就是属于这一类型的电机。

1. 开关磁阻电机结构与分类

开关磁阻电机主要有定子与转子两部分组成（图 4-22），定子均为凸极结构，空间相对的两个极上的线圈串联或并联构成一相绕组。转子也为凸极结构，但转子上无绕组。由于定子与转子都有凸起的齿极，这种形式也称为双凸极结构。定子绕组用来向电机提供工作磁场，

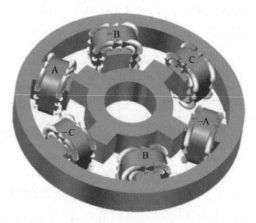

图 4-22 开关磁阻电机的定子与转子

在转子上没有线圈，这是磁阻电机的主要特点。

定子直径方向相对的两个绕组串联为"一相"，根据相数的多少可分为单相、两相、三相、四相和多相。按照气隙方向分为轴向式、径向式和轴径向混合式。按每齿极的小齿数分为每极单小齿结构和每极多小齿结构。

2. 工作原理

开关磁阻电机工作原理如图4-23所示，它运行遵循磁阻最小原理，磁通总要沿磁阻最小路径闭合，即转子凸极轴线总趋向与定子产生磁通轴线对齐，最终确保在定子励磁条件下获得最大定子磁链。当定子某相绕组通电励磁，产生的磁场磁力线由于扭曲而引起切向磁拉力，以使相近转子凸极轴线旋转到与定子的电励磁极轴线相对齐位置——磁阻最小位置。由于其"对齐"趋势使变磁阻电机产生特有的有效电磁磁阻转矩。

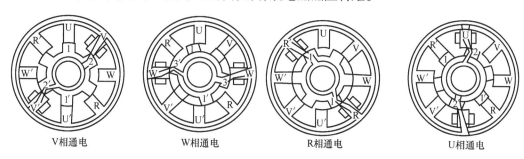

图4-23 开关磁阻电机工作原理

开关磁阻电机的相数和极数与电机的性能和成本密切相关，一般相数和极数增多，有利于减小转矩脉动，提高电机低速运行的平稳性，但也导致其结构复杂、功率开关元件增多、成本增高。目前应用较多为三相6/4极、12/8极和四相8/6极的开关磁阻电机。三相以上SR电机均具备正反向自起动能力。SR电机常用的相数与极数组合如表4-6所示。

表4-6 开关磁阻电机常用的相数与极数组合

相数	定子极数	转子极数
2	4	2
	8	4
3	6	2
	6	4
	6	8
	12	8
4	8	6
5	10	4

3. 开关磁阻电机传动系统的特点

开关磁阻电机具有以下优点：电机结构简单、坚固、维护量小；功率变换器电路简单、可靠性高；可以在宽广的速度和负载范围内高效率运行；控制方便、灵活，易于实现四象限运行；起动电流小，起动转矩大；容错能力强，在缺相情况下仍能可靠运行。主要的缺点是转矩脉动大、振动与噪声大。

4. 开关磁阻电机驱动系统组成及转速控制方法

（1）开关磁阻电机驱动系统的基本组成。开关磁阻电机驱动系统（Switched Reluctance Drive，SRD）的基本组成如图 4-24 所示。

1）功率变换器。它是 SRD 系统能量传输的关键部分，也是影响其性能与成本的主要因素，用以控制电机绕组与直流电源接通与关断。如图 4-25 所示，当主开关 S_1、S_2 接通，A 相绕组吸收直流电源 U 电能，使 A 相凸极励磁产生磁场力吸引转子凸极 1、3 顺时针转动，当转子转到定子 A 相凸极与转子凸极 1、3 即将对齐时，为避免产生电磁制动，需及时关断主开关 S_1、S_2，并经续流二极管 VD_1、VD_2 将绕组电感内感应电动势的剩余能量回馈给电源 U，正因能量回馈特点使 SRD 系统效率较高。为提高电机运行性能和效率，要求功率开关管接通与关断有极高及时性与准确性，它与开关管本身、控制器和各传感检测均紧密相关。由于 SR 电机绕组电流仅要求单向，即可简化功率变换器主电路结构，也因相绕组与功率开关管串联，避免了电源短路危险。功率变换器的结构形式与 SR 电机的相数、功率及其驱动要求等相关。

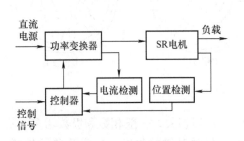

图 4-24　开关磁阻电机驱动系统基本组成

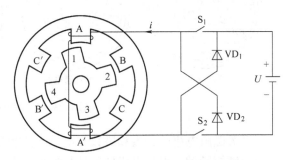

图 4-25　功率变换器结构原理图

2）控制器。它是 SRD 系统指挥中枢，综合处理位置与电流检测提供的电机转子位置角、速度和电流等反馈信息及外部输入指令，以控制 SR 电机运行状态。要求根据所接收的各种信息进行运算处理，及时、准确向功率变换器的各相开关管发出接通与关断指令。控制器常由数字信号处理器或单片机及其外围接口电路等组成，与控制性能关系密切。

3）检测器。检测器主要包括位置和电流检测，位置传感器向控制器提供转子位置信号，使控制器正确确定各相绕组的导通和关断时刻。采用无位置传感器的位置检测法是 SRD 发展方向，它利用电机绕组电感随转子位置变化规律，通过测量非导通绕组电感来推断转子位置，对系统降低成本、提高可靠性有着重要意义。电流检测主要用以估测当前电机的转矩，通过反馈控制开关管导通宽度，进而满足电机当前负载的特性匹配和提高运行效率。

（2）转速控制方法。开关磁阻电机的基本机械特性如图 4-26 所示，在恒转矩区，开关磁阻电机电流与转速成反比，此时电机转速较低，电机反电动势

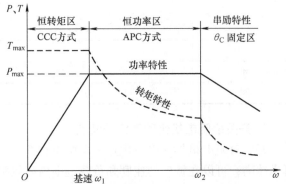

图 4-26　开关磁阻电机的基本机械特性

小，为限制绕组电流不超过允许值，获得恒转矩特性，通常采用固定开通角、关断角，通过斩波限流来控制外施电压，该方法即称为电流斩波控制 CCC 方式。在恒功率区，SR 电机高于基速时电压已为最高值，要使转矩不随升速而下降，只能通过调节主开关管开通角、关断角来增大电流，即经角度位置控制获得恒功率特性，称为角度位置控制（APC），APC 与 CCC 不同是每周期对电流仅实行一次开关控制，因此也称单脉冲控制。在串励特性区，电源电压、开通角、关断角均固定，该特性与串励式直流电机的特性相似。

4.6 电机位置传感器

在电机的控制中，电机控制器需要获得电机转子的位置、旋向、转速等参数，以便进行相关控制，而这些参数的获得包括有位置传感器和无位置传感器两种检测法。无位置传感器控制通过检测计算与转子位置有关物理量来间接获得转子位置信息，因省去传感器，对电机体积、成本、可靠性等均有好处，正在被引起重视，但目前还处于研发阶段。采用位置传感器检测的，根据其应用的原理不同，常用的电机位置传感器包括以下几种类型：电磁式、磁敏式、光电式三种。

1. 电磁式（旋转变压器）位置传感器

旋转变压器简称旋变，是一种输出电压随转子转角变化的信号元件。当励磁绕组以一定频率的交流电压励磁时，输出绕组的电压幅值与转子转角成正弦、余弦函数关系，或保持某一比例关系，或在一定转角范围内与转角成线性关系。

旋转变压器有这样几点明显的优点：无可比拟的可靠性，非常好的抗恶劣环境条件的能力；可以运行在更高的转速下。在输出 12bit 的信号下，允许电动机的转速可达 60000r/min；方便的绝对值信号数据输出。

（1）旋转变压器分类。旋转变压器根据输出电压和转子转角间的函数关系、电极对数及有无电刷可进行如图 4-27 所示。

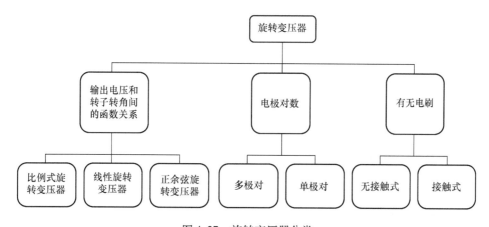

图 4-27 旋转变压器分类

（2）正余弦旋转变压器。正余弦旋转变压器分为有电刷与无电刷两种类型，其中无电刷型又可分为磁阻式旋转变压器与环形变压器式无刷旋转变压器两种类型。当旋转变压器出现故障时将会导致电机系统无法起动及转矩输出偏小等现象。下面主要介绍磁阻式旋转变压器（图4-28）。

定子槽内安置了逐槽反向串接的输入绕组1-1和两个间隔绕制反向串接的输出绕组2-2、3-3。当给输入绕组1-1加上交流正弦电压时，两个输出绕组2-2、3-3中分别得到两个电压，其幅值主要取决于定子和转子齿的相对位置间气隙磁导的大小。当转子相对定子转动时，空间的气隙磁导发生变化，转子每转过一个转子齿距，气隙磁导变化一个周期。而当转子转过一周时，气隙磁导变化的周期数等于转子齿数。这样，转子的齿数就相当于磁阻式多极旋转变压器极对数，从而达到多极的效果。气隙磁导的变化，导致输入和输出绕组之间互感的变化，输出绕组感应的电势亦发生变化。实际应用中是通过输出电压幅值的变化而测得转子的转角的（图4-29）。

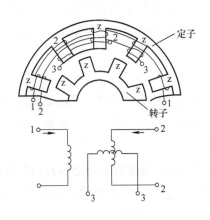

图4-28 磁阻式旋转变压器

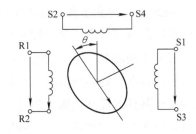

图4-29 磁阻式旋转变压器工作原理图

旋变励磁绕组（原边）单相电压供电压为

$$U_{R1/R2}(t) = U_{1m}\sin\omega t$$

其中，U_{1m}为励磁电压幅值；ω为励磁电压角频率。

副边感生电压

$$U_{S1S3}(t) = U_{2m}\sin(\omega t + \alpha)\cos\theta \tag{4-3}$$

$$U_{S2S4}(t) = U_{2m}\sin(\omega t + \alpha)\sin\theta \tag{4-4}$$

其中，U_{S1S3}为余弦相的输出电压；U_{S2S4}为正弦相的输出电压；U_{2m}为次级输出电压的幅值；α为励磁方和次级输出方电压之间的相位角；θ为转子的转角。

副边电压与原边励磁电压同频率，但有相位差。副边正弦相和余弦相时间相位同相，幅值彼此随转角分别作正弦和余弦函数变化。

图4-30为某品牌纯电动汽车永磁同步电机中所用的磁阻式旋转变压器的连接端口及各端子的含义（表4-7），其余弦绕组阻值S1-S3为60(1±10%)Ω、正弦绕组阻值S2-S4为60(1±10%)Ω、激励绕组R1-R2为33(1±10%)Ω。

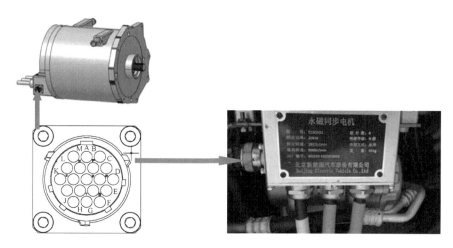

图 4-30　某品牌纯电动汽车永磁同步电机磁阻式旋转变压器的连接端口

表 4-7　某品牌纯电动汽车永磁同步电机磁阻式旋转变压器的连接端口端子含义

编号	信号名称	用途
A	激励绕组 R1	电机旋转变压器接口
B	激励绕组 R2	
C	余弦绕组 S1	
D	余弦绕组 S3	
E	正弦绕组 S2	
F	正弦绕组 S4	
G	TH0	电机温度接口
H	TL0	
L	HVIL1（+L1）	高低压互锁接口
M	HVIL2（+L2）	

2. 磁敏式位置传感器

利用半导体材料电参数按一定规律随周围磁场而变化特性制成的磁敏感元件，常见磁敏传感器有霍尔集成电路（或称霍尔元件）、磁敏电阻器及磁敏二极管等多种。

霍尔元件输出电压极性随磁场方向变化而改变，根据霍尔效应原理工作（图 4-31），由于霍尔集成电路的成熟发展，使由它构成的位置传感器具有结构简单、性能可靠、成本低等优点，已在无刷电机上被广泛采用。

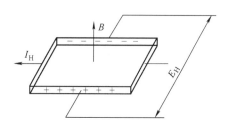

图 4-31　霍尔效应原理

霍尔效应原理如图，当半导体材料制成的霍尔薄片处于外磁场 B 垂直位置通入电流 I_H，

则在与 B 和 I_H 构成平面相垂直的方向上会产生一个霍尔电动势 $E_H = K_H I_H B$。K_H 为霍尔元件灵敏度系数，与霍尔材料电阻率及迁移率成正比，与霍尔薄片厚度成反比，因而霍尔片越薄，灵敏度越高，但霍尔片过薄使其电阻增大易发热。

由于霍尔元件产生电动势很低，应用时还需外接放大器，很不方便。随半导体集成技术发展，将霍尔元件与放大电路集成制作在同一块 N 型硅外延片上，即构成霍尔集成电路，封装成外形似小型晶体管的三端模块，极大方便应用。霍尔传感器在永磁同步电机中的应用如图 4-32 所示。

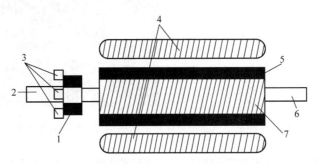

图 4-32 霍尔传感器在永磁同步电机中的应用
1—霍尔传感器磁体 2—副轴 3—霍尔传感器 4—定子绕组
5—转子南磁极 6—轴的驱动器 7—转子北磁极

3. 光电式位置传感器

光电式位置传感器是利用光敏元件为位置信息的实现工具，它是将被测电机转子相对位置变化量转换为光电信号的变化，然后利用光电元件将电机的位置变化的光信号转换成电路能够处理的电信号。光敏传感器由光源、光学通路和光敏元件三部分组成，原理如图 4-33 所示，由光源 1 发出的光线，经柱面镜 2 变成一束平行光或汇聚光，照射到码盘 3 上。码盘由光学玻璃制成，其上刻有许多同心码道，每位码道上都有按一定规律排列着的若干透光和不透光部分，即亮区和暗区。通过亮区的光线经狭缝 4 后，形成一束很窄的光束照射在光敏元件 5 上。光敏元件的排列与码道一一对应。当有光照射时，对应于亮区和暗区的光敏元件的输出相反，如前者为"1"，后者为"0"。光敏元件的各种信号组合，反映出按一定规律编码的数字量，代表了码盘转角的大小。

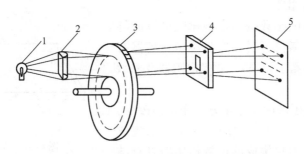

图 4-33 光电式位置传感器原理
1—光源 2—柱面镜 3—码盘 4—狭缝 5—光敏元件

4.7 驱动电机控制器组成与功能

1. 驱动电机控制器主要功能

电机控制器（图 4-34）是控制主牵引电源与电机之间能量传输的装置，它是由外界控制信号接口电路、电机控制电路和驱动电路组成的。不同厂家生产的电机控制器功能不尽相同，但大体均包含以下这些功能（表 4-8）。

图 4-34 电机控制器

表 4-8 电机控制器功能

序号	电机控制器功能	备注
1	控制电机正、反转	变速杆置于 D 位时控制电机正转，变速杆置于 R 位时控制电机反转
2	控制电机加、减速	在控制器控制电机运行时，加速踏板踩深增大电机转速变快，加速踏板踩深减小电机的转速变慢
3	控制电机起动、停止	当变速杆置于 D 位或 R 位时电机起动，在踩脚制动踏板或拉驻车制动或变速杆置 N 位或 P 位时电机停止
4	CAN 通信	通过 CAN 总线能接收控制指令和发送电机参数，及时把档位信息、电机转速、电机电流、旋转方向传给相关 ECU，接受其他 ECU 传递的信息，如电压、电量等信息
5	检测电机转子的位置	根据旋转变压器等位置传感器采集的电机转子位置角度实现电机相应控制
6	过电流、过电压、过温保护	当电机过热、散热器过热、功率器过电流、过电压、过热时发出保护信号，停止控制器运行
7	制动与能量回馈	制动时能实现电机的制动、能量回馈

2. 驱动电机控制器参数指标及含义

以下为某品牌纯电动汽车电机控制器（表 4-9）及其驱动电机（表 4-10）的参数指标。

表 4-9 电机控制器参数指标

技术指标	技术参数
直流输入电压	336V
工作电压范围	265～410V
控制电源	12V
控制电源电压范围	9～16V
标称容量	85kVA
重量	9kg
防护等级	IP67
尺寸（长×宽×高）	403mm×249mm×140mm

表 4-10 电机参数指标

技术指标	技术参数
类型	永磁同步
基速	2812r/min
转速范围	0～9000r/min
额定功率	30kW
峰值功率	53kW
额定转矩	102N·m
峰值转矩	180N·m
重量	45kg
防护等级	IP67
尺寸（定子直径×总长）	(Φ) 245mm×(L) 280mm

电机控制器参数指标中的标称容量（输出容量）反映了控制器可以控制的电机功率的能力，常见的控制器输出容量 15kVA、35kVA、50kVA、60kVA、100kVA、150kVA、200kVA、270kVA、300kVA、360kVA、420kVA 及以上。电机控制器的输出容量用 kVA 为单位表明该功率为视在功率。GB/T 18488.1—2001《电动汽车用电机及其控制器技术条件》的附录 A 推荐了在 360V、200kW 及以下单台电机与控制器输出容量的匹配关系（表 4-11）。

表 4-11 单台电机与控制器输出容量的匹配关系

电机额定功率/kW	控制器输出容量/kVA	电机额定功率/kW	控制器输出容量/kVA
5.5	15	55	100
7.5	15	75	150
11	35	90	150
15	35	110	200
18.5	50	132	200
22	50	150	270
30	60	160	330
37	60	185	360
45	100	200	420

3. 驱动电机控制器结构及组成

驱动电机控制器整体由外壳、控制板、水道、直流高压插件、UVW 高压插接器、功率器件（IGBT 或 MOSFET）模块及驱动板等部件组成，北汽新能源 EC180 电机控制器结构如图 4-35～图 4-37 所示，该电机控制器为风冷式，无水道。

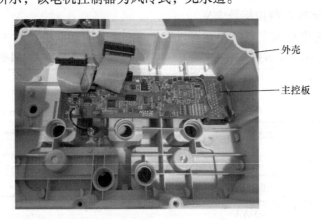

图 4-35　外壳与主控板

（1）MOSFET 模块及驱动板。场效应晶体管按沟道材料和绝缘栅可分 N 沟道和 P 沟道两种；按导电方式分为耗尽型与增强型，结型场效应晶体管均为耗尽型，绝缘栅型场效应晶体管既有耗尽型的，也有增强型的。绝缘栅型场效应晶体管（Metal – Oxide – Semiconductor

FET）简称 MOSFET。（图 4-38）以平面 N 沟道增强型场效应晶体管为例介绍其工作原理。

图 4-36　从控板与 UVW 高压输出端

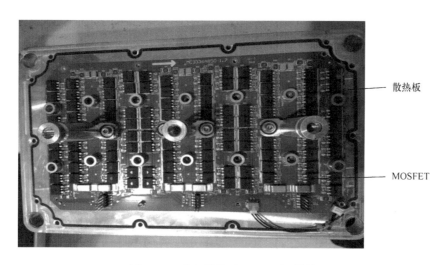

图 4-37　功率器件（MOSFET）模块

平面 N 沟道增强型 MOS 管四个电极：漏极 D，源极 S，栅极 G 和衬底 B，具体工作原理如下。

当 $U_{GS}=0V$ 时，漏源之间相当两个背靠背的二极管，在 D、S 之间加上电压也不会形成电流，即管子截止（图 4-39）。

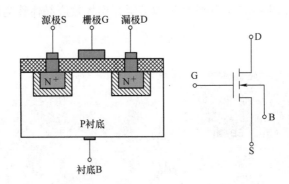

图 4-38　平面 N 沟道增强型场效应晶体管

当 $U_{GS}>0$V 时，纵向电场将 P 区少子电子聚集到 P 区表面形成导电沟道，如果加有漏源电压，就可以形成漏极电流 i_d，即管子导通（图 4-40）。

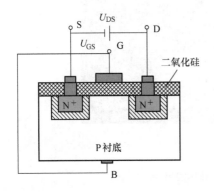

图 4-39　场效应晶体管截止

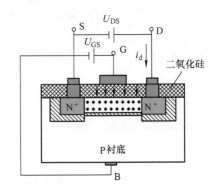

图 4-40　场效应晶体管导通

电力 MOSFET 主要是 N 沟道增强型（图 4-41），符号如图 4-42 所示。电力 MOSFET 导电机理与小功率 MOS 管相同，但结构上有较大区别。它采用多元集成结构，不同的生产厂家采用了不同设计。小功率 MOS 管是横向导电器件。电力 MOSFET 大都采用垂直导电结构，又称为 VMOSFET（Vertical MOSFET）。按垂直导电结构的差异，分为利用 V 型槽实现垂直导电的 VVMOSFET 和具有垂直导电双扩散 MOS 结构的 VDMOSFET（Vertical Double-diffused MOSFET）。这里主要以 VDMOS 器件为例进行讨论。

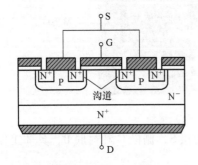

图 4-41　电力 MOSFET 结构
（N 沟道增强型 VDMOS 一个单元截面图）

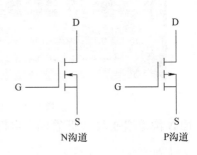

图 4-42　电力 MOSFET 电气符号

栅极是绝缘的，因此不会有栅极电流流过。但栅极的正电压会将其下面 P 区中的空穴推开，而将 P 区中的少子即电子吸引到栅极下面的 P 区表面。当 U_{GS} 大于 U_T（开启电压或阈值电压）时，栅极下 P 区表面的电子浓度将超过空穴浓度，使 P 型半导体反型成 N 型半导体。从而成为反型层，该反型层形成 N 沟道而使 PN 结 J_1 消失，漏极和源极导电。目前一般电力 MOSFET 耐压能力都在 1000V 以下，通过电流为几安培到几十安培。

（2）IGBT 模块及驱动板。IGBT（绝缘栅双极型晶体管）模块（图 4-43）是驱动电机系统的控制中心，又称智能功率模块。它的主要作用是将动力电池的直流电逆成电压、频率可调的三相交流电，供给配套的电机使用。

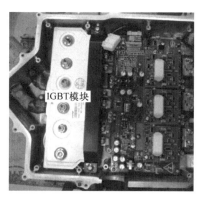

图 4-43　IGBT 模块

GTR（电力三极管）和 GTO（门极可关断晶闸管）是双极型电流驱动器件，由于有电导调制效应，其通流能力很强，但开关速度较低，所需驱动功率大，驱动电路复杂。MOSFET 的优点是单极型电压驱动器件，开关速度快，输入阻抗高，热稳定性好，所需驱动功率小而且驱动电路简单。将这两类器件取长补短结合而成的复合器件 IGBT（绝缘栅双极型晶体管）综合了 GTR 和 MOSFET 的优点，具有良好的特性。

IGBT 为三端器件具有栅极 G、集电极 C 和发射极 E，结构及符号如图 4-44 所示。IGBT 比 VDMOSFET 多一层 P^+ 注入区，形成了一个大面积的 P^+N 结 J_1，使 IGBT 导通时由 P^+ 注入区向 N 基区发射少子，从而对漂移区电导率进行调制，使得 IGBT 具有很强的通流能力。简化等效电路表明，IGBT 是 GTR 与 MOSFET 组成的达林顿结构，一个由 MOSFET 驱动的厚基区 PNP 晶体管。

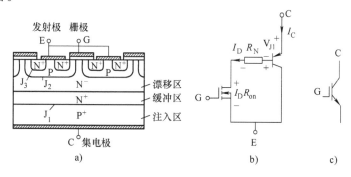

图 4-44　IGBT 结构、简化等效电路及电气图形符号

驱动原理与电力 MOSFET 基本相同,是一种场控器件,其通断由栅极与发射极电压 U_{GE} 决定。当 U_{GE} 大于开启电压 $U_{GE(th)}$ 时 MOSFET 内形成沟道,为晶体管提供基极电流,使得 IGBT 导通。当栅射极间施加反压或不加信号时,MOSFET 内的沟道消失,晶体管的基极电流被切断,IGBT 关断。

(3) 三相两电平电压源型逆变电路。在三相逆变电路中应用最广泛的是三相桥式逆变电路。图 4-45 是采用 IGBT 的三相电压型桥式逆变电路。

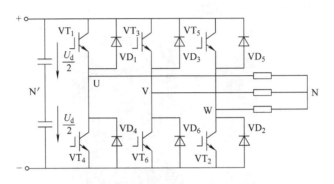

图 4-45 采用 IGBT 的三相电压型桥式逆变电路

在电路的直流侧通常只有一个电容器就可以了,但为了分析方便,画作串联的两个电容,并标出假象的中点 N'。三相电压型桥式逆变电路的基本工作方式是 180°导电方式即每个桥臂导电角度为 180°,同一相(即同一半桥)上下两臂交替导电,各相开始导电的角度差 120°。任一瞬间有三个桥臂同时导通。可能是上面一个臂下面两个臂,也可能是上面两个臂下面一个臂同时导通。应为每次换流都是在同一相上下两臂之间进行,也称为纵向换流。

下面来分析三相电压型桥式逆变电路的工作波形(图 4-46)。对于 U 相输出来说,当桥臂 1 导通时 $u_{UN'} = U_d/2$,当桥臂 4 导通时通,$u_{UN'} = -U_d/2$,因此 $u_{UN'}$ 的波形是幅值为 $U_d/2$ 的方波,$u_{VN'}$、$u_{WN'}$ 的波形与 $U_{UN'}$ 的波形相同,只是相位依次相差 120°如图 4-46a 所示。V、W 两相类似,可以看出电路的输出相电压有 $U_d/2$ 和 $-U_d/2$ 两种电平,因此这种电路称为两电平逆变电路。

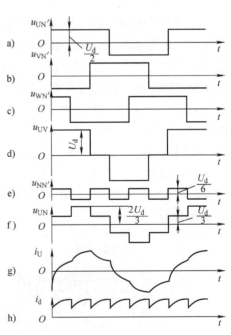

图 4-46 三相电压型桥式逆变电路工作波形

负载线电压 u_{UV}(图 4-46d)、u_{VW}、u_{WU} 可由公式(4-5)算出:

$$\left.\begin{array}{l}u_{\mathrm{UV}} = u_{\mathrm{UN'}} - u_{\mathrm{VN'}} \\ u_{\mathrm{UW}} = u_{\mathrm{VN'}} - u_{\mathrm{WN'}} \\ u_{\mathrm{WU}} = u_{\mathrm{WN'}} - u_{\mathrm{UN'}}\end{array}\right\} \quad (4\text{-}5)$$

假设负载中点和电源假想中点间电压 $u_{\mathrm{NN'}}$，则负载各相的相电压为

$$\left.\begin{array}{l}u_{\mathrm{UN}} = u_{\mathrm{UN'}} - u_{\mathrm{NN'}} \\ u_{\mathrm{VN}} = u_{\mathrm{VN'}} - u_{\mathrm{NN'}} \\ u_{\mathrm{WN}} = u_{\mathrm{WN'}} - u_{\mathrm{NN'}}\end{array}\right\} \quad (4\text{-}6)$$

把上面公式进行整理得：

$$u_{\mathrm{NN'}} = \frac{1}{3}(u_{\mathrm{UN'}} + u_{\mathrm{VN'}} + u_{\mathrm{WN'}}) - \frac{1}{3}(u_{\mathrm{UN}} + u_{\mathrm{VN}} + u_{\mathrm{WN}}) \quad (4\text{-}7)$$

设负载为三相对称负载，则 $u_{\mathrm{UN}} + u_{\mathrm{VN}} + u_{\mathrm{WN}} = 0$，可以得到

$$u_{\mathrm{NN'}} = \frac{1}{3}(u_{\mathrm{UN'}} + u_{\mathrm{VN'}} + u_{\mathrm{WN'}}) \quad (4\text{-}8)$$

$u_{\mathrm{NN'}}$ 波形如图 4-46e 所示，它也是矩形波，但其频率是 $u_{\mathrm{UN'}}$ 的三倍，幅值为其 1/3，即 $U_\mathrm{d}/6$。

由式 4-6 与式 4-8 可得出 u_{UN} 波形如图 4-46f。u_{VN}、u_{WN} 的波形与 u_{UN} 相同，仅相位依次相差 120°。负载参数已知时，可以由 u_{UN} 波形求出 U 相的电流 i_U 波形（图 4-46g）。

4. 电机控制策略

（1）驱动电机系统上下电控制策略。下面以某品牌纯电动汽车为例介绍驱动电机系统上下电控制策略（图 4-47）。该车采用的是基于 STATE 机制的驱动电机系统上下电控制策略。基于整车 STATE 机制上下电策略要求，约束了该机制下 MCU（电机控制单元）在整车上下电过程各 STATE 中应该执行的动作、需要实现逻辑功能、允许及禁止的诊断等。

（2）驱动电机系统工作模式。驱动电机系统工作模式包括驱动与发电两种工作模式。

1）驱动电机系统驱动模式。驱动电机系统驱动模式如图 4-48 所示，整车控制器根据车辆运行的不同情况，包括车速、档位、电池 SOC 值来决定，电机输出转矩/功率。当电机控制器从整车控制器处得到转矩输出命令时，将动力电池提供的直流电，转化成三相正弦交流电，驱动电机输出转矩，通过机械传输来驱动车辆。

2）驱动电机系统发电模式。驱动电机系统发电模式如图 4-49 所示，当车辆在滑行或制动的时候，电机控制器从整车控制器得到发电命令后，电机控制器将电机处于发电状态。此时电机会将车辆机械能转化成电能。然后，三相正弦交流电通过电机控制器转化为直流电，存储到电池中。

（3）温度保护功能

1）电机温度保护。当控制器监测到驱动电机温度传感器显示：120℃≤温度<140℃时，降功率运行；温度≥140℃时，降功率至 0，即停机。

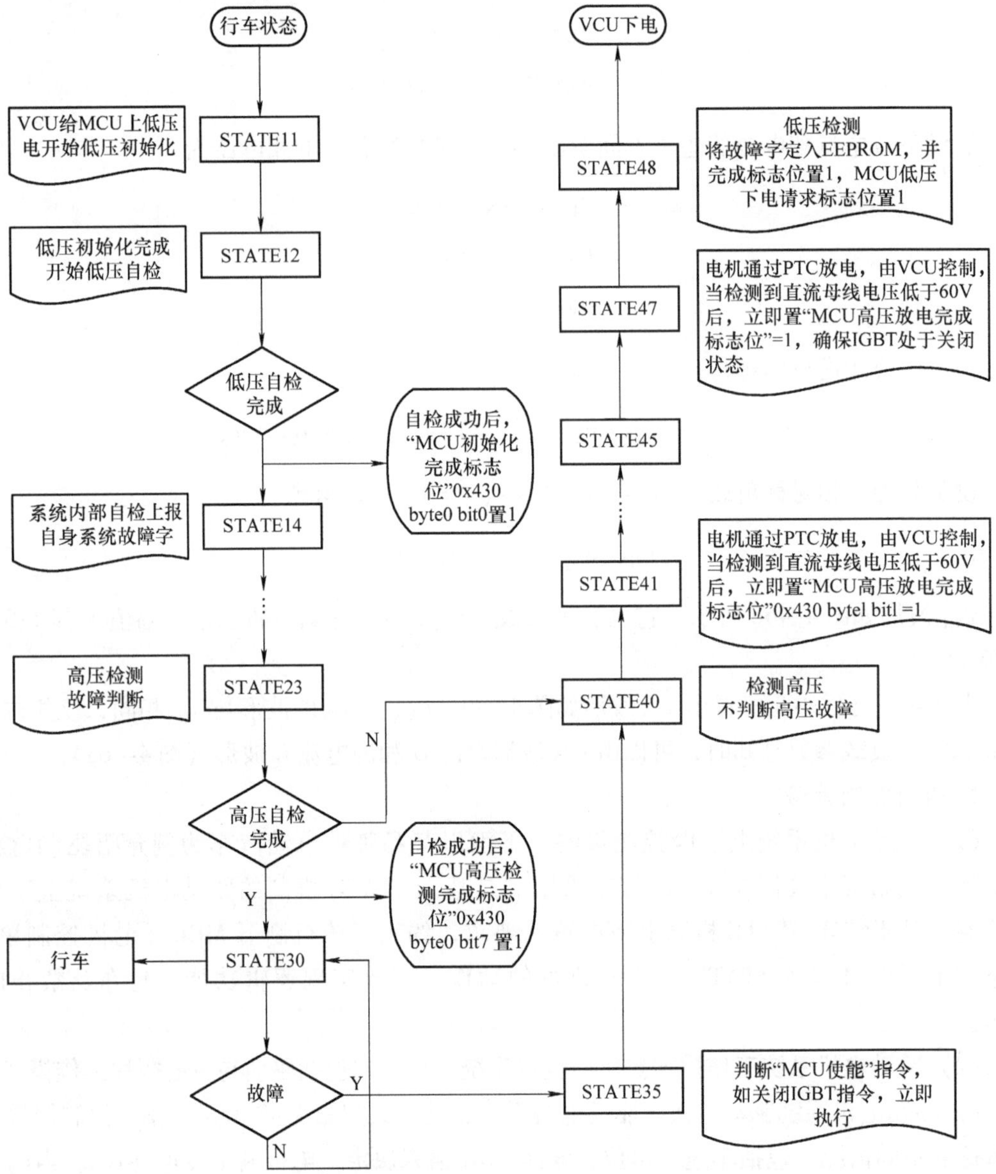

图 4-47 某品牌纯电动汽车驱动电机系统上下电控制策略

2）控制器温度保护。当控制器监测到散热基板温度：温度≥85℃时，超温保护，即停机。当控制器监测到散热基板温度：85℃≥温度≥75℃时，降功率运行。

（4）制动能量回馈控制。传统燃油汽车制动消耗的能量接近车辆滚动阻力耗能与空气阻力耗能之和，而汽车在起停频繁的市区运行，车辆的大部分机械能都会消耗在制动过程中，因此回收汽车制动能量意义重大。依据车辆制动强度有关研究显示，优先使用制动能量回馈控制可以大幅度地提高整车经济性，在起停频繁的市区运行，通过车辆减速能量回收，可实现节能10%～15%。

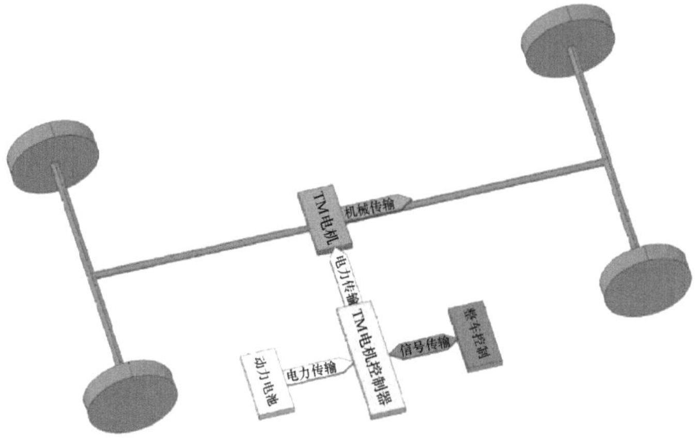

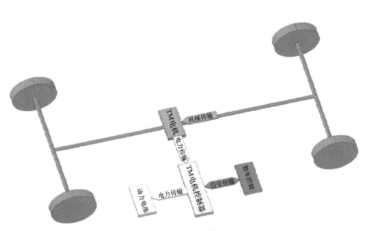

图 4-48　驱动电机系统驱动模式

图 4-49　驱动电机系统发电模式

整车控制器或电机控制器根据加速踏板和制动踏板的开度、车辆行驶状态信息以及动力电池的状态信息（如 SOC 值）来判断某一时刻能否进行制动能量回馈，在满足安全性能、制动性能以及驾驶人舒适性的前提下，回收部分能量，包括滑行和制动过程中的电机制动转矩控制。某些车辆当整车处于大于一定减速度的滑行能量回收状态时，车辆需要点亮制动灯，以提示后方车辆处于制动或减速状态，从而保证车辆行车安全。

根据加速踏板和制动踏板信号，制动能量回收可以分为两个阶段（图 4-50），简单的划分条件是：阶段一是在车辆行驶过程中驾驶人松开加速踏板但没有踩下制动踏板开始，阶段二是在驾驶人踩下了制动踏板后开始。

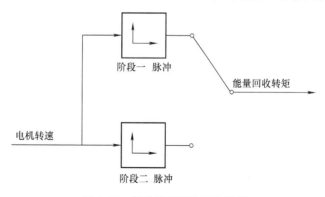

图 4-50　制动能量回收两个阶段

制动能量回馈的原则：
1）能量回收制动不应该干预 ABS 的工作。
2）当 ABS 进行制动力调节时，制动能量回收不应该工作。
3）当 ABS 报警时，制动能量回收不应该工作。
4）当电驱动系统具有故障时，制动能量回收不应该工作。
（5）防溜车功能控制

纯电动汽车在坡上起步时，驾驶人从松开制动踏板到踩加速踏板过程中，会出现整车向后溜车的现象。在坡上行驶过程中，如果驾驶人踩加速踏板的深度不够，整车会出现车速逐渐降到 0 然后向后溜车现象。

为了防止纯电动车在坡上起步和运行时向后溜车现象，在整车控制策略中增加了防溜车功能。防溜车功能可以保证整车在坡上起步时，向后溜车小于 10cm；在整车坡上运行过程中如果动力不足时，整车车速会慢慢降到 0，然后保持 0 车速，不再向后溜车。

4.8 电机与控制器的维护与保养

1. 电机的维护与保养

在对驱动电机进行维护之前应当首先下电，然后根据以下步骤进行：
（1）检查高、低压线束插件是否插接牢靠（需下电）。
（2）检查电机轴承看是否有油脂漏出。
（3）检查电机温度传感器和速度传感器连接是否正常，接插件不要虚接。
（4）温度传感器的电阻值应当符合维修手册的要求（例如某车型规定在 25℃ 左右温度传感器的电阻值为 590~610Ω）。
（5）检查车辆运行过程中驱动电机是否有异响，注意区分是机械噪声（类似"咔咔""哒哒"声），还是电磁噪声（类似"滋~~"，频率高，刺耳），如果是后者，可暂时不考虑处理。
（6）检查驱动电机安装是否牢靠，紧固螺栓是否松动。
（7）检查驱动电机与减速器轴花键状态，如花键表面油脂有流失需及时补充（该操作可以 1 万~2 万 km 做一次）。

2. 电机控制器的维护与保养

在对驱动电机控制器进行维护之前应当首先断电，然后根据以下步骤进行。
（1）外观。定期检查控制器外壳，外壳若有明显的破损和裂痕请及时联系厂家更换。定期检查控制器顶部和侧边的胶塞，如遇胶塞不紧或者丢失应及时压紧或联系厂家补上胶塞。定期清理控制器表面的灰尘，重点清理位置为接线螺丝和线束插头位置。
（2）螺钉。定期检查螺钉的紧固程度。紧固时应将螺钉紧固至规定力矩，且摇动控制器的线束时螺钉不晃动为宜。如生锈请及时更换螺钉。
（3）配件检查。定期检查控制器上的熔断器是否完好，如有熔断器发黑或烧熔现象请及时联系厂家更换保险。定期检查控制器底部风扇是否工作，如风扇不转请检查风扇插头是否松动或更换风扇。
（4）保养时的注意事项。因控制器为高压带电部件，故人员在对控制器进行一系列操作时应首先确保控制器断电。控制器断电的判断方法：关掉车辆钥匙，仪表熄灭，关掉车辆急停开关。有条件可用万用表测试控制器上 B + 与 B - 之间的电压，若为零则说明控制器已经断电。

4.9 驱动电机系统常见故障的检测与排除

1. 常见故障的诊断思路

（1）通过车辆使用情况或结合仪表指示的故障灯初步确定故障范围。

（2）使用专业诊断仪进入系统读取故障码及数据流，进行数据的分析比对。

（3）查阅维修资料，掌握整车控制策略及驱动电机系统的控制策略，掌握驱动电机系统的组成，特别是电机控制器采集信号所用的温度传感器、电机位置传感器等传感器，掌握正确的信号波形及数据范围。

（4）使用示波器或万用表对怀疑的部位进行在线的实时数据测量，判断波形及数据的正确性。

（5）高压安全断电、放电和验电操作。

（6）线路及连接器检查。初步检查线路及插接器是否连接牢固、位置是否正确、插接器内针脚是否有倒针或退针的现象。使用万用表测量相关线路电阻是否符合规定、有无短路或断路现象。

（7）如以上线路没有发现问题，尝试更换电机控制器或驱动电机。

2. 常见典型故障案例

（1）E150EV 行驶中突然失去动力。

1）故障现象。车辆点火开关置于 ON，车辆在行驶当中突然踩加速踏板没有动力，仪表显示整车系统故障、动力电池断开故障。

2）诊断思路。通过以前的一些经验只要仪表显示动力电池断开故障，大部分是高压系统中部件或电路出故障。可能原因为电机控制器故障、电机故障、动力电池故障、高压电路绝缘故障或空调压缩机故障。

3）故障诊断与排除。用诊断仪检测出故障码 P0038（驱动电机相电流过流故障）、P0522（驱动电机超速故障）、P0525（驱动电机直流断流故障），将电机控制器低压插头拔下后，将万用表旋至到直流电压档，将万用表的表笔两端分别与电机控制器的线束输入端插件 31 号与 E2 线连接，显示 12V 属正常。结合故障码的分析初步判断为电机控制器故障，造成车辆掉高压不能行驶，更换电机控制器故障排除。

4）故障分析。此故障主要围绕 P0038（驱动电机相电流过流故障）、P0522（驱动电机超速故障）这 2 个故障码最终确定故障点，P0038 和 P0522 值得关注，因为 BMS 监测到电流过大导致动力电池断开，在发生过流的瞬间电机已经超速了，所以系统记录下了电机超速的故障码。之前维修案例中出现过故障码 P0519（电机超速保护故障），实际是电机旋变传感器故障，在此对比一下"P0519（电机超速保护故障）和 P0522（驱动电机超速故障）"看着内容有些相似，经过对故障码含义的解读和实际故障点对比，"电机超速保护"说明电机控制器还有能力控制电机的转速，则电机控制器没有故障，推断是电机旋变传感器故障。而"电机超速故障"说明电机已经实际超速了，电机控制器失去了对电机的控制。在此情况下，如果动力电池不能断开可能会使整车超速甚至导致发生事故。

（2）E150EV 动力电池断开故障灯亮。

1）故障现象。点火开关置于 ON，仪表显示整车系统故障灯和动力电池断开故障灯亮。

2）诊断思路。可能原因为高压电路绝缘故障、高压控制盒故障、电机控制器故障、电机绕组故障、空调（加热）系统故障。

3）故障诊断与排除。用诊断仪检测出故障码 P0031（电机控制器 IGBT 故障），经过故障码的分析，初步判断为电机控制器故障，造成动力电池掉高压无法行驶，更换电机控制器故障排除。

4）故障分析。经过一些经验总结，各系统故障反馈到整车控制器（VCU）的时候，仪表上的整车系统故障灯都会点亮，高压系统出现绝缘和短路动力电池就会切断输出，同时点亮仪表"动力电池断开故障灯"。出现动力电池断开故障，可以依次对高压电器系统用排除法判断哪个系统存在故障（如：挂档行车、启动空调压缩机或启动电加热器）。

（3）M30RB 间歇性断高压。

1）故障现象。车辆在行驶几千米偶尔掉高压现象，仪表显示动力电池故障指示灯亮，系统故障灯亮，车辆无法行驶。

2）诊断思路。可能原因为动力电池故障、高压绝缘故障、电机控制器故障。

3）故障诊断与排除

① 使用故障检测仪读出故障码为 P0518，定义是电机控制器欠压故障，使用诊断仪清除故障码，故障码无法清除则说明存在现行故障。

② 启动空调系统能正常工作。

③ 检测高压绝缘性能未发现异常。

④ 检查电机控制器低压电路电源正常，插接件也未发现退针现象。

通过以上检查判断空调系统正常，基本排除了动力电池故障。结合故障现象和故障码显示可以断定为电机控制器故障，更换电机控制器故障现象消失。

4）故障分析。故障码为 P0518（电机控制器欠压故障），电机控制器是比较昂贵的部件，需要确定故障后才进行更换，以免更换后故障未能解决。因此需要把相关部件和外围电路进行排查，最终确定是电机控制器故障才进行处理，避免多次维修不能解决问题。

（4）M306 电机过热被限速 9km/h。

1）故障现象。车辆行驶几千米以后，出现限速 9km/h 现象，仪表显示电机控制器过热。

2）诊断思路。可能原因为水泵故障、散热风扇故障、冷却液缺少或冷却系统内部堵塞。

3）故障诊断与排除。用诊断仪读数据流显示电机控制器温度为 75℃，散热器风扇高速旋转，检查水泵工作正常，膨胀罐冷却液也不缺，水泵在工作过程中观察膨胀罐，发现冷却液循环不畅现象，进一步对冷却系统进行水道堵塞排查。采用压缩空气对散热器、管路和电机控制器进行疏通，检查时发现电机控制器内部有阻塞。找到堵塞点用高压空气将电机控制器内部异物吹出，恢复冷却系统管路，加注冷却液后进行试车不再出现电机系统高温，故障排除。

4）故障分析。M306 电机系统冷却方式采用水冷式，电机控制器和电机是串联式循环，因为电机控制器的温度在75～85℃时电机降功率，当电机控制器温度高于85℃时，电机将立即停止工作，所以此车电机控制器温度达到75℃时被降功率。

（5）E150EV仪表无故障报警、车辆无法起动。

1）故障现象。车辆点火开关置于ON，仪表已经显示READY灯亮，踩制动踏板，变速杆置于挂D位，踩加速踏板车辆没有反应。

2）诊断思路。可能原因为动力系统故障、控制系统故障、传动系统故障。

3）故障诊断与排除。使用诊断仪检测没有故障码，用钳式电流表检测电机控制器到电机的线束，显示有电流输出中，则说明电机工作正常。接下来检查传动系统：将车辆变速杆置于N位，举起车辆，两前轮很轻松同时向一个方向转动，把住一个车轮另一个车轮能自由转动，这说明差速器正常。初步分析可能是电机输出轴断裂或减速器齿轮断裂，拆下电机发现电机输出轴断裂（图4-51），更换电机总成故障排除。

图4-51　电机输出轴断裂

4）故障分析。车辆无法行驶主要有两大类故障：①电气类故障导致车辆无法行驶时，基本上仪表都会显示动力电池故障和整车系统故障（除非仪表故障造成不显示）；②机械类故障仪表没有监控，如果有严重故障时一般会导致异响。在诊断车辆故障时，首先要区分是电气类故障还是机械类，这样在故障诊断过程可以避免走一些弯路。

（6）电机相序不对导致车辆前进位车辆倒车，倒档时车辆前进。

1）故障现象。当驾驶人轻踩加速踏板后发现车在前进档时倒退，在倒档时前进。

2）诊断思路。查发现电机控制器接线牢固、正确。初步判断导致车辆反向行驶的故障原因可能是电机相序不正确、电机编码器的A/B信号位置不正确。

3）故障诊断与排除。尝试调整电机相序，即调换电机的U、V或者V、W两相，故障排除。

（7）编码器信号异常导致车辆行驶速度缓慢或无法行驶。

1）故障现象。轻踩加速器后发现车不走，或者以很慢的速度移动，同时电机发热快。

2）诊断思路。初步检查发现电机控制器接线都正确，则表明电机编码器信号可能异常了。

3）故障诊断与排除

第一步：如果电机编码器正常，更换电机相序，即调换电机的U、V或者V、W两相，然后试一下车辆是否可以正常行走了，如果仍然不能正常开动，说明编码器信号有问题了。

第二步：判断电机编码器是否损坏。①打开钥匙给控制器上电，用万用表测量电机编码器的供电电源，确认引脚16/26之间电压应该在5V左右。②控制器上电，挂空档，手动推一下车或者拨动车轮，让电机旋转起来，查看仪表板的转速表是否有指示，或者用电脑上位机软件检查电机转速是否有显示。经检查编码器供电正常，电机旋转时无转速指示，表明电机编码器损坏，更换后故障排除。

4）故障分析。编码器有四根线，分别为正/负/A/B四根（16/26/27/28），如果用万用表测量A/B和负极是为正弦的波形。编码器供电异常、断线、端子接触不良、端子信号顺序错误、编码器损坏等均会导致电机编码器信号异常，从而车辆行驶速度缓慢或无法行驶。

（8）北汽新能源 EV 车辆行驶中间歇性出现车辆冲击。

1）故障现象。车辆在行驶中偶尔报电机故障，车辆抖动后被限速，重新起动车辆正常，但行驶一段时间后此故障又出现。

2）诊断思路。可能原因为电机旋变传感器信号故障、电机控制器故障、整车控制器故障。

3）故障诊断与排除。通过试车此故障再现，故障的表现为偶发故障。虽然此故障出现时车辆没有断高压，但仪表已经报出电机故障，经过监控平台查看此车故障为电机系统 IGBT 故障。检查电机控制器与电机连接低压线束无退针与虚接现象，检查电机控制器低压控制插件 12V 供电正常，其他针脚无退针虚接现象，将车辆升起检查电机旋变插件时，发现线束端端子有些异常，经过恢复后车辆正常。在试车过程中此故障再次出现，经过故障的再次出现初步判断为电机旋变可能存在故障。再次将车辆升起，用万用表测量电机旋变传感器的阻值，电机旋变分为三组正常值，第一组针脚 A－B 阻值为 33Ω±10Ω。第二组针脚 C－D 阻值为 60Ω±10Ω，第三组针脚 E－F 阻值为 60Ω±10Ω，当测量第二组的阻值时发现有跳变现象，阻值在 5～15Ω 之间变化，因此确定为电机旋变传感器故障，更换电机总成故障排除。

4）故障分析。因为旋变传感器第二组的信号不稳定，在与其他两组进行信号对比时出现误差，此时电机控制器根据信号频率和弧度的变化及时对高压交流输出进行调整，表现到电机转速过程就是转速忽高忽低，与路面经过车轮传回来的反向力产生冲突，所以造成车辆剧烈振动。此故障的疑惑之处在于：旋变传感器绕组的电阻值在静态的时候为什么会变化，从理论上分析可能是旋变传感器的绕组受到磁干扰。此分析只是推断，待有检测设备和故障件时再进行试验，并采取数据进行详细分析。

（9）M30RB 车辆无法行驶、底盘间歇异响。

1）故障现象。车辆在行驶中、起步时偶尔出现底盘异响，仪表整车系统故障灯点亮，车辆不能行驶。

2）诊断思路。用诊断仪读取故障码 P0521（控制器相电流过小故障）、P0519（电机超速保护故障）、P0518（电机控制器欠压故障），可能原因是旋变传感器或线路故障、电机控制器内部故障。

3）故障诊断与排除。经过试车此故障再现，使用车辆故障检测仪检读出故障码 P0521（控制器相电流过小故障）、P0519（电机超速保护故障）、P0518（电机控制器欠压故障），经过故障码的分析，初步判断以上故障码可能是电机旋变传感器或电机控制器故障。按从简到繁的原则用举升机把车辆举起（车辆上电的状态下），晃动电机旋变传感器端线束，车辆出现掉高压现象，将旋变传感器插接器拔下，发现塑料插接器内部卡槽损坏造成端子退针导致虚接。将插接器端子复位并用 AB 胶对卡槽进行修复，待胶凝固后插上插接器进行试车，此故障不再出现，故障排除。

4）故障分析。此故障有底盘异响现象，首先要判断是机械故障还是电气故障，通过故障的表现，此现象为偶发故障，基本可以排除机械类故障。但是此车读出故障码 P0521（控制器相电流过小故障）、P0519（电机超速保护故障）、P0518（电机控制器欠压故障），其中电机超速和电流过小或欠电压，正常工作的情况是不可能同时出现的。通过此故障的检查和排除过程，分析旋变传感器插接器虚接为何会同时出现以上三个故障码。经查资料旋变传感器是有三组信号，通过解码电路处理后对三组信号进行对比，它的作用是判断电机转子的位置和监测电机的转速。而此车是其中一组信号线虚接产生瞬间信号失真,造成三组信号在同一时间内出现不一致的状态。由于旋变信号瞬间频率变化太大而触发了控制器,被判断为电机超速,超速只是一种假象,而电流和电压是实际的工况,如果用转速作基准和电流对比就出现电流过小,如果用电流作基准和转速对比就出现超速,因此就导致超速和电流过小的现象同时出现。

实训项目　驱动电机及控制系统

实训 7　驱动电机更换

1. 实操目标

学员能够了解驱动电机更换的流程及注意事项,并在老师的指导下正确更换驱动电机,避免出现安全事故;学员能够判断实操环境是否符合安全操作规范及要求。

2. 操作时间

120min

3. 实操所需材料与工具

北汽新能源 EC180 纯电动汽车、警示标志、警示隔离带、遮栏、绝缘手套(等级 1000V/300A 以上)、皮手套、绝缘帽、绝缘鞋、防护镜、绝缘工具、汽车万用表、绝缘测试仪(表)、扭力扳手、通用工具套装、电机举升专用托架。

4. 注意事项

请务必按照老师的指导,合理使用绝缘安全护具,并严格按老师示范动作操作,做到安全、正确,并防止造成实操总成及车辆的损坏。

5. 实操步骤

(1) 断开蓄电池负极电缆。

(2) 进行高压安全断电操作。

(3) 拆卸电动真空泵。

(4) 旋出固定螺钉组件如图 4-52 中箭头 A 所示,取下驱动电机控制器上盖如图 4-52 中①所示。图 4-52 中箭头 A 所示螺栓拧紧力矩为 2~3N·m。

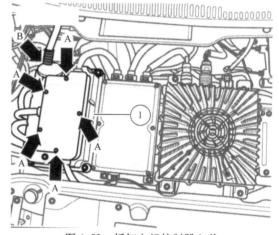

图 4-52　拆卸电机控制器上盖

(5) 旋出固定螺栓组件如图 4-53 中箭头所示,拔出 MCU-W 线束①。

(6) 旋出固定螺栓组件如图 4-53 中箭头所示,拔出 MCU-V 线束②。

(7) 旋出固定螺栓组件如图 4-53 中箭头所示,拔出 MCU-U 线束③。

图 4-53 中箭头所示螺栓拧紧力矩:14~16N·m。

(8) 拆卸左、右两侧侧护板。

(9) 拆卸左、右两侧驱动轴总成装。

(10) 断开电动压缩机连接插头如图 4-54 中箭头 A 所示。

(11) 逆时针旋转动力电池高压线束接插件(图 4-54 中箭头 B)至解锁状态,并拔出空调压缩机高压线束。

（12）旋出固定螺栓（图4-54中箭头C所示），使用扎带将电动压缩机（图4-54①）固定至车身上。

图4-54中箭头C所示螺栓拧紧力矩为18~22N·m。

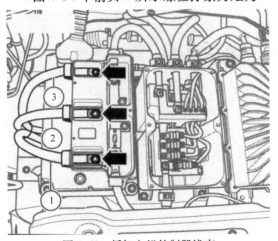

图4-53 拆卸电机控制器线束　　　　图4-54 拆卸电动压缩机

（13）断开电机温度传感器插头如图4-55中箭头A所示。

（14）断开电机速度检测传感器插头如图4-55中箭头B所示。

（15）将举升装置置于减速器总成（图4-56①）与驱动电机总成（图4-56②）组件下部。

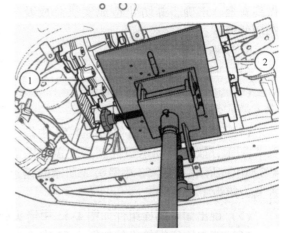

图4-55 拆卸电机温度传感器及
速度检测传感器插接器　　　　图4-56 举升减速器总成与驱动电机总成

（16）旋出固定螺栓如图4-57中箭头所示，脱开右侧悬置（图4-57①）与车身的连接。图4-57中箭头所示螺栓拧紧力矩为108~132N·m。

（17）旋出固定螺栓如图4-58中箭头所示，脱开后侧悬置（图4-58①）与减速器总成的连接。图4-58中箭头所示螺栓箭头拧紧力矩为90~110N·m。

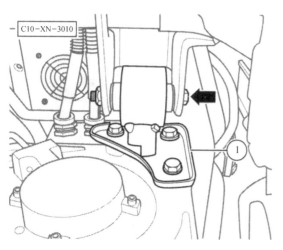

图 4-57　脱开右侧悬置与车身的连接

图 4-58　脱开后侧悬置与减速器总成的连接

（18）旋出固定螺栓（图 4-59 中箭头 A）、固定螺栓（图 4-59 中箭头 B），取下前侧悬置（图 4-59①）。图 4-59 中箭头 A 所示螺栓拧紧力矩为 57~67N·m，图 4-59 中箭头 B 所示螺栓拧紧力矩为 108~132N·m。

（19）降下减速器总成（图 4-60①）与驱动电机总成（图 4-60②）组件。提示由于空间原因降下减速器总成与驱动电机总成组件时需倾斜，必须在另一位装配工的协助下进行。

图 4-59　取下前侧悬置

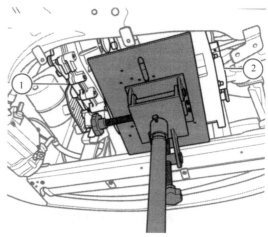

图 4-60　降下减速器总成与驱动电机总成组件

（20）旋出固定螺栓如图 4-61 中箭头所示，分解驱动电机总成（图 4-61①）与减速器总成（图 4-61②）。图 4-61 中箭头所示螺栓拧紧力矩为 35~45N·m。

（21）旋出固定螺栓如图 4-62 中箭头所示，取下右侧悬置（图 4-62①）。图 4-62 中箭头所示螺栓拧紧力矩为 57~67N·m。

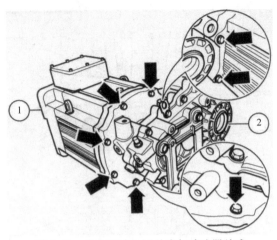

图 4-61 分解驱动电机总成与减速器总成

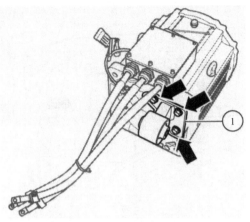

图 4-62 取下右侧悬置

(22) 旋出固定螺栓如图 4-63 中箭头 A 所示,脱开线束固定卡如图 4-63 中箭头 B 所示,拆下电机速度检测传感器(图 4-63①)。图 4-63 中箭头 A 所示螺栓拧紧力矩为 6~8N·m。

(23) 旋出固定螺栓如图 4-64 中箭头 A 所示,拆下驱动电机上盖(图 4-64①),图 4-64 中箭头所示螺栓拧紧力矩为 2~3N·m。

(24) 旋出固定螺栓组件如图 4-65 中箭头 A 所示,旋松固定螺母如图 4-65 中箭头 B 所示,拔出 MCU-U 线束(图 4-65①)。图中箭头 A 所示螺栓拧紧力矩为 14~16N·m。

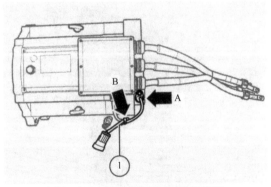

图 4-63 拆下电机速度检测传感器

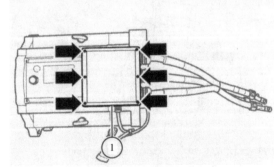

图 4-64 拆下驱动电机上盖

(25) 旋出固定螺栓组件如图 4-65 中箭头 A 所示,旋松固定螺母如图 4-65 中箭头 B 所示,拔出 MCU-V 线束(图 4-65②)。图 4-65 中箭头 A 所示螺栓拧紧力矩为 14~16N·m。

(26) 旋出固定螺栓组件如图 4-65 中箭头 A 所示,旋松固定螺母如图 4-65 中箭头 B 所示,拔出 MCU-W 线束(图 4-65③)。图 4-65 中箭头 A 所示螺栓拧紧力矩为 14~16N·m。

安装以倒序进行,同时注意下列事项:

1) 减速器连接花键(图 4-66 中箭头 A)区域与驱动电动机花键(图 4-66 中箭头 B)区域需要均匀涂抹润滑脂。润滑脂规格为德国力魔 LM48 润滑脂,使用量为 20g。

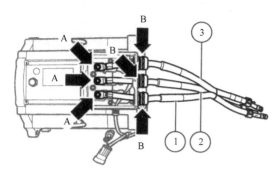
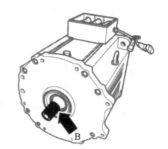

图 4-65 拆卸电机线束　　　　　　图 4-66 涂抹润滑脂

2）各螺栓使用专业工具拧至规定力矩。

实训 8　驱动电机控制器更换

1. 实操目标

学员能够了解驱动电机控制器更换的流程及注意事项，并在老师的指导下正确更换驱动电机，避免出现安全事故；学员能够判断实操环境是否符合安全操作规范及要求。

2. 操作时间

40min

3. 实操所需材料与工具

北汽新能源 EC180 纯电动汽车、警示标志、警示隔离带、遮栏、绝缘手套（等级 1000V/300A 以上）、皮手套、绝缘帽、绝缘鞋、防护镜、绝缘工具、汽车万用表、绝缘测试仪（表）、扭力扳手、通用工具套装。

4. 注意事项

请务必按照老师的指导，合理使用绝缘安全护具，并严格按老师示范动作操作，做到安全、正确，并防止造成实操总成及车辆的损坏。

5. 实操步骤

（1）断开蓄电池负极电缆。

（2）进行高压安全断电操作。

（3）旋出固定螺钉组件（图 4-67 中箭头 A），取下驱动电机控制器上盖（图 4-67①）。图 4-67 中箭头 A 所示螺栓拧紧力矩为 2~3N·m。

（4）断开驱动电机控制器总成连接插头（图 4-67 中箭头 B）。

（5）断开驱动电机控制器风扇连接插头（图 4-68 中箭头）。

（6）旋出固定螺栓组件（图4-69中箭头A），拔出MCU正极线束（图4-69①）。

（7）旋出固定螺栓组件（图4-69中箭头A），拔出MCU负极线束（图4-69②）。

（8）旋出固定螺栓组件（图4-69中箭头A），拔出MCU-U线束（图4-69③）。

（9）旋出固定螺栓组件（图4-69中箭头A），拔出MCU-V线束（图4-69④）。

（10）旋出固定螺栓组件（图4-69中箭头A），拔出MCU-W线束（图4-69⑤）。图4-69中箭头A所示螺栓拧紧力矩为14~16N·m。

（11）旋出固定螺栓组件（图4-69中箭头B），取下驱动电机控制器总成（图4-69⑥）。图4-69中箭头B所示螺栓拧紧力矩为18~22N·m。

安装以倒序进行，同时注意下列事项：

1）各螺栓使用专业工具拧至规定力矩。

2）驱动电机控制器更换后，点火开关置于ON（无需起动车辆），进行驱动电机控制器配置，具体配置项目参照诊断仪提示进行操作。

3）连接诊断仪进行检测。

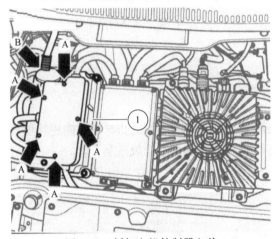

图4-67 拆卸电机控制器上盖

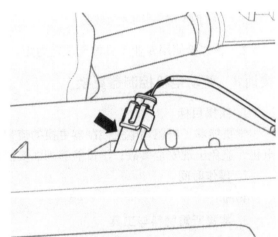

图4-68 断开驱动电机控制器风扇连接插头

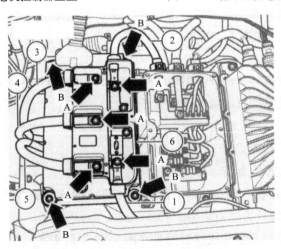

图4-69 拆卸电机控制器线束

本 章 小 结

1. 电机是指依据电磁感应定律实现电能的生产、传输和使用的能量转换机械。按功能分可以将电机分为发电机、电动机和变压器。按运动形式分可将电机分为静止电机和运动电机,变压器为静止电机,运动电机又可分为直线电机与旋转电机。按工作电源种类划分为直流电机和交流电机。直流电机按结构及工作原理可划分为无刷直流电机和有刷直流电机。交流电机还可分同步电机和异步电机。同步电机可划分永磁同步电机、磁阻同步电机和磁滞同步电机。异步电机可划分感应电机和交流换向器电机。新能源汽车上常采用的电机为三相永磁同步电机和三相交流异步电机。

2. 三相异步电机的工作原理为当三相电流不断变化时,合成磁场在空间将不断旋转,这样就产生了旋转磁场。转子与定子旋转磁场间有相对运动,在转子导体中产生感应电动式和感应电流,转子才会受到电磁转矩作用而旋转。转子转速低于旋转磁场转速,故称为异步电动机。因为电机转子电流是通过电磁感应作用产生的,所以又称为感应电机。

3. 永磁同步电机的工作原理为对称三相定子绕组通入对称三相交流电产生旋转磁场,永磁转子在定子旋转磁场的磁力拖动下转动且达到同步转速。

4. 开关磁阻电机工作原理为运行遵循磁阻最小原理,当定子某相绕组通电励磁,产生的磁场磁力线由于扭曲而引起切向磁拉力,以使相近转子凸极轴线旋转到与定子的电励磁极轴线相对齐位置——磁阻最小位置。由于其"对齐"趋势使变磁阻电机产生特有的有效电磁磁阻转矩。

5. 在电机的控制中,电机控制器需要获得电机转子的位置、旋向、转速等参数,以便进行相关控制,根据应用的原理不同,常用的电机位置传感器包括电磁式、光电式、磁敏式三种类型。

6. 理解三相两电平电压源型逆变电路工作原理。

第 5 章

充电系统

5.1 充电系统概述

动力电池充电系统是电动汽车不可缺少的子系统之一。充电系统的作用是将电网的电能转化为电动汽车动力电池的电能。

1. 纯电动汽车充电机

电动汽车充电机的分类有不同的方法,总体上可分为车载充电机和 非车载充电机。

(1) 车载充电机。车载充电机指安装在电动汽车上的,采用地面交流电网和车载电源对蓄电池组进行充电的装置,包括车载充电机、车载充电发电机组和运行能量回收充电机。车载充电机通常使用结构简单、控制方便的接触式充电器,也可以是感应充电器,完全按照动力电池的种类进行设计,针对性较强。车载充电机一般设计为小充电率,充电时间长(一般是 5~8h),由于电动汽车受车载质量和体积的限制,车载充电机要求尽可能体积小、重量轻(一般小于 5kg)。车载充电机对于要充电的蓄电池是有针对性的,蓄电池的充电方式也是预先定义好的。由于充电机和蓄电池管理系统都装在车上,它们相互之间容易利用电动汽车的内部总线网络进行通信。

(2) 非车载充电机。非车载充电机即地面充电机。根据充电场所和充电需求的不同,地面充电机主要应用于家庭、充电站及各种公共场所。为了满足各种蓄电池的各种充电方式,通常地面充电机的功率、体积和重量都比较大,一般设计为大充电率。由于地面充电机和动力电池管理系统在物理位置上是分开的,因此它们之间必须通过有线或者无线进行通信。

地面充电机还需具备计量计费功能,一般情况下,充电机应至少能为以下三种类型动力电池中的一种充电:锂离子电池、铅酸电池、镍氢电池。根据动力电池管理系统提供的关于动力电池的类型、电压、温度和荷电状态的信息,地面充电机选择一种合适的充电方式为动力电池充电,以避免动力电池的过充和过热。

地面充电机通过把线缆的插头插入电动汽车上配套的插座上,在通信信号握手确认后,地面充电机将电能输入至电动汽车动力电池对其进行充电。充电器设置了一个锁止杠杆以利于插入和取出插头,同时杠杆还能提供一个确定已经锁紧的信号,如果没有此信号,充电器就不会给动力电池充电,以确保安全。地面充电机能显示充电电压、充电电流和充电电量,甚至所需充电费用等。

2. 电动汽车充电方式

(1) 传导式充电方式。传导式充电方式又称接触充电方式,接触充电方式通常采用传统的接触器控制,使用者把充电电源接头(插头)连接到汽车上(插座),即利用金属接触来导电。接触充电方式的最大优点是技术成熟、工艺简单和成本低廉。接触充电方式的缺点是导体裸露在外面不安全,而且会因多次插拔操作,引起机械磨损,导致接触松动,不能有效传输电能。接触式充电的最大问题在于它的安全性和通用性,为了使它满足严格的安全充电标准,必须在电路上采用许多措施使充电设备能够在各种环境下安全充电。

(2) 无线充电方式。电动汽车无线充电方式的研究目前主要集中在感应式充电方式,不需要接触即可实现充电。感应充电方式是采用感应耦合方式充电,即充电电源和汽车接受装置之间不采用直接电接触的方式,而是采用由分离的高频变压器组合而成,通过感应耦合,无接触式传输能量。采用感应耦合方式充电,可以有效解决接触式充电的缺点。感应充电的最大优点是安全,因为充电器与车辆之间并无直接的电接触,即使车辆在恶劣的气候下,如雨雪天,充电也无触电的危险。

3. 电动汽车充电模式

根据电动汽车动力电池组的技术和使用特性,电动汽车的充电模式存在一定的差别。对于电动汽车动力电池组充电方案的选择,现今普遍存在常规充电、快速充电和动力电池组快速更换三种模式如表5-1所示。

表5-1 电动汽车充电模式

充电模式	分类	特点	用途
常规充电方式	小电流充电	充电电流不大于15A,充电功率小,一般为1~3kW。充电时间通常为8~10h	私家车、市内环卫车、企业商务车等车辆日均行驶里程都在蓄电池的续驶里程范围之内
	中电流充电	充电电流为30~60A,充电功率一般为5~20kW,采用三相四线制380V供电或单相220V供电	购物中心、饭店门口、停车场等公共场所的小型充电站
快速充电		一般充电电流为150~400A。充电机功率很大,一般为50~100kW,采用三相四线制380V供电。充电时间为20min至2h内	在车辆运行的间隙进行快速补充电来满足运营需要,如公交车、出租车等车辆
动力电池组快速更换		直接更换电动汽车的动力电池组来达到为其充电的目的,时间一般5~10min	车辆的动力电池组为标准化设计,易更换的车辆,例如运营车辆

(1) 常规充电方式。蓄电池在放电终止后应立即采用小电流或中电流以恒压或恒流方式充电(在特殊情况下也不应超过24h),一般充电时间为5~8h,甚至长达10~20h,这种充电称为常规充电(普通充电)。尽管常规充电的充电时间较长,但可充分利用电力低谷时段进行充电,降低充电成本,并可提高充电效率和延长蓄电池的使用寿命。

常规充电方式的主要缺点是充电时间过长,有紧急运行需求时难以满足。常规充电方式通常适用于设计的续驶里程尽可能长,满足一天的运营需要,可利用晚间停运时间充电的电动汽车。在现阶段技术条件下,蓄电池的续驶里程大约为200km,如私家车、市内环卫车、企业商务车等车辆日均行驶里程都在蓄电池的续驶里程范围之内,均可采用常规充电方式。

1) 常规充电方式类型。常规充电分为小电流充电和中电流充电两种方式。小电流充电方式是以较小的电流根据动力电池的充电曲线进行充电,充电时间通常为8~10h,因采用恒流、恒压充电方式对动力电池充电,使整个充电过程更接近动力电池的固有特性,可有效避免动力电池的过充和欠充问题。这种方式以比较低的充电电流为动力电池充电,相关技术成熟可靠，充电机的工作和安装成本也比较低。小电流充电方式主要应用于家庭充电场合，典型的充电电流不大于15A，充电时间为8～10h（充到95%以上）。这种充电方式对电网没有特殊要求，直接从低压照明电路取电，充电功率小，一般为1～3kW。车载充电器可采用国标三口插座，基本不存在接口标准问题，由220V/16A规格的标准电网电源供电。在家中充电通常是晚上或在用电低谷期，有利于电能的有效利用，因此电力部门一般会采取一定的措施吸引电动汽车用户在用电低谷期充电。

电动汽车家用充电设备（车载充电机）和小型充电站多采用小电流充电方式。车载充电机是纯电动汽车的一种最基本的充电设备，充电机作为标准配置固定在车上或放在后备箱里，由于只需将车载充电机的插头插到家中的电源插座上即可进行充电，操作简单，实现方便，因此充电过程一般可由用户自己独立完成。对动力电池和电动汽车来说，小电流充电方式是最安全可靠的充电方式，但是难以满足使用者紧急或长距离行驶需求。

中电流充电方式主要应用在购物中心、饭店门口、停车场等公共场所的小型充电站。小型充电站的充电电流为30～60A，充电功率一般为5～20kW，采用三相四线制380V供电或单相220V供电，计费方式是投币或刷卡，用户只需将车停靠在小型充电站指定的位置上，接上电线即可开始充电。该方式的充电时间是：补电1～2h，充满5～8h（充到95%以上），在小型充电站使用中电流充电1h，电动汽车的行驶里程可增加40km。

2）常规方式的充电模式。电动汽车动力电池类型不同，适应的充电模式也不同。常规充电方式采用的充电模式见表5-2。

表5-2 常规充电方式采用的充电模式

名称	分类	充电过程	特点
常规方式的充电模式	恒流充电模式	恒流充电模式是指电流维持在恒定值的充电模式，也是最常用的充电模式	控制简单，设备简单，仅适用于部分动力电池（如Ni/MH），不能将动力电池组完全充满电，充电效率低
	分级恒流充电模式	分级恒流充电模式是在普通恒流充电方式的基础上发展而来的，在初期用较大的电流进行充电，充电一定时间或充电电压达到一定值后改用较小电流，再充电一定时间或充电电压达到另一更高值后改用更小的电流	这种充电方式的效率较高，所需充电时间较短，充电效果也比较好，并且对延长动力电池组使用寿命有利，但对充电机系统有较高的要求。分级恒流充电模式适用于Ni/MH电池和锂离子电池的前期充电
	低压恒压浮充模式	低压恒压浮充模式不同于通常的将均充和浮充分开进行的方式，充电电源一直按照稳压限流的方式工作，蓄电池在浮充状态下渐渐补足失去的能量，直到充电至终止电压	这种充电方式具有原理简单、实现方便等特点，但有可能会导致蓄电池欠充，而且长时间充电会损害动力电池组，加速蓄电池自放电，适用于锂离子电池
	梯度恒压充电模式	在充电时根据电流衰减情况逐步提供充电电压，电流呈阶梯方式下降。在充电初期（1～3h），蓄电池电压呈直线上升；在充电中期（3～7h），充电电流接近指数衰减；在充电后期（8～12h），当充电电流小于设定值时，终止充电或转入涓流充电阶段	梯度恒压充电模式综合了恒流充电方式和恒压充电方式的优点

（2）快速充电。快速充电又称应急充电，是以较大电流短时间在电动汽车停车的20min至2h内，为其提供短时充电服务，一般充电电流为150~400A。快速充电不同于常规充电所采用的恒流、恒压充电方式。该充电方式是以150~400A的大电流对蓄电池进行恒流充电，力求在短时间内充入较大的电量，充电时间应该与燃油车的加油时间接近，因此快速充电也可称为迅速充电，主要应用于大型充电站。

快速充电方式适用的主要对象是长距离行驶或需要进行快速补充电能的电动汽车，充电时间一般为10~30min，充电容量可以达到蓄电池容量的80%，充电机功率很大，一般为50~100kW，采用三相四线制380V供电。快速充电方式采用1~3C的大充电电流，因电流较大，对技术、安全性要求也较高。快充方式主要在充电站中进行，由于功率和电流的额定值都很高，因此这种充电方式对电网有较高的要求，一般应靠近10kV变电站或充电站自建10kV变电站，在充电站的配电系统中需采取较为复杂的谐波抑制措施，与慢充方式相比，快充方式的安装成本相对较高，只适合大型充电站使用。这种充电方式对蓄电池的寿命有一定的影响，在短时间内接受大量的电量会导致蓄电池过热。

快速充电方式是利用电动汽车动力电池在充电初期、中期可以接受较大的充电电流特性，并结合停充和脉冲放电的去极化技术来实现的。快速充电方式的主要优点是充电时间短，在短时间内（10~15min）就能使蓄电池储电量达到80%~90%，与加油时间相仿，因此建设相应充电站时可不配备大面积停车场。相对常规充电方式，快速充电也存在一定的缺点，充电器充电效率较低，且相应的工作和安装成本较高；采用快速充电，充电电流大，这就对充电技术及充电的安全性提出了更高的要求，同时计量收费设计也需特别考虑。

快速充电适用于续驶里程适中（日平均里程大于蓄电池的续驶里程即200km）的电动汽车，即在车辆运行的间隙进行快速补充电来满足运营需要，如公交车、出租车等车辆，日平均行驶里程为300km左右，还有100km左右的电量需要通过快速充电方式补充。快速充电方式对公用电网可能产生有害的影响，因而只适用于专用的充电站。

（3）动力电池组快速更换。动力电池组快速更换，通过直接更换电动汽车的动力电池组来达到为其充电的目的。动力电池组快速更换的时间与燃油汽车加油时间相近，需要5~10min，快换可以在充电站、换电站完成，电动汽车蓄电池不需现场充电，但是需要电动车的动力电池实现标准化，即蓄电池的外形、容量等参数完全统一，同时，还要求电动汽车的构造设计能满足更换蓄电池的方便性、快捷性。由于动力电池组重量较大，更换动力电池组的专业化要求较强，需配备专业人员借助专业机械来快速完成动力电池组的更换。换电站的主要设备是动力电池组拆卸、安装设备。

电动汽车用户把车停在充换电站的指定区域，然后用更换动力电池组的设备将电能已经耗尽的动力电池组取下，更换上已经充满电的动力电池组。整个动力电池组更换过程一般在10min内，时间很短，对于更换下的动力电池组，可以在充换电站充电，也可以集中收集起来在动力电池管理中心，进行维护和充电。

5.2 充电接口

充电接口是指用于连接活动电缆和电动汽车的充电部件，它由充电插座和充电插头两部分组成，是传导式充电机的必备设备，充电插头在充电过程中与充电插座进行结构耦合，从而实现电能的传输。GBT 20234.2—2015《电动汽车传导充电用连接装置 第 2 部分：交流充电接口》和 GBT 20234.3—2015《电动汽车传导充电用连接装置 第 3 部分：直流充电接口》两个国家标准，对充电接口进行了规范。

同时国标明确要求额定充电电流大于 16A 的应用场合，供电插座、车辆插座必须设置温度监控装置。电动汽车必须具备温度检测和过温保护功能。充电电流大于 16A 时，供电插座和车辆插座必须安装电子锁止装置。当电子锁未可靠锁止时，供电设备或电动汽车应停止充电或不能启动充电。电子锁应具备反馈信号，形成闭环控制。电子锁止装置安装在供电插座和车辆插座端，防止意外断开。电子锁未可靠锁止时（此时供电设备或电动汽车应能检测锁止状态，如电子锁反馈锁止信号），供电设备或电动汽车应在充电过程中停止充电，或充电准备时不能启动充电。电子锁止装置应具备应急解锁功能，且应急解锁功能不应由人手直接操作解锁的要求，应该通过机械机构进行远程操控，并在车辆上设计专用的开关。

1. 慢充接口

（1）慢充接口的位置。不同品牌或车型的慢充接口的位置可能有所不同，常见于车辆的左后或右后轮穴上侧，如图 5-1 所示。

图 5-1　慢充口位置

（2）慢充接口定义。慢充接口如图 5-2 所示，各脚含义如表 5-3 所示。

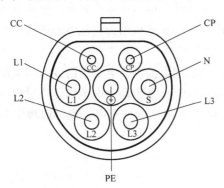 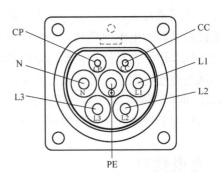

图 5-2　慢充接口

表 5-3 慢充接口各脚含义

序号	端子名称	作用
1	L1	交流电源（单相）
2	L2	交流电源（三相）
3	L3	交流电源（三相）
4	N	中线
5	PE	保护接地（PE），连接供电设备地线和车辆电平台
6	CC	充电连接确认
7	CP	控制导引

2. 快充接口

（1）快充接口位置。北汽新能源目前大部分车型的快充接口都设置在前中网车标的后方，早期的部分车型快充接口安装在前机舱内，每次快充时要开着前机舱盖才可以，EC180车型没有快充功能，ARCFOX-1的快充接口位于车辆右后轮穴上侧。

（2）快充接口定义。快充接口如图 5-3 所示，各端子含义如表 5-4 所示。

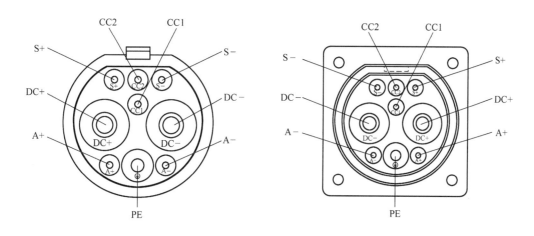

图 5-3 快充接口

表 5-4 快充接口各脚含义

序号	端子名称	作用
1	DC+	直流电源正
2	DC-	直流电源负
3	PE	保护接地（PE）
4	S+	充电通信 CAN_H
5	S-	充电通信 CAN_L
6	CC1	充电连接确认
7	CC2	充电连接确认
8	A+	低压辅助电源正
9	A-	低压辅助电源负

3. 连接方式

电动汽车接入电网的方式分为 A、B、C 三类，如表 5-5 所示。

表 5-5　电动汽车接入电网方式

连接方式类型	连接方式描述	连接方式简图
A	将电动汽车和交流电网连接时，使用和电动汽车永久连接在一起的充电电缆和供电插头（电缆组件是车辆的一部分）	供电插座　供电插头　电缆组件
B	将电动汽车和交流电网连接时，使用带有车辆插头和供电插头的独立的活动电缆组件（可拆卸电缆组件不是车辆或者充电设备的一部分）	供电插座　供电插头　电缆组件　车辆插头　车辆插座　耦合器
C	将电动汽车和交流电网连接时，使用了和供电设备永久连接在一起的充电电缆和车辆插头（电缆组件是充电设备的一部分）	车辆插头　车辆插座　耦合器　电缆组件

4. 充电模式

依据相关的国家标准规定，电网（电源）给电动汽车供电的连接方有四种模式，如表 5-6 所示。

表 5-6　充电模式

类别	描述	简图	备注
模式 1	将电动汽车连接到交流电网（电源）时，在电源侧使用了符合 GB2099.1 和 GB1002 要求的插头插座，在电源侧使用了相线、中性线和接地保护的导体		应采用单相交流供电，且不允许超过 8A 和 250V。不应使用模式 1 对电动汽车进行直接充电
模式 2	在电源侧使用了符合 GB2099.1 和 GB1002 要求的插头插座，在电源侧使用了相线、中性线和接地保护的导体。并且在充电连接时使用了缆上控制与保护装置（IC－CPD）		应采用单相交流供电。电源侧使用符合 GB2099.1 和 GB1002 要求的 16A 插头插座时输出不能超过 13A；电源侧使用符合 GB2099.1 和 GB1002 要求的 10A 插头插座时输出不能超过 8A。应具备剩余电流保护和过电流保护功能

(续)

类别	描述	简图	备 注
模式 3	将电动汽车连接到交流网（电源）时，使用了专用供电设备，将电动汽车与交流电网直接相连，并且在专用供电设备上安装了控制导引装置		应具备剩余电流保护功能。连接方式 A、B、C 适用于模式 3。采用单相供电时，电流不大于 32A。采用三相供电且电流大于 32A 时，应采用连接方式 C 注意事项：应具备剩余电流保护装置；采用单相供电时，电流应不大于 32A；采用三相供电时，电流应不大于 63A；采用三相供电时，电流大于 32A 时应采用方式 C
模式 4	将电动汽车连接到交流电网或直流电网时，使用了带控制导引功能的直流供电设备		可直接连接至交流电网或直流电网。仅连接方式 C 适用于模式 4

5.3 车载充电机

1. 车载充电机定义

车载充电机是采用高频开关电源技术，主要功能是将交流 220V 市电转换为高压直流电给动力电池进行充电，保证车辆正常行驶。同时车载充电机提供相应的保护功能，包括过电压、欠电压、过电流、欠电流等多种保护措施，当充电系统出现异常会及时停止充电，相对于传统工业电源，具有效率高、体积小、耐受恶劣工作环境等特点。车载充电机工作过程中需要协调充电桩、BMS 等部件。

2. 车载充电机的安装位置

车载充电机既可以独立安装（图 5-4），也可以与其他部件集成安装（图 5-5）。

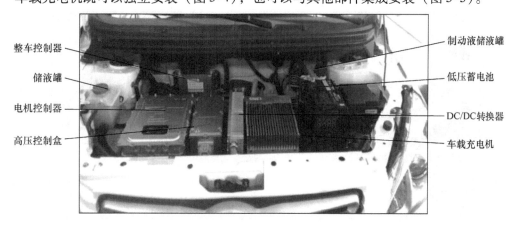

图 5-4 独立安装的车载充电机

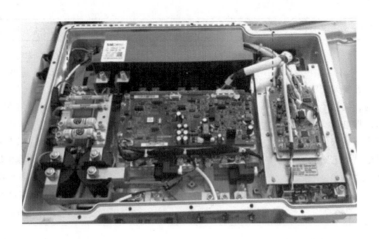

图 5-5　与其他部件集成安装的车载充电机

3. 车载充电机内部构造

车载充电机内部可分为三部分：主电路、控制电路、线束及标准件。主电路（图 5-6）的前端将交流电转换为恒定电压的直流电，主要是全桥电路 + PFC 电路，后端为 DC/DC 变换器，将前端转出的直流高压电变换为合适的电压及电流供给动力电池。

控制电路（图 5-7）作用是控制 MOS 管的开关，与 BMS 之间通信，监测充电机状态，与充电桩握手等功能。线束及标准件用于主电路及控制电路的连接，固定元器件及电路板。

图 5-6　主电路部分

图 5-7　控制电路

4. 车载充电机工作原理

图 5-8 的是车载充电机拓扑电路，整机功率拓扑由整流电路、交错 PFC 升压电路和 LLC 谐振电路组成，整流电路将输入的 220V 交流电转为脉动电流，经过 PFC 电路后变为直流电，然后再进行逆变升压，最后将变压器输出的交变电流整流滤波后输入动力电池进行充电。充电过程中充电机根据接受 VCU 或 BMS 发送的充电电压、充电电流指令等进行工作。

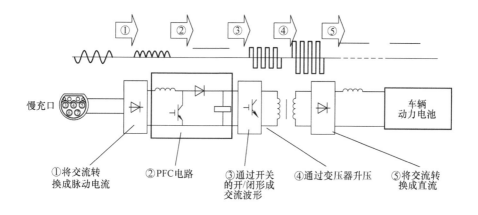

图 5-8　车载充电机原理拓扑图

当车载充电机连接到交流电后，通过 BMS 电池管理系统首先对电池的状态进行采集分析和判断，进而调整充电机的充电参数。车载充电机工作流程如图 5-9 所示。

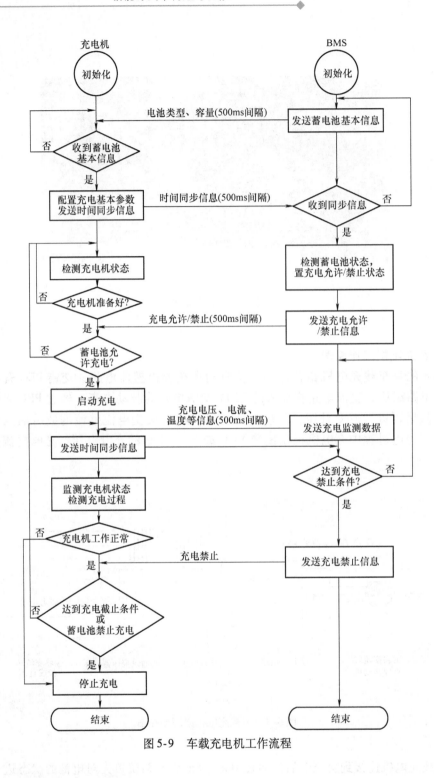

图 5-9 车载充电机工作流程

5.4 充电设施及安装调试

充电桩其功能类似于加油站里面的加油机,可以固定在地面或墙壁,安装于公共建筑

（公共楼宇、商场、公共停车场等）和居民小区停车场或充电站内，可以根据不同的电压等级为各种型号的电动汽车充电。充电桩的输入端与交流电网直接连接，输出端都装有充电插头用于为电动汽车充电。

1. 充电桩分类

依据充电的速度，充电桩一般提供常规充电和快速充电两种充电方式。快速充电桩（图5-10），俗称就是"快充"，它是固定安装在电动汽车外，与交流电网连接，直流充电桩的输入电压采用三相四线 AC380V(1±15%)，频率50Hz，输出为可调直流电，直接为电动汽车的动力电池充电。由于直流充电桩采用三相四线制供电，可以提供更大的功率输出，输出的电压和电流调整范围大，可以实现快充的要求。

常规充电桩（图5-11），俗称就是"慢充"，固定安装在电动汽车外，与交流电网连接，为电动汽车车载充电机（即固定安装在电动汽车上的充电机）提供交流电源的供电装置。交流充电桩只提供电力输出，没有充电功能，需连接车载充电机为电动汽车充电，相当于只是起了一个控制电源的作用。

图5-10　快速充电桩

图5-11　常规充电桩

按安装方式充电桩可分为落地式充电桩、挂壁式充电桩图（图5-12），落地式充电桩适合安装在不靠近墙体的停车位，挂壁式充电桩适合安装在靠近墙体的停车位。

按照安装地点，充电桩可分为公共充电桩和专用充电桩。公共充电桩是建设在公共停车场（库）结合停车泊位，为社会车辆提供公共充电服务的充电桩。专用充电桩是建设单位（企业）自有停车场（库），为单位（企业）内部人员使用的充电桩。自用充电桩是建设在个人自有车位（库），为私人用户提供充电的充电桩。充电桩一般结合停车场（库）的停车位建设。安装在户外的充电桩防护等级不应低于IP54，安装在户内的充电桩防护等级不应低于IP32。

图5-12　挂壁式充电桩

2. 慢充电桩

（1）慢充电桩结构与刷卡交易工作流程。慢充电桩内部结构如图 5-13 所示，主回路由输入保护断路器、交流智能电能表、交流控制接触器和充电接口连接器组成，二次回路由控制继电器、急停按钮、运行状态指示灯、充电桩智能控制器和人机交互设备（显示、输入与刷卡）组成。

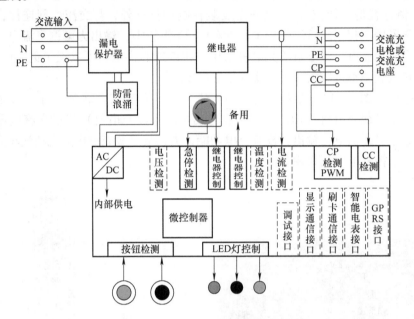

图 5-13　慢充电桩内部结构示意图

主回路输入断路器具备过载、短路和漏电保护功能。交流接触器控制电源的通断。连接器提供与电动汽车连接的充电接口，具备锁紧装置和防误操作功能。二次回路提供"启停"控制与"急停"操作。信号灯提供"待机""充电""充满"状态指示。交流智能电能表进行交流充电计量。人机交互设备则提供刷卡、充电方式设置与启停控制操作。

剩余电流是指低压配电线路中各相（含中性线）电流矢量和不为零的电流。通俗讲当用电侧发生了事故，电流从带电体通过人体或其他传导介质流到大地，使主电路进出线中的电流 L 线和 N 线中的电流大小不相等，此时电流的瞬时矢量合成有效值称为剩余电流。剩余电流动作保护器保护原理如图 5-14 所示，当剩余电流达到或超过给定值时，能自动断开电路的机械开关电器或组合电器。交流供电设备的剩余电流保护器宜采用 A 型或 B 型，符合 GB 14048.2—2008、GB 16916.1—2014 和 GB 22794—2008 的相关要求，应具备防故障电流的保护措施。（B 型的剩余电流保护器，或 A 型的剩余电流保护器，或满足符合 A 型剩余电流保护功能的相关装置。）

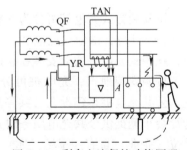

图 5-14　剩余电流保护功能原理

（2）慢充控制引导电路原理。下面的电路（图 5-15）由供电装置、接触器 K1 和 K2、电阻 R1、R2、R3、R4、RC、二极管 VD1、开关 S1、S2、S3、车载充电机和车辆控制装置组成。

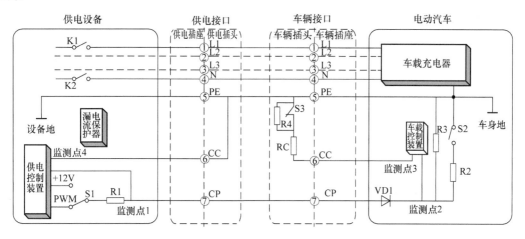

图 5-15 充电模式 3 连接方式 B 控制导引电路原理图

控制导引电路中也可以不配置开关 S2（图 5-16），无 S2 开关的车辆应采用单相充电，且最大充电电流不超过 8A。若车辆不配置 S2 开关，此时供电设备无法与车辆进行交互（S2 开关闭合通知供电设备此时可以进行充电，S2 开关断开通知供电设备此时应停止充电），为保障充电安全，规定只能采用单相充电，且充电电流不超过 8A。

若车辆插座配备有电子锁（方式 B/C + 大于 16A），电子锁应在 K1、K2 接触器闭合前（机械锁闭合至 S2 开关闭合之间）锁定，并在状态 3（S2 开关闭合 + 监测点 1 为 6V）中保持，在 S2 断开后和机械锁断开前断开，时序如图 5-17 所示。

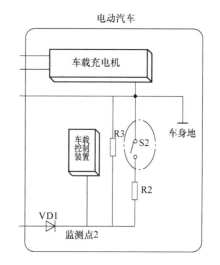

图 5-16 S2 开关电路原理图

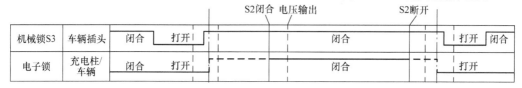

图 5-17 S2 开关的闭和与断开时序图

当车辆插头与车辆插座插合后，充电桩通过测量检测点 4 电压值来判断供电插头与插座是否完全连接，车辆控制装置通过测量监测点 3 与 PE 之间的电阻值来判断车辆插头与车辆插座是否完全连接。

未连接时，S3 处于闭合状态，CC 未连接，监测点 3 与 PE 之间的电阻值为无穷大；半连接时，S3 处于断开状态，CC 已连接，监测点 3 与 PE 之间的电阻值为 RC + R4；全连接时，S3 处于闭合状态（图 5-18），CC 已连接，监测点 3 与 PE 之间的电阻值为 RC，通过

RC 的电阻值，可以映射出充电电缆的额度容量（表 5-7）。

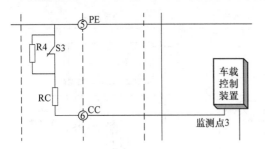

图 5-18 监测点 3 与 PE 之间的电阻值

表 5-7 电阻值映射电流值对照表

RC	充电电缆额度容量
1.5KΩ/0.5W	10A
680 KΩ/0.5W	16A
220 KΩ/0.5W	32A
100 KΩ/0.5W	63A

如果充电桩无故障，并且供电接口已完全连接，则 S1 从 +12V 链接状态切换至 PWM 连接状态，充电桩控制装置发出 PWM 信号。充电桩通过监测点 1 的电压值来判断充电装置是否完全连接。车辆控制装置通过测量监测点 2 的 PWM 信号，判断充电连接装置是否已完全连接（CP 检测）。

在车载充电机（OBC）自检没有故障，并且动力电池组处于可充电状态时，车辆控制装置闭合 S2。当达到操作人员设置的结束条件，操作人员对供电装置实施了停止充电的指令时，供电控制装置应能将控制开关 S1 切换到 +12V 连接状态，当检测到 S2 开关断开时，在 100ms 内通过断开接触器 K1 和 K2 切断交流供电回路，超过 3s 未检测到 S2 断开，则可以强制带载断开接触器 K1 和 K2，切断交流供电回路。

供电设备检测车载充电机（图 5-19）实际工作电流，当供电设备 PWM 信号对应的最大供电电流≤20A，且车载充电机实际工作电流超过最大供电电流 +2A 并保持 5s，时或供电设备 PWM 信号对应的最大供电电流 >20A，且车载充电机实际工作电流超过最大供电电流的 1.1 倍保持 5s 时，供电设备应在 5s 内断开输出电源并控制开关 S1 切换到 +12V 连接状态，这种情况下，可通过重新插拔电缆恢复充电。

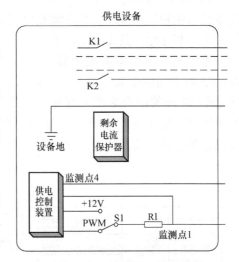

图 5-19 供电设备检测车载充电机

当电动汽车和充电桩建立电气连接后，车辆控制装置通过判断监测点 2 的 PWM 信号占空比确认供电设备的最大可供电能力，并且通过判断 RC 电阻值来确认电缆的额定容量。车辆控制装置对充电桩当前提供的最大供电电流值、车载充电机的额定输入电流值及电缆的额定容量进行比较，将其最小值设定为车载充电机当前最大允许输入电流，当设置完成后，车载充电机开始对电动汽车进充电。非正常情况下结束充电或停止，车辆 S2 断开，监测点 1 的电压为 9V，此时车辆接口还处于连接状态，供电设备应在 100ms 内断开供电回路，保持 PWM 输出，这种情况下，不需要重新插拔电缆即可恢复充电。交流充电控制导引电路转换状态如图 5-20 所示，慢速充电连接控制时序及过程监控如图 5-21 所示。

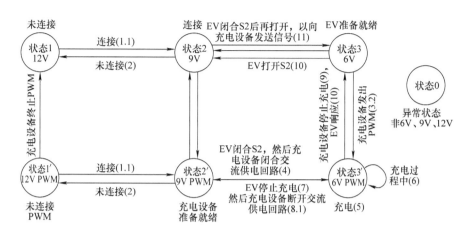

图 5-20 交流充电控制导引电路转换状态图

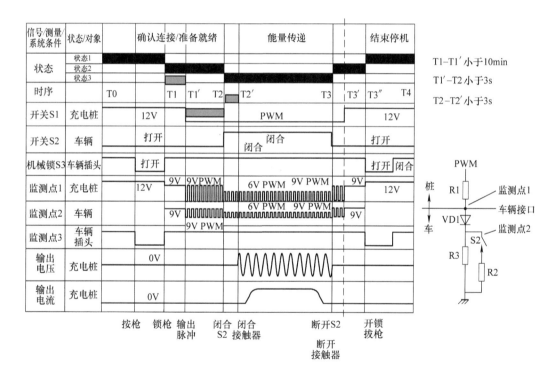

图 5-21 慢速充电连接控制时序及过程监控图

(3) 慢充电流程解析。下面以某车型为例对慢充电流程进行解析,图 5-22 为该车充电机状态跃迁机制与整车 state 对照图,表 5-8 为其状态说明。

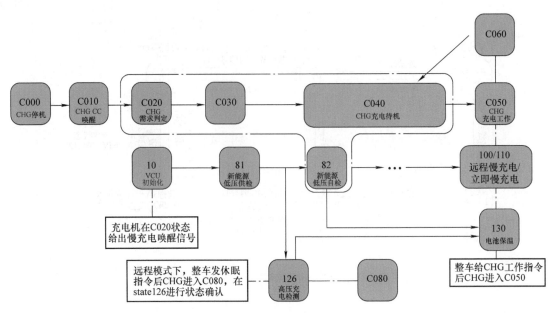

图 5-22 某车型充电机状态跃迁机制与整车 state 对照图

表 5-8 某车型充电机状态说明

编号	CHG	状态说明
C000	关机	S2 继电器断开；无唤醒输出；无 AC 供电；无 CAN 收发；不检测外部接口
C010	CC 唤醒	S2 继电器断开；无唤醒输出；无 AC 供电；有 CAN 收发；检测 CP 电压值
C020	需求判断	S2 继电器断开；有唤醒输出；无 AC 供电；有 CAN 收发；检测 CP 占空比
C030	AC 检测	S2 继电器闭合；有唤醒输出；无 AC 供电；有 CAN 收发；检测 CP 占空比
C040	充电待机	S2 继电器闭合；有唤醒输出；有 AC 供电；有 CAN 收发；检测 CP 占空比
C050	充电工作	C040
C060	充电恒压	C040
C080	休眠	S2 继电器闭合；无唤醒输出；有 AC 供电；有 CAN 收发；检测 CP 占空比

慢充流程解析

Step1：

充电机

1. 充电机在插枪后被 CC 唤醒，由 C000（停机状态）进入 C010（CC 唤醒），开始检测 CC 电压值与 CP 电压峰值与占空比。

2. 充电机通过检测 CC 电压值判断充电连接是否正常（未连接、半连接及全连接）。

充电机从 C000 进入 C010。

整车状态：

充电枪可靠连接，整车未上电。

State 未启动。

EVSE：

供电线缆与桩端可靠连接，供电设备将 S1 由 12V 切换至 PWM。

Step2：VCU 唤醒

充电机：

1. 充电机判断 CP 电压值和占空比正常后进入 C020。

2. 唤醒 VCU 和 RMS（12V 高有效）；向 VCU 传递 CC 电压信号；通过 CAN 总线告知 VCU 充电连接状态。

3. 在 C020 等待 VCU 的充电需求指令。

充电机进入 C020。

整车状态：

1. VCU 被唤醒，state 进入 10。

2. State 进入 81，VCU 唤醒 BMS 及 ICM（组合仪表）等控制器。

3. VCU 通过硬线点亮仪表充电指示灯。

State 进入 10，然后进入 81。

EVSE：

供电设备发送 PWM。

Step3：VCU 发送充电需求指令

充电机：

充电机在 C020 等待 VCU 的充电指令。

充电机停留在 C020。

整车状态：

1. State 进入 82，VCU 根据电池工程部输入的相应电池策略，判定电池加热需求及充电需求，通过 CAN 总线向充电机发送充电需求指令（表 5-9）。

表 5-9　电池充电需求参数表

电池类型	磷酸铁锂，25.5kWh
电池充电需求参数	$V_{max} \leq 3.6V$，允许充电
	$V_{max} >$ 不允许充电

2. 在 State 进入 82 等待充电机反馈"充电待机"状态。

State 进入 82。

EVSE：

供电设备发送 PWM。

Step4：充电机 AC 检测

充电机：

1. 充电机收到 VCU 充电需求指令后进入 C030（AC 检测）。

2. 闭合 S2 继电器，开始检测 AC 供电。

充电机进入 C030。

整车状态：

State 停留在 82，VCU 等待充电机反馈"充电待机"状态。

State 停留在 82。

EVSE：
供电设备在用户鉴权完毕后，检测 CP 电压下降到 6V（S2 继电器闭合），闭合 K1、K2 继电器，交流接通。

Step5：充电机进入"充电待机"

充电机：
充电机检测到 AC 供电正常后，进入充电待机状态。
充电机进入 C040
整车状态：
VCU 在 State82 收到充电机反馈的工作状态后，判断：
1. 需要预热，引导 State 从 82 到 130，进 Step6。
（需要加热）State 从 82 进入 130。
2. 无需预热，引导 State 从 82 到 100/110，跳过加热，直接进 Step8。
（不需要加热）State 从 82 进入 100/110。
EVSE：
供电设备持续检测 CC 与 CP，保持 AC 供电。

Step6：预热

充电机：
充电机在 State130 接收 VCU 指令，执行完对负载预充电后进入"电源模式"。
充电机进入 C050。
整车状态：
1. State 进入 130，VCU 向充电机发送"电源模式"工作指令。
2. VCU 接收充电机反馈"电源模式"后引导 state 进入 131。
3. VCU 在 State131 发送电池加热 PTC 使能、最大允许充电电压及电流指令，控制预热过程，并判断预热截止。
4. BMS 在 state131 控制 PTC 开启加热。
State 先进 130，然后稳定在 131。
EVSE：
供电设备持续检测 CC 与 CP，保持 AC 供电。

Step7：预热完成

充电机：
充电机在 State133 接收 VCU 指令进入"充电待机"。
充电机进入 C040。
整车状态：
1. VCU 判断 PTC 加热需求 = 0，State 从 131 进入 133。
2. VCU 在 State133 向充电机发送"充电待机"工作指令，然后引导 State 进入 100/110。
State 从 131 进入 100/110。
EVSE：
供电设备持续检测 CC 与 CP，保持 AC 供电。

Step8：充电

充电机：
1. 充电机在 State100/110 接收 VCU 指令进入"充电模式"（表 5-10）。
2. 充电模式下，充电机执行 VCU 充电电压和充电电流指令。
充电机进入 C050/C060。
整车状态：
1. State 进 100/110，VCU 向充电机发送"充电模式"指令。
2. VCU 根据电池工程部输入的相应电池策略（电池充电矩阵表和最高允许充电电压）控制充电过程，包括最高允许电压及电流指令，充电截止判断，SOC 修正指令。
3. BMS 执行动作：①向 EVBUS 上报当前电池状态；②冗余保护（在单体过压、充电电流异常、温升过快等极端情况下断开正极继电器）；③执行 SOC 修正。
State 稳定在 100/110。
EVSE：
供电设备持续检测 CC 与 CP，保持 AC 供电。

表 5-10 充电机"充电模式"说明

工作模式	条件	要求
恒流充电（C050）	充电机输出电压未达到允许充电电压	执行 VCU 最大充电电流指令
恒压充电（C060）	充电机输出电压达到允许充电电压	执行 VCU 最大充电电流指令

Step9：充电结束

充电机：
充电机在 State115 接收 VCU 指令进入"充电待机"。
充电机进入 C040。
整车状态：
1. VCU 判断充电截止后，引导 state 由 100/110 进入 126。
2. VCU 在 state115 向充电机发送"充电待机"指令。
State 从 100/110 进入 126。
EVSE：
供电设备持续检测 CC 与 CP，保持 AC 供电。
注：State 走到 126 后，VCU 判断电池加热需求。
1）若有加热需求，则引导 State 到 130，进入 Step10。
2）若无加热需求，则引导 State 到 129，直接进入 Step11。

Step10：保温

充电机：
1. 充电机在 state130 接收 VCU 指令，执行对负载预充电后进入"电源模式"，并反馈给 VCU。
充电机进入 C050。

整车状态：
1. VCU
1）判断电池加热 PTC 开启需求为 1，State 由 126 进入 130。
2）在 State130 向充电机发送"电源模式"指令。
3）收到充电机"电源模式"反馈后引导 State 进入 131。
4）在 State131 发送电池加热 PTC 使能、最高允许充电电压及电流指令，控制保温过程。
5）判断加热截止。
6）保温时间计时（不超过 6h）。
2. BMS 在 State131 控制 PTC 开启加热。
State 从 126 进入 130，然后稳定在 131。
EVSE：
供电设备持续检测 CC 与 CP，保持 AC 供电。

Step11：保温结束

充电机：
充电机在 State133 接收 VCU 指令进入"充电待机"。
充电机进入 C040。
整车状态：
VCU 判断电池保温完毕（判断加热截止或计时已到），引导 State 由 131 进入 127。
State 从 131 进入 127。
EVSE：
供电设备持续检测 CC 与 CP，保持 AC 供电。

Step12：整车下电

1. 保温结束后下电
充电机：
充电机在 State127 接收 VCU 指令进入"休眠/停机"。
充电机进入 C080/C000
整车状态：
VCU 引导 State 由 127 进入 129。
State 从 127 进入 129。
EVSE：
供电设备持续检测 CC 与 CP。
1）充电机进休眠：S2 不断，供电设备保持闭合 K1 和 K2。
2）充电机进停机：S2 断开，供电设备断开 K1 和 K2。
2. 充电结束后直接下电
充电机：
充电机在 State126 接收 VCU 指令进入"休眠/停机"。

充电机进入 C080/C000。
整车状态：
VCU 引导 State 由 126 进入 129。
State 从 126 进入 129。
EVSE：
供电设备持续检测 CC 与 CP。
1) 充电机进休眠：S2 不断，供电设备保持闭合 K1 和 K2。
2) 充电机进停机：S2 断开，供电设备断开 K1 和 K2。

3. 快充电桩

(1) 组成及作用。快充电桩（直流充电桩）中主要有 AC–DC 电源模块、充电控制器、计费控制单元、高压绝缘检测板、显示屏、熔断器、接触器、浪涌保护器等设备组成，如图 5-23 所示。

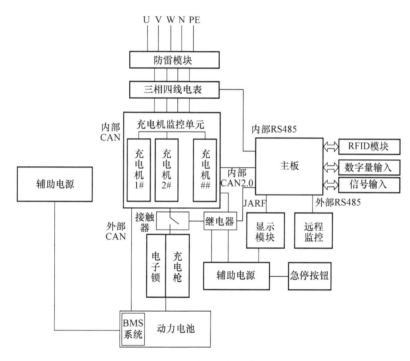

图 5-23 快充电气结构图

1) 绝缘监测。在充电机端和车辆端均设置 IMD（绝缘监测装置）电路，供电接口连接后到 K5、K6 合闸充电之前，由充电机负责充电机内部（含充电电缆）的绝缘检测。充电机端 IMD 回路通过开关从充电机直流回路断开，且 K5、K6 合闸之后的充电过程期间，由电动汽车负责整个系统的绝缘检测，绝缘检测的判断，取 $R = \min$（RDC+，PE，RDC−，PE）；当 $R > 500\Omega/V$ 为安全；$100\Omega/V < R < 500\Omega/V$ 时报警，仍可充电；$R < 100\Omega/V$ 时故障，停止充电。充电机进行 IMD 检测后，应及时对充电输出电压进行泄放，避免在充电阶段对电池负载产生电压冲击。充电结束后，充电机应及时对充电输出电压进行泄放，避免对操作人员造成电击伤害。泄放回路的参数选择应保证在充电连接器断开后 1s 内将供电接口电压降

到 60VDC 以下。

2）供电回路接触器监测。直流充电存在供电回路接触器粘连的风险，因此要求供电设备对供电回路的 K1、K2 进行监测和警告；直流充电存在供电回路接触器粘连的风险，因此要求电动汽车对供电回路的 K5、K6 进行监测和警告。

3）电子锁装置。直流充电时，车辆插头应安装机械锁，供电设备应能判断机械锁是否可靠锁止。车辆插头应安装电子锁（图 5-24），电子锁处于锁止位置时，机械锁应无法操作，机械锁与电子锁联动，供电设备应能判断电子锁是否可靠锁止。

（2）充电过程。直流充电可控制导引电路原理如图 5-25 所示。

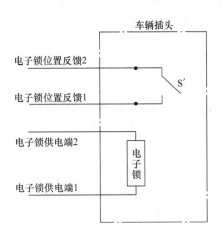

图 5-24 电子锁装置

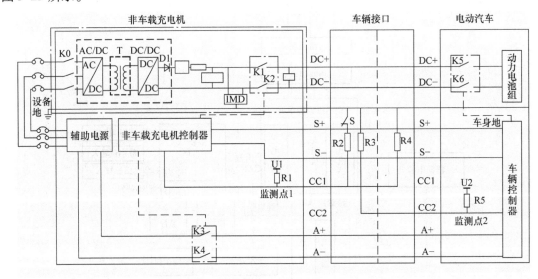

图 5-25 直流充电可控制导引电路原理图

非车载充电机控制装置检测到车辆端电池电压正常，确认接触器外端电压与通信报文电池电压误差范围 < ±5%，且大于充电机最低输出电压、小于充电机最高输出电压然后闭合 K1 和 K2，使直流供电回路导通。

在充电阶段，车辆控制装置向非车载充电机控制装置实时发送电池充电需求参数，调整充电电流下降时：$\Delta I \leqslant 20A$，最长在 1s 内将充电电流调整到与命令值相一致；$\Delta I > 20A$，最长在 $\Delta I / d I \min$ s（$dI\min$ 为最小充电速率，20A/s）内将充电电流调整到与命令值相一致。

在充电过程中，车端应能检测 PE 针断线。如果 PE 断线，则桩端绝缘检测失效，地线损坏导致车辆浮空，可能对通信产生干扰。

直流充电连接控制时序如图 5-26 所示。

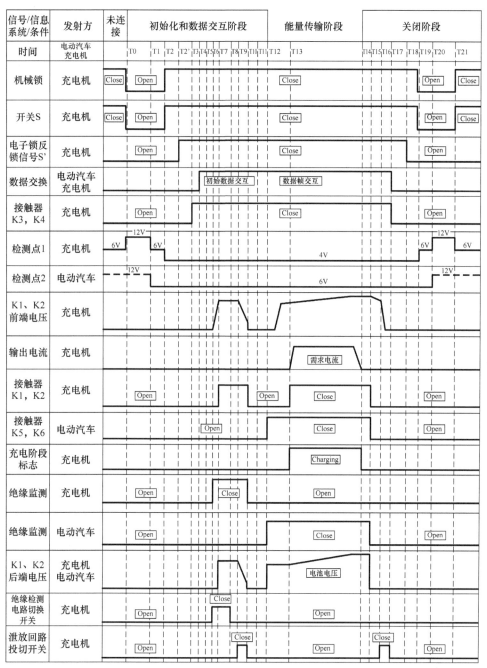

图 5-26 直流充电连接控制时序图

(3) 快充电流程。快充电流程如图 5-27 所示。

5.5 无线充电技术

尼古拉·特斯拉在 1891 年发明"特斯拉线圈"，利用这些线圈进行一系列实验，开创了无线电力传输的先河。特斯拉曾经说过，无线充电将是能让电力事业繁荣的最终出路。1901 年尼古拉·特斯拉获得金融家约翰·皮尔蓬·摩根的资助，在纽约长岛建 187ft（约 57m）高的无线充电塔——沃登克里弗塔。在这之前，尼古拉·特斯拉科罗拉多州进行实地试验，成功点亮了 25mile（40km）外的 200 盏电灯。虽然特斯拉线圈在当时并没有得到推行，但后人从理论上完全证实了这种方案的可行性，经过多年研究，科学家们认为进行无线电力传输是可能的。无线电力传输是一种区别于有线电力传输的特殊供电方式，其原理也很简单，发射端将电能转换成电磁波并发射出去，在接收端接受到电磁波之后，再将其转换成电能对负载供电。目前，无线电力传输共有三种不同的实现方式：电磁感应式、磁场共振式及微波传输式，三种方式各有优劣。电动汽车无线充电装置不需要用电缆将车辆与供电系统连接，便可以直接对电动汽车的动力电池进行快速充电。无线快速充电装置可布置在停车场、住宅、路边等多种场所，就可以为各种类型的电动（包括外充电式混合动力）汽车提供充电服务，使电动汽车随时随地进行充电，从而使续航里程大大提高。

图 5-27 快充电流程

1. 电磁感应式

电磁感应对电气工程师来说再熟悉不过了，变压器就是利用这个原理来传递能量的（图 5-28）。如果把变压器的两个绕组分开，就是某种意义上的无线供电。但是用电磁耦合的方式传输电能有很大的缺点，没有高磁导率的磁芯作为介质，磁力线会严重发散到空气中，导致传输效率下降，特别在两个线圈远离的时候，下降得非常厉害，所以不适合大功率、远距离的电能传输。电磁感应充电方式没有直接电接触，而采用由分离的高频变压器通过感应耦合无接触式地传输能量。采用感应耦合充电方式可以解决接触式充电方式的诸多缺陷。

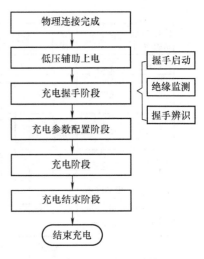

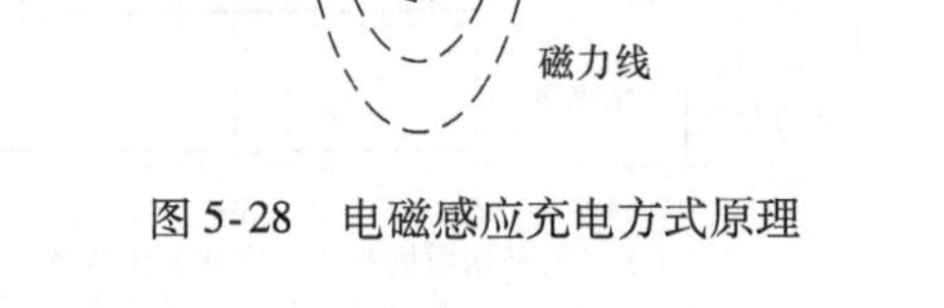

图 5-28 电磁感应充电方式原理

通过发射线圈和接收线圈之间的电磁感应传输电力是最接近实用化的一种无线充电方式。当送电线圈中有交变电流通过时，发射（一次侧）、接收（二次侧）两线圈之间产生交替变化的磁束，由此在二次侧线圈产生随磁束变化的感应电动势，通过接收线圈端子对外输出交变电流，从而将能量从传输端转移到接收端。目前，最为常见的无线充电解决方案就采用了电磁感应技术。

感应式无线电能传输技术是目前比较成熟的技术，很多手机无线充电，甚至常见的电磁炉就是利用这种原理。数码设备空间小，接收线圈也小，加上充电设备功率小，通常充电的距离近（甚至需要与充电座接触），相对电磁辐射也小。

电动汽车感应耦合充电系统简化功率流程如图 5-29 所示。电网输入的交流电经过整流后，通过高频逆变环节，经电缆传输通过感应耦合器后，传送到电动汽车输入端，再经过整流滤波环节，给电动汽车动力电池充电。

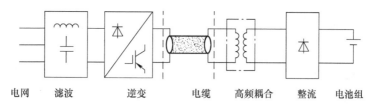

电网　　滤波　　逆变　　电缆　　高频耦合　　整流　　电池组

图 5-29　电动汽车感应耦合充电系统简化功率流程图

电动汽车感应耦合充电系统使用时要求两个设备之间的距离必须很近，而且充电只能在一对线圈（供电线圈和受电线圈）对准后再进行。电磁感应式无线充电的能量转换率高，传输功率范围较大，能从几瓦到几千瓦。

感应耦合充电方式还可进一步设计成无须人员介入的全自动充电方式，即感应须很近，供电距离控制在 0~10cm。耦合器的磁耦合装置原副边之间分开更大距离，充电电源安装在某一固定地点，一旦汽车停靠在这一固定区域位置上，就可以无接触式地接收充电源的能量，实现感应充电，从而无须电动汽车用户或充电站工作人员的介入，实现了全自动充电。

在感应充电中，一块充电板埋设于位置适当的路面之下，如家庭车库的车道。充电板由产生磁场的线圈组成，车辆停在充电板上方的路面上，不用与车辆发生物理接触，电能可通过磁场由充电板传输至车辆的感应传感器（Inductive Pick-up）上，形成交流电。车载电压变频器（Voltage Converter）的整流电路将交流电转化为直流电，并存储于汽车动力电池组中。

目前，已实用化的无线充电系统主要采用电磁感应方式。但是，电磁感应式无线充电系统存在以下问题：

（1）送电距离比较短（100mm 左右），如果送电与接收两个线圈的横向偏差较大，传输效率就会明显下降，只能实现传输距离为 100mm 左右，因此，这是需要进一步研发的问题，同时还需要考虑散热问题，如线圈的发热。

（2）功率大小与线圈尺寸直接相关，需要大功率传送电力时，须在基础设施建设和电力设备方面加大投入。

（3）耦合的辐射，电磁波的耦合会不会存在大的磁场泄漏。电磁感应在线圈之间传输电力，如同磁铁一样，会有一定的泄漏，人如何避免受泄漏磁场的影响也是需要进一步研发并提出解决方案。

（4）线圈之间有可能有杂物进入，还有某些动物（猫狗）进入，一旦产生电涡流，就如同电磁炉一样，安全性问题非常明显，即在有异物进入时，会出现局部发热。

因电磁感应式无线充电系统存在以上问题，所以磁共振式无线充电系统的开发更为活跃。磁共振式无线充电系统，可以解决电磁感应式系统中的局部发热及电磁波和高频防护等问题。

2. 磁共振方式

电磁共振这个名词有点陌生，其原理类似声波共振的原理，两种介质具有相同的共振频率，就可以用来传递能量，并称之为非辐射性电磁共振。这并不是说该项技术没有辐射，但和普通概念中电磁辐射有很大不同。

磁共振方式是利用电磁感应现象，加上共振的原理，能够提升无线充电的效率，磁共振方式的传输距离比普通磁感应式更远一些。磁共振方式由能量发射装置和能量接收装置组成，当两个装置调整到相同频率，或者说在一个特定的频率上共振，它们就可以交换彼此的能量。磁共振方式的优点是传输功率较大，能够达到几千瓦，可以同时对多个设备进行充电，不要求两个设备之间线圈对应；缺点就是损耗高，距离越远，传输功率越大，损耗也就越大，必须对使用的频段进行保护。

磁共振方式的基本原理与电磁感应相同，也是当线圈有电流流过时，产生磁束，感应线圈就会有电流流过，特殊的地方在于采用线圈和电容器构成 LC 共振电路，并且利用控制电路形成相同的共振频率，如图 5-30 所示。在共振时，能够将两个线圈之间的电阻降至最小，使损耗减小，实现在数米的距离内传输电力。从目前来看，磁共振方式在 60cm 的传输距离内能够确保 90% 的效率，这个距离符合电动汽车底盘的高度。

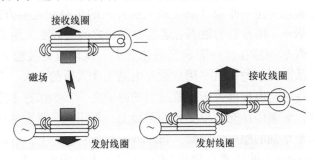

图 5-30 磁共振方式的基本工作原理

磁共振充电方式与感应耦合充电方式的不同之处在于，磁共振充电方式加装了一个高频驱动电源，采用兼备线圈和电容器的 LC 共振电路，而并非由简单线圈构成发射和接收两个单元。磁共振充电方式的共振频率数值会随发射与接收单元之间距离的变化而改变，当传送距离发生改变时，传输效率也会像电磁感应一样迅速降低。为此，可通过控制电路调整共振频率，使两个单元的电路发生共振。

改变发射与接收的频率，可将电力传送距离增大至数米，同时将两单元电路的电阻降至最小以提高传送效率。当然，传输效率还与发射、接收电单元的直径相关，传送面积越大，传输效率越高。

磁共振技术与传统的磁感应充电技术相比，磁共振充电技术传输电能距离远，且充电时无需准确定位待充电装置的位置，还可以同时对多个充电设备进行充电，因此要优于磁感充电技术。另外，磁共振充电技术可以使移动充电设备无需接触电源，只需在电源附近的一定范围内便可进行无线充电。而传统的磁感应充电技术，一个充电线圈只能为一个充电设备充电，而且充电时移动充电设备必须放置在电源顶部，以便接收电荷。

3. 微波方式

微波传输是无接触电力传输的另一种方式，只不过受到发送功率等方面的限制，并未大规模实用化。微波传输的最大好处就是传输距离远，甚至可以实现航天器与地面之间的能量传输，同时还可以实现定向传输（发射天线有方向性），未来前景值得期待。

基于微波方式的无线供电系统工作原理：首先由设置在地面上的波导缝隙天线发射微波能量，然后通过安装在汽车底部的整流天线受电和整流，最后将电力存储在蓄电池中。整流天线由贴片天线和整流电路构成。目前，微波方式处于研发阶段，发送装置与微波炉使用的"磁控管"基本相同。传送的微波也是交流电波，可用天线在不同方向接收，用整流电路转换成直流电为汽车蓄电池充电，并且可以实现一点对多点的远距离传送。

微波方式存在辐射问题，这个功率源比微波炉大，因此需要充分考虑屏蔽设计，以防止充电时微波从发射和接收两部分之间外漏。在设计时必须将微波泄漏限定在法定值以下，使车辆配备的电子设备及附近行人等得以免受影响。目前，微波方式存在的主要问题是，磁控管产生微波时的效率过低，造成许多电能变为热能被白白消耗。

5.6 充电系统故障诊断与排除

1. 充电系统故障

当充电系统出现故障时，可以使用诊断仪读取相应的故障码（表5-11），从而协助故障定位。

表5-11 充电系统故障码列表

序号	故障码	故障名称
1	P0AA572	负极继电器断路故障
2	P0AE372	预充继电器断路故障
3	P0AA272	正极继电器断路故障
4	P103B01	自适应故障
5	P103364	BCU（电池控制单元）自检超时
6	P103464	MCU高压自检超时
7	U300316	蓄电池电压低
8	P11D213	预充电阻断路
9	P0A9513	MSD（手动维护开关）/主熔断器断路
10	P122001	预充电失败故障
11	P118822	电池单体过压
12	P119022	总电压过压
13	P118111	电池外部短路
14	P118312	电池内部短路
15	P0A7E22	电池温度过高
16	P0AA61A	绝缘电阻低
17	U119982	电池内部通信故障

(续)

序号	故障码	故障名称
18	P12F929	子板单体电压采集电路故障
19	P12FA29	子板温度采集电路故障
20	P11D429	外部总电压检测电路故障
21	P11D729	绝缘检测电路故障
22	P14804B	一级过温故障
23	P14801C	温度检测回路故障
24	P148116	输入欠电压故障
25	P148117	输入过电压故障
26	P148216	输出欠电压故障
27	P148119	输入过电流故障
28	P148219	输出过电流故障
29	P148214	输出短路故障
30	U011187	BMS 通信异常故障
31	U010087	VCU 通信异常故障
32	P148701	OBC（车载充电机）自检异常故障

2. 充电系统维修实例

（1）E150EV 充电时充电桩跳闸

1）故障现象。车辆在使用充电桩充电时，出现充电桩跳闸，充电机无法充电。

2）诊断思路。可能原因为充电机内部短路。

3）故障诊断与排除。检查了充电桩交流 220V 电压、充电桩 CP 线与充电机连接正常，再检查充电线束、高压线束、充电机、动力电池的绝缘均正常，更换充电机故障排除。

4）故障分析。因为此车的故障现象是充电桩跳闸，说明唤醒信号和互锁电路正常；基本可以断定是充电机内部短路故障。

（2）M30RB 充电机指示灯不亮

1）故障现象。车辆在使用充电桩充电时，充电机指示灯不亮，车辆无法充电。

2）诊断思路。可能原因为充电机内部故障、充电唤醒信号中断或互锁电路故障。

3）故障诊断与排除。检查 FU 低压保险盒内的电池充电保险和充电机低压电源，将万用表旋到直流电压档测量充电机低压电源正常，再检查充电系统连接插件无退针、锈蚀现象，更换充电机故障排除。

4）故障分析。此故障经检查充电机低压供电正常，而充电工作指示灯都不亮，基本确定为充电机内部故障。

（3）快充桩显示车辆未连接

1）故障现象。快充桩显示车辆未连接。

2）诊断思路。可能原因为检查快充口 CC1 端与 PE 端是否有 1000Ω 电阻；检查快充口导电层是否脱落；充电枪 CC2 与 PE 是否导通。

（4）慢充电桩显示车辆未连接

1）故障现象。慢充电桩显示车辆未连接。
2）诊断思路。检查车辆与充电桩两端枪是否反接；检查充电枪车端 CC 与 PE 是否有 680Ω 或 220Ω 电阻；检查充电枪桩端 CC 与 PE 是否导通；检查 VCU 对应针脚与 CC 是否导通。

实训项目　充　电　系　统

实训 9　车载充电系统故障诊断与排除

1. 实操目标

学员能够排除慢速充电故障，掌握车载充电系统故障诊断及排除方法。

2. 操作时间

90min

3. 实操所需材料与工具

数字万用表；VCI 电动车专用诊断仪；培训用车（EV160 或 EV200 纯电动车）。

4. 注意事项

请务必按照老师的指导，合理使用绝缘安全护具，并严格按老师示范动作操作，做到安全、正确，并防止造成实操总成及车辆的损坏。

5. 实操步骤

（1）实操前需安置两侧遮栏并增添 1～2 名培训学员作为安全监护人。

（2）将所有充电口用黄黑色胶带封住。

（3）用 VCI 电动车专用诊断仪对系统进行故障诊断，读取并记录故障代码。

（4）关闭点火开关，拆掉 12V 蓄电池负极，等待 5min 以上。

（5）检测慢充电桩（或 ~220V　16A 插座）是否正常。

1）拔下车载充电机端交流 220V 输入插头，将慢充电线缆插头依次连接慢充电桩及电动车慢充插口，控制器高低压电缆插头。

2）用万用表 AC 电压 1000（或 700V）档，测量车载充电机输入插头（图 5-31）1、2 两端电压_____V；

注：L 代表相线，N 代表零线。一般情况相线带有 220V 交流电压，谨防触电。

交流输入端
1 脚：L（交流电源）
2 脚：N（交流电源）
3 脚：PE（车身地）
4 脚：空
5 脚：CC（充电连接确认）
6 脚：CP（控制确认线）

图 5-31　车载充电机输入插头

（6）检测慢充电桩（或~220V 16A 插座）PE 端接地是否正常（PE 端不接地或接地不良，车载充电机不工作），测量：

1）正确连接车载充电线（充电桩与车辆慢充电口连接）后，PE 端不接地时，PE 端对 N 端电压为_____V（不能正常充电）。

2）正确连接车载充电线（充电桩与车辆慢充口连接）后，PE 接地良好接地时，PE 端对 N 端电压为_____V（能正常充电）。

（7）充电线规格测量（电阻测量）：万用表电阻 2kΩ 档测量慢充充电线插头 CP 与 CC 端阻值。

1）标注 16A 充电线插头 PE–CC 端阻值为_____Ω。

2）标注 32A 充电线插头 PE–CC 端阻值为_____Ω。

（8）测量车载充电机–慢充电唤醒电压（A15 端）（图 5-32）。

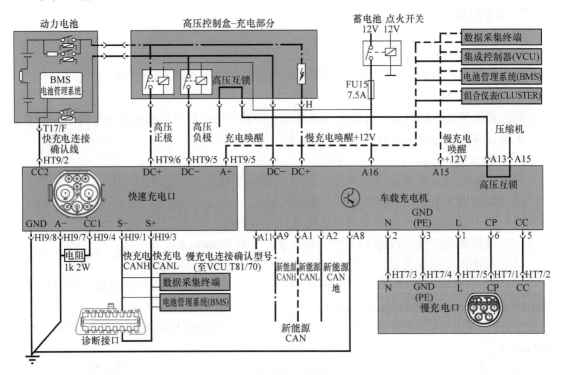

图 5-32 车载充电机系统原理图

1）正确连接车载充电线（充电桩与车辆慢充电口连接）后，进行 A15 端电压的测量，电压为_____V。

2）正确连接车载充电线（充电桩与车辆慢充电口连接）后 A15 端电压的功能是_____。

本 章 小 结

1. 电动汽车充电方式包括传导式充电方式和无线充电方式。传导式充电方式又称接触充电方式，接触充电方式通常采用传统的接触器控制，使用者把充电电源接头（插头）连接到汽车上（插座），即利用金属接触来导电。无线充电方式有电磁感应式、微波传输式及磁场共振式三种方式，无线充电方式的研究目前主要集中在电磁感应式充电方式。

2. 电动汽车充电模式包括常规充电、快速充电和动力电池组快速更换三种模式。常规充电分为小电流充电和中电流充电两种方式。常规充电方式采用的充电模式有恒流充电模式、分级恒流充电模式、低压恒压浮充模式、梯度恒压充电模式。

3. 充电接口是指用于连接活动电缆和电动汽车的充电部件，它由充电插座和充电插头两部分组成，是传导式充电机的必备设备，充电插头在充电过程中与充电插座进行结构耦合，从而实现电能的传输。

4. 车载充电机是采用高频开关电源技术，主要功能是将交流220V市电转换为高压直流电给动力电池进行充电，保证车辆正常行驶。同时车载充电机提供相应的保护功能，包括过电压、欠电压、过电流、欠电流等多种保护措施，当充电系统出现异常会及时停止充电。

5. 依据充电的速度，充电桩一般提供常规充电和快速充电两种充电方式。按安装方式充电桩可分为落地式充电桩、挂壁式充电桩。按照安装地点，充电桩可分为公共充电桩和专用充电桩。

第 6 章

高压系统

高压系统（high voltage power system）是指电动汽车内部与动力电池直流母线相连或动力电池电源驱动的高压驱动零部件系统，主要包括但不限于：动力电池系统和/或高压配电系统（高压继电器、熔断器、电阻器、主开关等）、电机及其控制器系统、电动压缩机总成、DC/DC 变换器、车载充电机（如果配置）和 PTC 加热器等。高压系统根据系统部件的集成情况可以分为分体式高压系统和集成式高压系统。

例如在图 6-1 中某车型上使用分体式高压系统，该高压系统的高压配电盒、DC/DC 变换器、车载充电机、PTC 加热器控制、电机其控制器等都是各自独立存在的，这样进行设计生产的，如图 6-1 所示，整车共分为 5 段高压线缆，即连接动力电池到高压控制盒之间的动力电池高压电缆，连接高压控制盒到电机控制器之间的电机控制器电缆，连接快充口到高压盒之间的快充线束，连接慢充口到车载充电机之间的慢充线束，连接高压控制盒到 DC/DC、车载充电机、空调压缩机、空调 PTC 之间的高压附件线束。

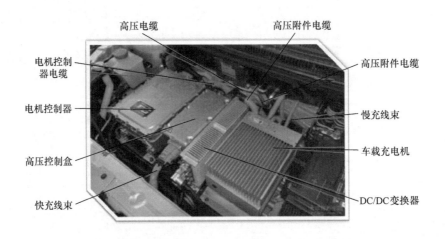

图 6-1 分体式的高压系统

有些车型逐步将分体式高压系统进行集成，例如将原来分离元件中的高压控制盒、车载充电机、PTC、空调压缩机、DC/DC 变换器的功能集成在一起（图 6-2），或是将高压控制盒、MCU（电机控制单元）、DC/DC 变换器、OBC（车载充电机）、PTC（车载加热器）等功能集成为一体（图 6-3）。

第6章 高压系统

图 6-2 集成式高压系统（一）

图 6-3 集成式高压系统（二）

6.1 高压控制盒

电动汽车高压控制盒是指用于在电动汽车高压电力系统（图 6-4）的输电、配电、电能转换和消耗中起通断、控制或保护等作用，耐压等级在 2000V 以上的电气单元，它位于电动汽车动力电池组与所有高压电负载之间。

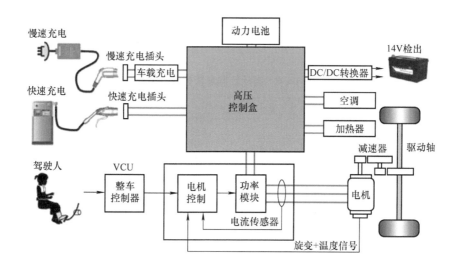

图 6-4 电动汽车高压电力系统

高压控制盒主要包括高压熔断器、高压母线、高压线排、电流电压传感器、高压接触器（继电器）、高压插接头等部件，如图 6-5 ~ 图 6-7 所示。

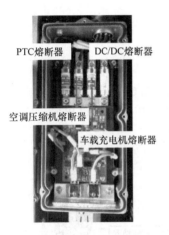

图 6-5 高压控制盒结构（一）

图 6-6 高压控制盒结构（二）

图 6-7 高压控制盒结构（三）

高压动力电源输出电流直接进入高压控制盒后，根据系统的需要分配到其他系统高压用电器，整个过程中对保证整个高压系统及其各个电器设备的安全性、系统绝缘、电磁干扰及屏蔽、密封及耐振动等具有很高的要求。高压控制盒主要功能见表6-1。

表 6-1　高压控制盒主要功能

序号	功能
1	将高压电池的电流进行分配
2	高压用电器以及高压线束短路或过流时起到保护作用
3	充电保护措施，在动力电池充电时，能自动断开驱动系统。实现充电与驱动功能之间的互锁
4	动力电池电流监测
5	正负极接触器状态监测（接触器自身功能）
6	高压系统预充电功能（非必须功能）
7	高压环路互锁功能

6.2　DC/DC 变换器

DC/DC（直流-直流）变换器的作用有些类似于传统汽车上的发电机（图6-8），而动力电源则取代了发动机的功能。

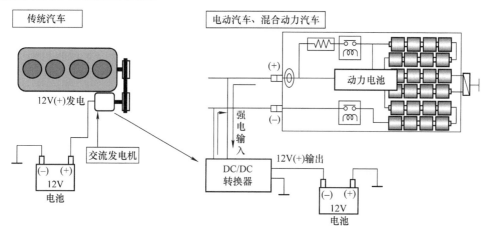

图 6-8　DC/DC 变换器在电动汽车电气系统中的位置

在电动汽车起动后，高压系统上电前，需要低压供电的包括各控制器及各高压继电器等低压系统，该过程低压蓄电池需提供的电流一般为 10~20A，起动过程中，DC/DC 变换器（图6-9）也会同时起动，并给整车低压系统和低压蓄电池输出电流。

对于电动汽车整车行驶过程中，一般由 DC/DC 变换器给整车低压系统供电，同时给低压蓄电池充电，基本不需要低压蓄电池向外输出电流；低压 12V 电气系统的供电与低压蓄电池的充电是通过三百多伏的高压直流电转化而来的，因此把这个转化装置叫做 DC/DC 变换器，在新能源汽车上主要使用的是降压 DC/DC 变换器。

DC/DC 变换器各针脚布置如图 6-10 所示，其中图示 1 处为高压输入端，A 脚为电源负极、B 脚为电源正极、中间为高压互锁端；图示 2 处为低压控制端接端子，A 脚为控制电路电源正兼使能（直流 12V 起动，0~1V 关机）、B 脚为电源状态信号输出（故障线，故障：12V 高电平，正常：低电平）、C 脚为控制电路电源。

图 6-9 DC/DC 变换器

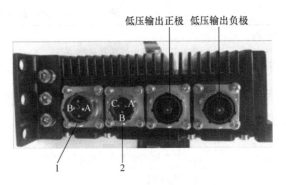
图 6-10 DC/DC 变换器

6.3 高压配线

6.3.1 高压线缆

高压元器件之间通过线缆传递电能，而这些线缆对操作者也必然存在高压威胁，国际通用的标准是将这些高压线缆用颜色鲜明的橙色外皮或者护套保护起来，不仅能起到良好的绝缘作用还有必要的警示效果，如图 6-11 所示。

图 6-11 高压线缆布置

电动汽车上的高压线缆，由几段组成，例如北汽新能源汽车采用 PDU，整车共分为七段高压线束，如图 6-12 所示，包括连接动力电池到 PDU 之间的线缆、连接快充电口到 PDU 之间的线束、连接慢充电口到 PDU 之间的线束、连接 PDU 到空调压缩机之间的线束、连接 PDU 到空调 PTC 之间的线束、连接 PDU 到电机控制器间的线束、连接电机控制器与电机的线缆。

6.3.2 车辆电网回路

电动汽车高压电系统回路的短路、漏电等故障都为电动汽车的高压用电安全构成了潜在

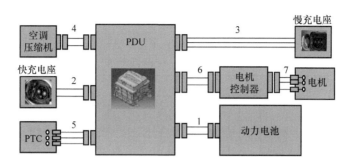

图 6-12 外部高压线束及总成连接原理框图

的威胁。电动汽车驱动能量的唯一来源是动力电池,因此纯电动汽车的高压电配置中只有动力电池组一个高压母线电路、高压电安全管理系统对高压电路的用电及安全进行直接的管理和控制。纯电动汽车高压电系统主要包括动力电池、电机控制器和电机等几个主要部分。由于高压电系统电压高达几百伏,任何一部分故障都会为电动汽车带来潜在的危险。为了充分保证电动汽车高压电系统的用电安全,需要在分析高压电系统故障的基础上制定安全管理策略。

供电系统是由电源系统和输配电系统组成的产生电能并供应和输送给用电设备的系统。电力供电系统大致可分为 TN、TT、IT 三种。电网的结构就决定了从供电器(比如高压动力电池)到用电器(比如电机)的电能传输路径。国际上对于不同电网系统使用国际统一符号,其至少是由两位字母组成,具体见表 6-2。

表 6-2 国际不同电网系统比较

第一个字母:电源端与地的关系	第二个字母:电气(用电)装置的外露可导电部分与地的关系
T:电源端有一点直接接地	T:电气(用电)装置的外露可导电部分直接接地,此接地点在电气上独立于电源端的接地点
I:电源端所有带电部分不接地或有一点通过阻抗接地	N:电气(用电)装置的外露可导电部分与电源端接地点有直接电气连接
	S:中性导体和保护导体是分开的
	C:中性导体和保护导体是合一的
中性导体(N):引自电源中性点的导体	
保护导体(PE):以防触电为目的,用来与设备或线路的金属外壳、接地母线、接地端子、接地极、接地金属部件等作电气连接的导线或导体	
保护中性导体(PEN):当中性导体 N 与保护导体 PE 共为一体,同时具有中性导体和保护导体两种功能的导体	

1. TN 系统

在 TN 系统中,所有电气设备的外露可导电部分均接到保护线上,并与电源的接地点相连,这个接地点通常是配电系统的中性点。TN 系统,称作保护接零。当故障使电气设备金属外壳带电时,形成相线和地线短路,回路电阻小,电流大,能使熔丝迅速熔断或保护装置动作切断电源。TN 系统又分为 TN – C(图 6-13)、TN – S(图 6-14)、TN – C – S(图 6-15)

三种表现形式。

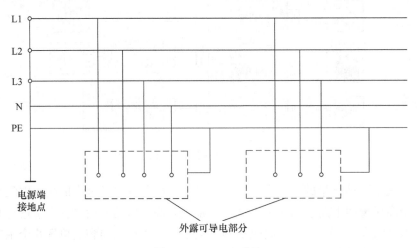

图6-13 TN-C系统

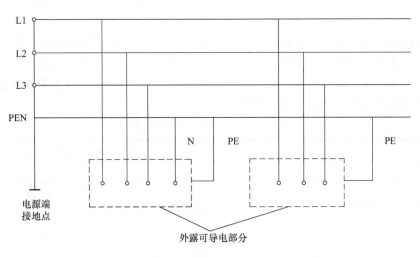

图6-14 TN-S系统

TN系统的电力系统有一点直接接地,电气装置的外露可导电部分通过保护导体与该点连接。TN系统通常是一个中性点接地的三相电网系统。其特点是电气设备的外露可导电部分直接与系统接地点相连,当发生碰壳短路时,短路电流即经金属导线构成闭合回路。形成金属性单相短路,从而产生足够大的短路电流,使保护装置能可靠动作,将故障切除。

如果将工作零线N重复接地,碰壳短路时,一部分电流就可能分流于重复接地点,会使保护装置不能可靠动作或拒动,使故障扩大化。

2. TT系统

在电源中性点直接接地的三相四线系统中,所有设备的外露可导电部分均经各自的保护线PE分别直接接地,称之为TT供电系统(图6-16)。

第一个符号T表示电力系统中性点直接接地,第二个符号T表示负载设备外露不与带电体相接的金属导电部分与大地直接联接,而与系统如何接地无关。在TT系统中负载的所有

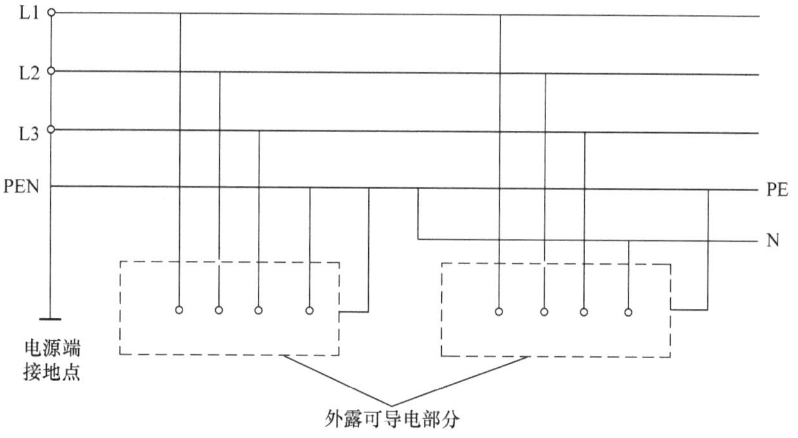

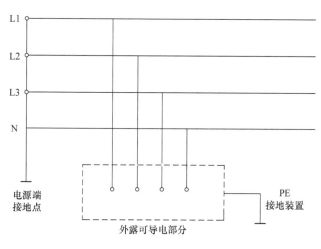

图 6-15 TN-C-S 系统

图 6-16 TT 系统

接地均称为保护接地,这种供电系统的特点如下:

(1) 当电气设备的金属外壳带电(相线碰壳或设备绝缘损坏而漏电)时,由于有接地保护,可以大大减少触电的危险性。但是,低压断路器(自动开关)不一定能跳闸,造成漏电设备的外壳对地电压高于安全电压,属于危险电压。

(2) 当漏电电流比较小时,即使有熔断器也不一定能熔断,还需要漏电保护器作保护,因此 TT 系统难以推广。

(3) TT 系统接地装置耗用钢材多,而且难以回收,费工时,费料。

3. IT 系统

IT 系统是指在电源中性点不接地系统中,将所有设备的外露可导电部分均经各自的保护线 PE 分别直接接地,称之为 IT 供电系统(图 6-17)。IT 系统一般为三相三线制。IT 方式供电系统 I 表示电源侧没有工作接地。第二个字母 T 表示负载侧电气设备进行接地保护。

IT 方式供电系统在供电距离不是很长时,供电的可靠性高、安全性好。运用 IT 方式供

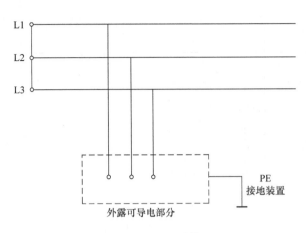

图 6-17　IT 系统

电系统,即使电源中性点不接地,一旦设备漏电,单相对地漏电流仍小,不会破坏电源电压的平衡,所以比电源中性点接地的系统还安全。

IT 系统发生接地故障时,接地故障电压不会超过 50V,不会引起相间电击的危险。但是,如果用在供电距离很长时,供电线路对大地的分布电容就不能忽视了。在负载发生短路故障或漏电使设备外壳带电时,漏电电流经大地形成回路,保护设备不一定动作(电流小于保护设备的额定值),这是有危险的。只有在供电距离不太长时才比较安全。

4. 电动汽车适用的电网结构–IT 网络

电动汽车采用 IT 网的高压电供电网络结构,高压元件有绝缘监控供电系统的网络结构决定了从供电器(比如动力电池)到用电器(比如电机)的电能传输路径。电源端的带电部分不接地或有一点通过阻抗接地,电气装置的外露可导电部分直接接地。

纯电动汽车所用的高压网络结构决定了从供电器(如动力电池)到用电器(如驱动系统)的电能传输路径。车体与大地是一个相对的参照系统,因此与地面固定装置不同的地方在于车辆内的"地"是相对零电位的系统基准点——车体。对于电动汽车,所谓的接地就是用导线连接车身,这里要说明的是,电动汽车高压系统与低压不会共地。

为满足安全要求,纯电动汽车高压网络区别于 12V 低压车载电网及民用电网的结构形式,实质上是一种 IT 网:供电器与车身绝缘,用电器壳体与车身连接。相对于单个部件的安全接地,系统层面的安全接地作用更深一层,包含了电气安全和 EMC 设计。

如果在电动汽车上采用 TN–C 系统,如图 6-18 所示。

如果用电器壳体与正极出现漏电,瞬间的过流可能就会导致熔丝熔断,高压动力系统会失去动力,这对于处于高速行驶状态的车辆和其他车辆来说都是非常危险的。而且本身把高压电极直接连接到车身上也是非常危险的,如果另一极电极或者连接母线绝缘故障,会大大增加触电的概率。所以电动汽车不会采用电源接地的电网结构。

如果在电动汽车上采用 IT 系统,如图 6-19 所示。

IT 系统,由于电源与车身没有导通连接,所以即便正极对壳体漏电,壳体与车架连接,也不会形成回路。熔丝不会熔断,也就不会被断电。接地目的主要是为了保证等电位联接以及减少系统电磁干扰。

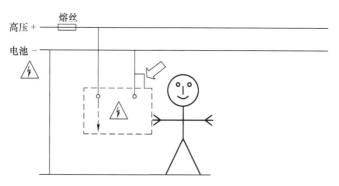

图 6-18　在电动汽车上应用的 TN – C 系统

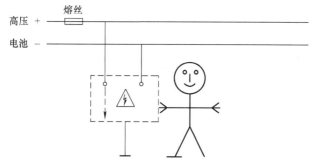

图 6-19　在电动汽车上应用 IT 系统

5. 等电位连接

电动汽车的一个重要特点就是带有高压动力回路,为了防止因存在电势差造成的触电危险,在高压组件的外壳或者可导电的外盖等部件之间应该采用导线与车身支架相连的方式,以达到等电势的效果。中华人民共和国国家标准 GB/T 18384.3—2015 电动汽车安全要求第 3 部分规定:电位均衡通路中任何两个可以被人同时触碰到的外露可导电部分之间的电阻不超过 0.1Ω。

如图 6-20 所示,基于 IT 系统可以使用将电气设备的外露可导电部件直接或通过保护导体与车辆底盘相连接的方法来进行等电位联结。

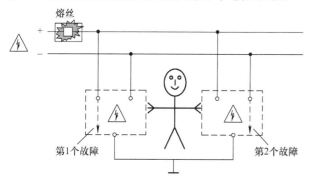
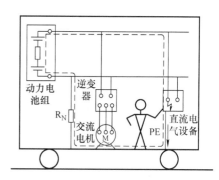

图 6-20　等电位连接

第 1 个故障:系统仍能工作,组合仪表上有黄色警报信息。

第 2 个故障：控制系统会将高压系统切断（断电），同时系统内会短路，功率电子装置内和维护开关内的熔断器会爆开，组合仪表上会有红色警报信息，高压系统无法工作，也无法重新起动。

采用等电位连接后，该设备外壳和车身地为相同电位，当该设备正极发生对外壳漏电故障时，即使人员接触到该设备带电的外壳，由于人体被等电位连接线短路，故不会有危险的电流流过，从而避免了触电危险。

按标准，等电位连接所用的保护导体的电阻值应满足下面的导电性试验要求：用一个不超过 60 V（DC）的电压，动力电路最大电流的 1.5 倍或 25A 的电流（取二者中较大值），通过任何两个进行等电位连接的外露可导电部件，持续时间至少 5s，测量其电压降，根据电流和电压降计算得到的保护导体的电阻值不应超过 0.1Ω。

6. 充电状态时的 TT 或者 TN 网络应用

TT 网络是将电气设备的外露可导电部分用保护线与大地直接连接的防护措施。一般可作为一种电击防护措施应用在电动汽车充电系统中。图 6-21 所示对电动汽车车身采用保护接地措施，即利用 PE 线（通过充电线缆）直接接

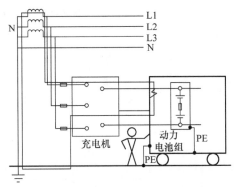

图 6-21 电动汽车车身保护接地措施

地，与民用供电网络构成 TT 形式。此时如果人员站在地面上接触到带有危险电压（由于充电设施漏电）的设备外壳（例如图 6-21 中所示的电动汽车车身外壳），由于保护线 PE 的电阻很小，故人体两端承受的电压也很小，通过人体的漏电流也就会很小（大部分漏电流都由 PE 线经大地流回电网），从而使得人员的间接电击危险性大大降低，同理也可构成 TN - C 网络。

6.4 绝缘防护与电隔离

1. 绝缘防护

（1）绝缘防护等级。中华人民共和国国家标准 GB/T 18384.3—2015 电动汽车安全要求第 3 部分：人员触电防护内容中电路的电压分级里明确规定：

根据电路的工作电压 U，将电路分为 A/B 两级见表 6-3。

表 6-3 电动汽车的工作电压等级划分

工作电压/V	直流	交流
A 级	$0 < U \leq 60$	$0 < U \leq 30$
B 级	$60 < U \leq 1500$	$30 < U \leq 1000$

触电防护应包含防止人员与任何带电部件的直接接触和在带电部件的基本绝缘故障的情况下的触电防护。对于 A 级电压的电路不要求提供触电防护。

对于任何 B 级电压电路的带电部件,都应为人员提供危险接触的防护。直接接触防护应由带电部件的基本绝缘提供或由遮栏/外壳,或两者结合来提供。所有的防护及规定(表 6-4)都是从安全的角度出发,防止人体及电气设备因触电或短路发生故障,造成事故。

表 6-4 关于绝缘防护的一些重要定义(根据 GB/T 18384.3—2001)

名称	定义
基本绝缘	带电部件上对防触电(在没有故障的状态下)起基本保护作用的绝缘
附加绝缘	为了在基本绝缘故障情况下防止触电,而在基本绝缘之外使用的独立绝缘
双重绝缘	同时具有基本绝缘和附加绝缘的绝缘
加强绝缘	提供相当于双重绝缘保护程度的带电部件上的绝缘结构
直接接触	人员与带电部件的接触
间接接触	人员与基本绝缘故障情况下变为带电的外露可导电部件之间的接触
外壳防护等级(IP 代码)	对带电部件的试纸、试具、试线接触所提供的防护程度 具体参见国家标准 GB 4208—2008

(2) Ⅰ类设备。Ⅰ类设备是指依靠基本绝缘对带电部件进行防触电保护,并把这个设备中外露可导电部件与保护导体相连的设备,如图 6-22 所示。

(3) Ⅱ类设备。Ⅱ类设备是指使用双重绝缘或加强绝缘进行防触电保护的设备,如图 6-23 所示。

(4) 触电防护。触电防护应包含防止人员与任何带电部件的直接接触和在带电部件的基本绝缘故障的情况下的触电防护。对于 A 级电压的电路不要求提供触电防护。

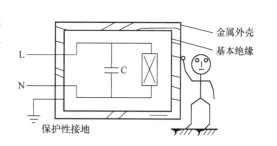

图 6-22 Ⅰ类设备

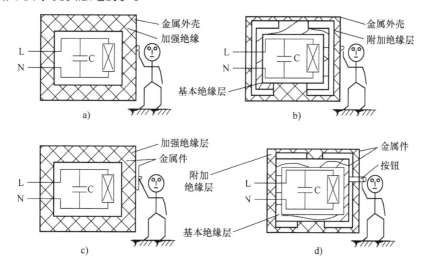

图 6-23 Ⅱ类设备

直接接触防护：对于任何 B 级电压电路的带电部件，都应为人员提供危险接触的防护。直接接触防护应由带电部件的基本绝缘提供或由遮栏/外壳，或两者的结合来提供，并满足标准中涉及的要求。

基本绝缘故障情况下的防护：任何 B 级电压电路的带电部件的基本绝缘故障时，应防止人员与外露可导电部件接触而导致的触电电危害。故障情况下，应由Ⅰ类设备（满足电位均衡要求）和Ⅱ类设备（满足绝缘要求）或两者组合来防护。

2. 电气隔离

电气隔离就是将电源与用电回路作电气上的隔离，即将用电的分支电路与整个电气系统隔离，使之成为一个在电气上被隔离的、独立的不接地安全系统，以防止在裸露导体故障带电情况下发生间接触电危险。

采用电气隔离的两边电路之间没有电气上的直接联系，即两个电路之间是相互绝缘的。同时还要保证两个电路维持能量传输的关系。

电气隔离的基本原理如图 6-24 所示，左侧为供电方一侧，右侧为用电方一侧。如果左侧 N 级接地，那么人员 a 是很危险的，一般其站在地面上碰触 L 线，则会形成从 L–a–N 的回路，电流流过人体，造成伤亡。

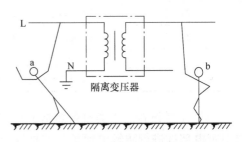

图 6-24 电气隔离的基本原理

而因为隔离变压器的作用，人员 b 是相对安全的，无论触及到哪一根电线，只要不是同时触及用电方一侧的两根电线，就不会有触电危险。这就是电气隔离的绝缘安全作用。

电动汽车中的 DC/DC 变换器中的变压器起到了电气隔离的绝缘效果，将高压与低压完全隔离开，如图 6-25 所示，以某电动汽车的 DC/DC 变换器为例，因为有了电气绝缘措施（有隔离效果的变压器），即便是高压一侧（DC288V）一根母线绝缘故障（与车架连通），在低压一侧操作人员在接触车架的同时接触任意一根低压线都是绝对安全的。

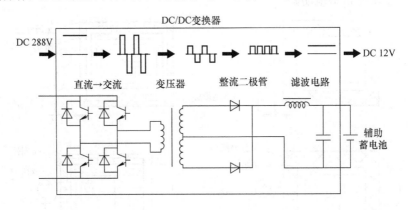

图 6-25 DC/DC 变换器隔离高低压

电动汽车是一个复杂的机电一体化产品，其中的许多部件包括动力电池、电机、充电机、能量回收装置、辅助电池充电装置等都会涉及高压电器绝缘问题。这些部件的工作条件比较恶劣，振动、酸碱气体的腐蚀、温度及湿度的变化，都有可能造成动力电缆及其他绝缘材料迅速老化甚至绝缘破损，使设备绝缘强度大大降低，危及人身安全。

国家的电动汽车安全要求标准对人员的触电防护提出了明确的要求，其中包括对绝缘电阻值的最低要求。各整车厂开发的纯电动车辆，则根据各自设定的电压等级来确定动力系统的绝缘电阻报警阈值。一旦电动汽车因为这些绝缘故障触及这些阀值，则车辆的绝缘在线监测模块会发信号给控制器，控制器会降低车辆输出功率，或者在合适的时候断开主电路继电器，使系统断电。

电动汽车直流高压系统的绝缘检测技术有很多种，包括继电器检测、平衡电桥法检测、注入交流信号法及端电压法检测等，其中端电压法检测具有较高的精度，完全适合在电动汽车上应用。电动汽车的绝缘状况以直流正负母线对地的绝缘电阻来衡量。通过测量电动汽车直流母线与电底盘之间的电压，计算得到系统的绝缘电阻值。

3. 手动断开装置

在电动汽车的装配、保养和维修的操作中，需要有手动断开的电气回路的功能，保证在操作过程中人员和能接触到的电气设备上面不带有危险电压。

电动汽车上应用最多的手动高压断开装置称为维护开关（或保养开关、保养插头等等），位于动力电池组的电气中点，其基本原理如图 6-26 所示。动力电池中电池单体串联并联组合成两个部分，这两个部分通过维护开关的高压触头串联在一起，同时维护开关也是安全线完整回路里不可缺少的一个环节。

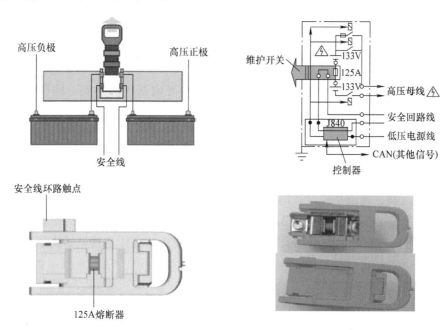

图 6-26　手动断开装置结构与原理

在车辆被拔下维护开关之前务必要在佩戴好绝缘护具的情况下，将启动开关置于 OFF 档位，并且断开低压线路，将拔下开关时产生有害电弧的几率降至最低。

拔下维护开关，会断开安全线，动力电池的两部分也就断开了，其最高电压一分为二，同时高压回路被彻底断开。手动断开装置的断开操作或拆卸不需要任何辅助工具（防护用具除外）。

4. 自动断路

当存在某些特殊条件（如碰撞、绝缘故障、高压电气回路断开、过电流或者短路等）发生时，自动断路功能可以在没有使用者干预的情况下，通过继电器、断路器等装置将高压回路电气回路断开，从而达到保护人员和电气系统安全的目的。自动断路装置要具备人工复位的能力。

5. 环路互锁

安全回路线是个环形线路，通过低压元件（互锁信号源）来收发信号来监控高压电网，来检查整个高压产品、导线、连接器及护盖的电气完整性（连续性），安全回路线要是断路的话，会导致高压系统立即被切断，如图6-27所示。

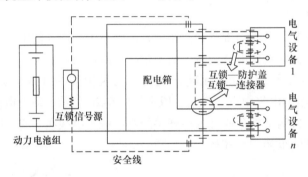

图6-27 大众公司混合动力汽车互锁环路系统原理

6. 功能互锁

（1）充电互锁。出于安全考虑，电动汽车要带有充电互锁的功能，即在充电时电动汽车动力系统要处在断开的状态，以防止电动汽车连接在充电电源上时被意外起动。一些电动汽车是通过车辆端的充电插口实现该功能的，当充电插口插入充电插头时，控制系统会辨认插头已经连接到位。这时车辆的起动开关即便处于ON的位置，操作人员也不能真正起动车辆，加速踏板是失效的。

（2）高压互锁。高压互锁设计的目的是整车在高压上电前确保整个高压系统的完整性，使高压处于一个封闭的环境下工作提高安全性。当整车在运行过程中高压系统回路断开或者完整性受到破坏的时候，需要启动安全防护，防止带电插拔高压连接器给高压端子造成的拉弧损坏。

7. 主动放电

当高压电路与电池组断开后（例如，自动断开装置或手动断开装置启动时），由于有容性储能元件及线束上本身存在的容性，高压母线仍会残留有对人体造成电击伤害的危险电压，有必要将高压母线的电压释放到安全范围内。根据电压和能量的情况以及电压衰减所需要的时间，不同的制造商可能有不同的方案和设计。某些电动汽车高压系统断电后采用电阻放电就是其中一种方案。

图 6-28 为奥迪混合动力汽车电子驱动单元主动放电结构与原理图,主动放电由动力电池管理系统来控制,每当高压系统被切断或者低压控制线路被切断时,控制器就会闭合放电电阻支路上的开关,就会有主动放电的动作发生,使中间电容与电阻构成临时回路,电流流过电阻,能量以热量的方式消耗掉。

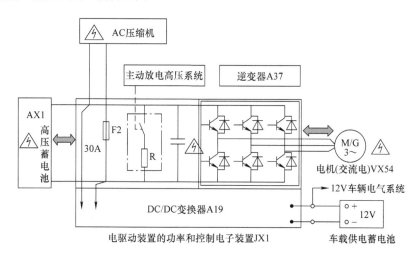

图 6-28 奥迪混合动力汽车电子驱动单元主动放电结构与原理

8. 高压熔断器

纯电动汽车的驱动部分及高压附件系统的电源均为高压动力电池电源,为保护车辆及乘员安全,相关动力电池电源回路均选用相应高压熔断器作为短路保护的措施。在遇到过流或者短路情况下理想熔断器的断开时间不高过 5ms,图 6-29 为电动汽车典型的熔断器布置方案。

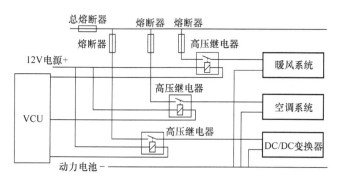

图 6-29 电动汽车典型的熔断器布置方案

从应用线路上考虑,整车线路根据电流强弱可以分为高压大电流保护区和中低压小电流保护区。一般情况下,一辆电动汽车使用 4~5 个高压熔断器,主要包括电机控制器、空调线路、DC/DC 变换器、电池组加热器等高压大电流设备。

6.5 高压系统故障排查与检修

1. 高压互锁故障排查

(1) 故障现象。北汽新能源 EV160 整车报高压故障。

(2) 故障原因。某个高压插件未插或未插到位造成。

高压互锁回路如图 6-30 所示，设计高压互锁的目的如下：

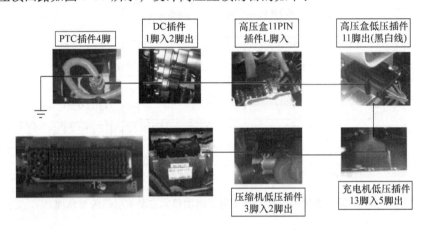

图 6-30　高压互锁回路

1) 整车在高压上电前确保整个高压系统的完整性，使高压处于一个封闭的环境下工作提高安全性。

2) 当整车在运行过程中高压系统回路断开或者完整性受到破坏的时候，需要启动安全防护。

3) 防止带电插拔高压连接器给高压端子造成的拉弧损坏。常见的高压互锁故障：包括 PTC、DC/DC 变换器、高压盒、车载充电机、空调压缩机高低压插件未插（图 6-31）。

 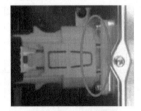 

a) 高压插件互锁端子缺失或退针　　b) 高压插件未装配到位　　c) 高压盒盖开关端子损坏

图 6-31　高压互锁检查常见故障

2. 绝缘故障

(1) 故障现象。动力电池报整车绝缘故障。

(2) 故障原因。某个部件或插件引起绝缘阻值低造成。

(3) 排查方法。排除法。

由于高压互锁线的存在，在排查前首先需要将互锁回路接地，方法是将空调低压插件 2

脚有效搭铁（图6-32），然后再将高压附件线束断开，再逐一排查。

图6-32 空调低压插件

实训项目　高压系统

实训10　充电线束、高压线束互锁功能故障诊断

1. 实操目标

（1）学员正确的拆卸与安装高压线束。

（2）学员利用诊断仪及万用表对各高压线束及高压互锁机构相关电路进行测量，掌握因高压互锁电路故障造成电动车因系统保护而造成的高压断电（不能行驶）。

2. 操作时间

60min

3. 实操所需材料与工具

VCI电动车专用诊断仪、数字万用表（电动汽车专用）、安全绝缘用具、培训用车（EV160或EV200纯电动车）

4. 注意事项

请务必按照老师的指导，合理使用安全绝缘用具，并严格按老师示范动作操作，做到安全、正确，并防止造成实操总成及车辆的损坏。

5. 实操步骤

（1）请直接在图6-33中标出整车高压系统线束及总成名称。

（2）互锁接线检测。请依据图6-34完成互锁接线检测。

1）实操测量方法1（电阻测量）：万用表电阻200Ω档测量互锁对地端对地电阻，正常阻值小于0.5Ω。

2）实操测量方法2（电压测量）：万用表DC电压20V档测量，互锁对地端对地电压，正常电压值小于0V。

图 6-33 整车高压系统线束及总成

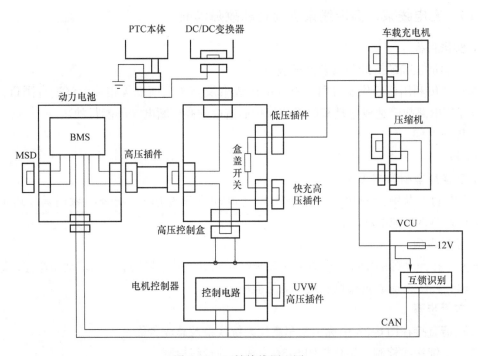

图 6-34 互锁接线原理图

实训 11　高压线束、高压控制盒拆装实操

1. 实操目标

（1）学员能够找到连接各控制模块的高压连接线束，并能正确的拆卸与安装。

（2）学员能够利用万用表对各高压线束及高压互锁进行测量，为后续车辆的维修打下基础。

(3) 学员通过拆解高压控制盒及内部电路分析掌握高压配电的基本工作原理。

2. 操作时间

60min

3. 实操所需材料与工具

数字万用表、绝缘专用工具、培训用车（EV160 或 EV200 纯电动车）、高压控制盒、车载充电机、DC/DC 变换器。

4. 注意事项

请务必按照老师的指导，合理使用防护用品及专业工具，并严格按老师示范动作操作，做到安全、正确，并防止造成实操总成及车辆的损坏。

5. 实操步骤

(1) 实操前需安置两侧遮栏并增添 1~2 名培训学员作为安全监护人。

(2) 将所有充电口用黄黑色胶带封住。

(3) 关闭点火开关，拆掉 12V 蓄电池负极，等待 5min 以上。

(4) 断开动力电池高压电缆，并用放电套装进行残余高压释放。

(5) 断开高压控制盒所有线束，并拆下高压控制盒。

(6) 断开车载充电机所有线束，并拆下车载充电机。

(7) 断开 DC/DC 变换器所有线束，并拆下 DC/DC 变换器。

(8) 拆下高压电缆。

(9) 请根据此内部结构，画出高压控制盒高压分配电路原理图。

实训 12　DC/DC 变换器故障诊断

1. 实操目标

(1) 学员通过实训了解 DC/DC 变换器在电动车控制系统的重要性。

(2) 学员利用诊断仪及万用表对 DC/DC 变换器相关电路进行测量，掌握电动车低压供电系统故障诊断方法。

2. 操作时间

60min

3. 实操所需材料与工具

VCI 电动车专用诊断仪、数字万用表（电动车专用）、安全绝缘用具、培训用车（EV160 或 EV200 纯电动车）。

4. 注意事项

请务必按照老师的指导，合理使用安全绝缘用具，并严格按老师示范动作操作，做到安全、正确，并防止造成实操总成及车辆的损坏。

5. 实操步骤

(1) 实操前需安置两侧遮栏并增添 1~2 名培训学员作为安全监护人。

(2) 关闭点火开关，连接 VCI 电动车专用诊断仪，诊断 VCU 系统读取故障代码，并进行记录。

（3）再次关闭点火开关，拆掉12V蓄电池负极，等待5min以上，方可断开高压线束。

注：检修测量前使用高压放电套装进行高压放电，确保高压电缆插头无电后方可进行测量。

（4）电动车DC/DC变换器工作状态检测方法：

1）打开点火开关用万用表DC电压20V档，测量低压蓄电池正负极桩间电压值，DC/DC变换器工作正常时，蓄电池正负极桩间电压值为_____V。

2）正确连接车载充电线（充电桩与车辆慢充口连接、车辆已经正常充电）后蓄电池两端电压_____V，此时DC/DC变换器是否在工作状态_____。

3）如使用快速充电桩充电时，DC/DC变换器是否在工作状态_____。

4）正常行驶时，如果蓄电池极桩出现接触不良，在断开时车辆是否会停止行驶、进入保护状态_____。

本 章 小 结

1. 高压系统是指电动汽车内部与动力电池直流母线相连或动力电池电源驱动的高压驱动零部件系统，主要包括但不限于：动力电池系统和/或高压配电系统（高压继电器、熔断器、电阻器、主开关等）、电机及其控制器系统、电动压缩机总成、DC/DC变换器、车载充电机（如果配置）和PTC加热器等。

2. 电动汽车整车行驶过程中，一般由DC/DC（直流－直流）转换器给整车低压系统供电，同时给低压蓄电池充电，基本不需要低压蓄电池向外输出电流；低压12V电气系统的供电与低压蓄电池的充电是通过300V以上的高压直流电转化而来的，因此把这个转化装置叫做DC/DC变换器，在新能源汽车上主要使用的是降压DC/DC变换器。

3. 高压元器件之间通过线缆传递电能，而这些线缆对操作者也必然存在高压威胁，因此国际通用的标准是将这些高压线缆用颜色鲜明的橙色外皮或者护套保护起来，不仅能起到良好的绝缘作用还有必要的警示效果。

4. 为满足安全要求，纯电动汽车高压网络区别于12V低压车载电网及民用电网的结构形式，实质上是一种IT网：供电器与车身绝缘，用电器壳体与车身连接。相对于单个部件的安全接地，系统层面的安全接地作用更深一层，目的主要是为了保证等电位连接以及减少系统电磁干扰。在IT系统，由于电源与车身没有导通连接，所以即便正极对壳体漏电，壳体与车架连接，也不会形成回路。熔丝不会熔断，也就不会被断电。

5. 电动汽车的一个重要特点就是带有高压动力回路，为了防止因存在电势差造成的触电危险，在高压组件的外壳或者可导电的外盖等部件之间应该采用导线与车身支架相连的方式，以达到等电势的效果。中华人民共和国国家标准GB/T 18384.3—2015电动汽车安全要求第3部分规定：电位均衡通路中任何两个可以被人同时触碰到的外露可导电部分之间的电阻不超过0.1Ω。

第 7 章

辅助系统

7.1 制动系统

1. 制动系统概述

制动系统作用包括：使行驶中的汽车按照驾驶人的要求进行强制减速甚至停车；使已停驶的汽车在各种道路条件下（包括在坡道上）稳定驻车；使下坡行驶的汽车速度保持稳定。制动系统（图7-1）由供能装置、控制装置、传动装置、制动器四部分组成，供能装置包括供给、调节制动所需能量以及改善传动介质状态的各种部件。控制装置用来产生制动动作和控制制动效果各种部件，如制动踏板。传动装置包括将制动能量传输到制动器的各个部件如制动主缸、轮缸。制动器用来产生阻碍车辆运动或运动趋势的部件。现代汽车上大量安装防抱死制动系统，ABS是一种具有防滑、防锁死等优点的汽车安全控制系统，是在普通制动系统的基础上加装车轮速度传感器、ABS电控单元、制动压力调节装置及制动控制电路等组成的，是常规刹车装置基础上的改进型技术。

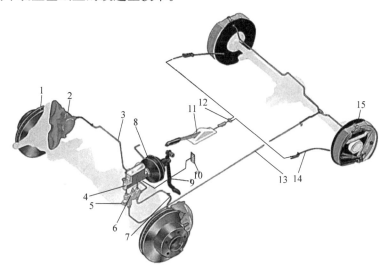

图 7-1 制动系统

1—前制动盘 2—前制动钳总成 3—右前制动油管 4—制动主缸 5—组合阀 6—制动警告灯开关 7—左前制动油管 8—制动真空助力器 9—制动踏板 10—制动警告灯 11—驻车制动操纵杆 12—平衡架 13—后制动油管 14—驻车制动拉线 15—后制动器总成

2. 制动系统组成及其工作原理

（1）制动器。电动车所用的制动器，一般为前盘后鼓，盘式制动器效率比鼓式制动器高，但价格比较贵。鼓式制动器（图7-2），因价格便宜，使用的比较多，兼驻车制动的功能。内张型鼓式制动器是利用制动鼓的圆柱内表面与制动蹄摩擦片的外表面作为一对摩擦表面在制动鼓上产生摩擦力矩，故又称为蹄式制动器。现在使用的盘式制动器（图7-3），主要为浮动钳盘式制动器，制动钳体是浮动的。制动液压缸均为单侧的，且与液压缸同侧的制动块总成是活动的，而另一侧的制动块总成则固定在钳体上。制动时在油液压力作用下，活塞推动活动制动块总成压靠到制动盘，而反作用力则推动制动钳体连同固定制动块总成压向制动盘的另一侧，直到两制动块总成受力均等为止。

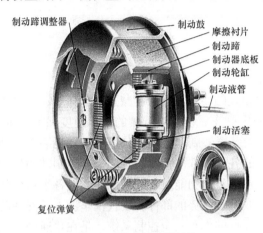

图7-2　鼓式制动器结构

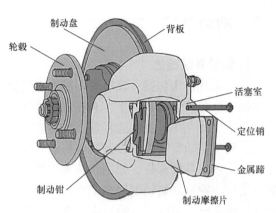

图7-3　盘式制动器结构

（2）真空助力器。在非工作的状态下（图7-4），控制阀推杆回位弹簧将控制阀推杆推到右边的锁片锁定位置，真空阀口处于开启状态，控制阀弹簧使控制阀皮碗与空气阀座紧密接触，从而关闭了空气阀口。此时助力器的真空气室和应用气室分别通过活塞体的真空气室通道与应用气室通道经控制阀腔处相通，并与外界大气相隔绝。

当进行制动时（图7-5），制动踏板被踏下，踏板力经杠杆放大后作用在控制阀推杆上。首先，控制阀推杆回位弹簧被压缩，控制阀推杆连同空气阀柱前移。当控制阀推杆前移到控制阀皮碗与真空阀座相接触的位置时，真空阀口关闭。此时，助力器的真空、应用气室被隔开。此时，空气阀柱端部刚好与反作用盘的表面相接触。随着控制阀推杆的继续前移空气阀口将开启。外界空气经过滤气后通过打开。此时，空气阀柱端部刚好与反作用盘的表面相接触。随着控制阀推杆的继续前移，空气阀口将开启。外界空气经过滤气后通过打开的空气阀口及通往应用气室的通道，进入到助力器的应用气室（右气室），伺服力产生。

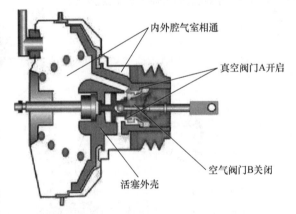

图7-4　真空助力器在非工作的状态

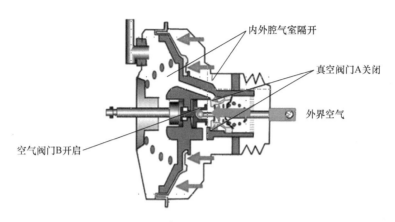

图 7-5 真空助力器工作状态

（3）ABS。ABS 工作原理如图 7-6 所示，它通过电磁控制阀体上的控制阀控制分泵上的油压迅速变大或变小，从而实现了防抱死制动功能。

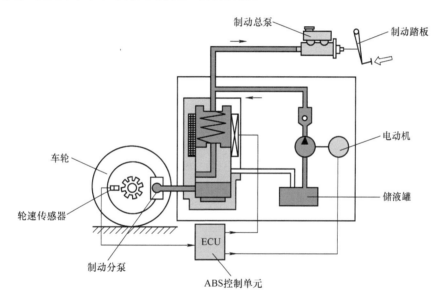

图 7-6 ABS 工作原理

在制动过程中，ABS 根据每个车轮速度传感器传来的速度信号，可迅速判断出车轮的抱死状态，关闭开始抱死车轮上面的常开输入电磁阀，让制动力不变，如果车轮继续抱死，则打开常闭输出电磁阀，这个车轮上的制动压力由于出现直通制动液储液罐的管路而迅速下移，防止了因制动力过大而将车轮完全抱死。ABS 通过使趋于抱死车轮的制动压力循环往复地经历保持—减小—增大过程，而将趋于抱死车轮的滑动率控制在峰值附着系数滑动率的附近范围内，在该 ABS 中对应于每一个制动轮缸各有一对进液和出液电磁阀，可由电子控制装置分别进行控制，因此，各制动轮缸的制动压力能够被独立地调节，让制动状态始终处于最佳点，从而使四个车轮都不发生制动抱死现象。

（4）电动真空助力系统。电动真空助力系统工作原理如图 7-7 所示，当驾驶人发动汽车时，12V 电源接通，电子控制系统模块开始自检，如果真空罐内的真空度小于设定值，真空压力传感器输出相应电压值至控制器，此时控制器控制电动真空泵（图 7-8）开始工作，当真空度达到设定值后，真空压力传感器输出相应电压值至控制器，此时控制器控制真空泵停止工作，当真空罐内的真空度因制动消耗，真空度小于设定值时，电动真空泵再次开始工作，如此循环。某电动真空泵的性能参数如表 7-1 所示。

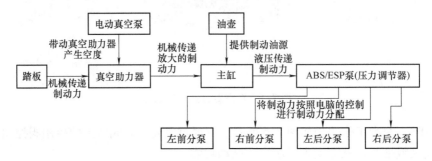

图 7-7 电动真空助力工作原理

图 7-8 电动真空泵

表 7-1 电动真空泵性能参数

序号		技术参数
1	外形尺寸	电动辅助真空泵：214.5mm×95mm×114mm；真空罐：φ120mm×226mm
2	重量	3.5kg
3	工作电流	不大于 15A；最大工作电流：不大于 25A
4	额定电压	12VDC
5	转速	1700r/min
6	最大真空度	大于 85kPa
7	测试容积为 2L	抽至真空度 55kPa，压力形成时间：不大于 4s 抽至真空度 70kPa，压力形成时间：不大于 7s 真空度从 40kPa 抽至 85kPa，压力形成时间：不大于 4s
8	延时模块接通闭合的真空度	55kPa

(续)

序号	技术参数	
9	延时时间	15s
10	使用寿命	30万次
11	工作环境温度范围	-20~100℃
12	启动温度	-30℃
13	噪声	≤75dB
14	真空罐密封性	在66.7kPa±5kPa真空度下，真空压力降$\Delta P \leq 3$kPa

3. 制动系统维护及故障诊断

制动系统的日常保养，主要集中在查看制动总泵储液罐的液面高度是否符合要求，制动踏板的自由行程是否太大，检查电动真空泵的管路是否存在松动，现场检查驻车制动的拉线收紧程度及手柄拉起的齿数等，表7-2、表7-3为某车型的制动系统主要参数与故障查询码的含义，电动真空泵故障诊断及排除方法见表7-4。

表7-2 某车型制动系统主要参数

部件名称	参数	原C30DB	提升后
前制动器	制动器形式	浮动钳通风盘式制动器	浮动钳通风盘式制动器
	制动盘有效半径/mm	104	104
	制动盘磨擦系数	0.38	0.38
	分泵直径/mm	54	54
后制动器	制动器型式	领从蹄鼓式制动器	领从蹄鼓式制动器
	制动鼓内径/mm	203	228.6
	制动效能因数	1.8	2.0
	蹄片包角/(°)	90	110
	蹄片宽度/mm	35	45
	分泵直径/mm	19.05	20.64
真空助力器及总泵	尺寸规格	9in单膜片	9in单膜片
	主缸内径/mm	22.22	22.22
	主缸行程/mm	18+18	18+18
	助力比	5.0	5.0
踏板	杠杆比	3.4	3.4
	行程/mm	120	120
驻车制动	驻车制动拉臂杠杆比	5.6	5.6
	驻车制动手柄杠杆比	7.1	7.1

表 7-3　ABS 故障码

序号	故障码	故障码含义
1	C0031	左前轮速传感器线路故障 – 信号故障
2	C0032	左前轮传感器线路故障
3	C0034	右前轮速传感器线路故障 – 信号故障
4	C0035	右前轮传感器线路故障
5	C0037	左后轮速传感器线路故障 – 信号故障
6	C0038	左后轮速传感器线路故障
7	C003A	右后轮速传感器线路故障 – 信号故障
8	C003B	右后轮速传感器线路故障
9	C0010	左前 ABS 进油口电磁阀或者 1 号电机线路故障
10	C0011	左前 ABS 出油口电磁阀或者 2 号电机线路故障
10	C0014	右前 ABS 进油口电磁阀或者 1 号电机线路故障
11	C0015	右前 ABS 出油口电磁阀或者 2 号电机线路故障
12	C0018	左后 ABS 进油口电磁阀或者 1 号电机线路故障
13	C0019	左后 ABS 出油口电磁阀或者 2 号电机线路故障
14	C001C	右后 ABS 进油口电磁阀或者 1 号电机线路故障
15	C001D	右后 ABS 出油口电磁阀或者 2 号电机线路故障
16	C0020	泵电机控制故障
17	C0121	阀继电器线路故障
18	C0245	轮速传感器频率错误
19	C0800	01 高压故障—过电压；02 低压故障—欠电压
20	C1001	CAN 硬件故障
21	U1000	CAN 总线关闭故障

表 7-4　电动真空泵故障诊断及排除方法

故障现象	检查方法与处理措施	
连接电源后电机不转	检查熔丝是否熔断	
	熔断	未熔断
	1. 线路短路	1. 蓄电池亏电
	2. 控制器损坏	2. 线路断路
	3. 电机烧毁短路	3. 控制器损坏
接通电源后，真空度抽至上限设定值电机不停转	开关触头短路常开 电子延时模块坏，应更换	
压力开关不能正常开启和断开	压力开关触头污损、锈蚀，接触不良。清洁触头或更换压力开关 连接线折断或插头连接处脱焊。应更换连接线 管路密封性不好，检查管路密封性，必要时更换	

(续)

故障现象	检查方法与处理措施
设备的机壳带电	电源线接错,壳体与电源的正级连接。应纠正的错误连接 电源插座的地线未真实与地连接。应把电源插座中的地线连接好
真空泵喷油	部分新装车的真空泵在工作时会出现从排气孔带出润滑油现象。此为真空泵自身缺陷,工作一段时间可消除,正积极协调厂家改进

7.2 电动转向助力系统

1. 转向系统概述

电动助力转向系统(EPS)是由转矩传感器、电子控制单元(ECU)和助力电机共同组成,如图7-9所示。电子控制单元根据各传感器输出的信号计算所需的转向助力,并通过功率放大模块控制助力电机的转动,电机的输出经过减速机构减速增矩后驱动齿轮齿条机构产生相应的转向助力。

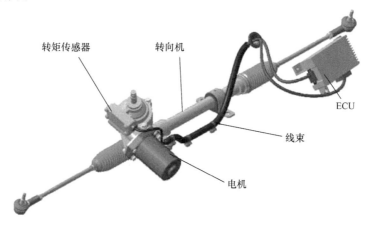

图7-9 电动助力转向系统组成

目前电动助力转向系统按助力作用位置分为管柱助力式(C-EPS)、齿轮助力式(P-EPS)和齿条助力式(R-EPS),如图7-10所示。

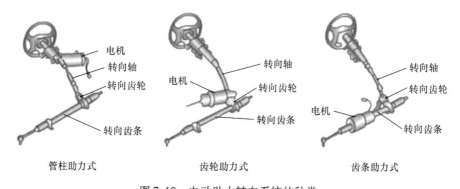

图7-10 电动助力转向系统的种类

安装在转向器上的电机总成由一个蜗杆、一个蜗轮和一个直流电机组成。当蜗杆与安装在转向器输出轴上的蜗轮啮合时，它降低电机转速并把电机输出力矩传递到输出轴。转矩传感器由二个带孔圆环、线圈、线圈盒及电路板组成，它获得转向盘上操作力大小和方向信号，并把它们转换为电信号，传递到 EPS 控制盒。表 7-5 为某电动助力转向系统参数。

表 7-5　电动助力转向系统参数

参数名称	技术参数
适用的载荷/kg	≤890
齿条行程/mm	±71.5
线传动比/(mm/rev)	44.15
蜗轮蜗杆传动比	1:18
电机额定电流/A	52
电机额定扭矩/N·m	2.36
电机额定电压/V	DC12
工作环境温度/℃	-30~100
储存环境温度/℃	-40~120
控制器额定电压/V	DC12
控制器工作电压范围/V	9~16
控制器工作电流/A	0~90
传感器额定电压/V	DC5
传感器类型	非接触式
助力电机功率/W	360

2. 转向系统控制策略

EPS 控制系统如图 7-11 所示，当整车处于停车下电状态，EPS 不工作（EPS 不进行自检、不与 VCU 通讯、EPS 驱动电机不工作）；当钥匙开关处于 ON 档，ON 档继电器吸合后 EPS 开始工作。EPS 正常工作时，EPS 根据接收来自 VCU 的车速信号、唤醒信号及来自转矩传感器的转矩信号和 EPS 助力电机的位置、转速、转子位置、电流、电压信号等进行综合判断，以控制 EPS 助力电机的转矩、转速和方向。转向控制器在上电 200ms 内完成自检，上电 200ms 后可以与 CAN 线交互信息，上电 300ms 后输出 470 帧（转向故障和转向状态上报帧），上电 1200ms 后输出 471 帧（版本信息帧）。当 EPS 检测到故障时，通过 CAN 总线向 VCU 发送故障信息，并采取相应的处理措施。

3. EPS 常见故障诊断与检修

EPS 系统常见故障见表 7-6，出现故障时诊断流程如图 7-12 所示。

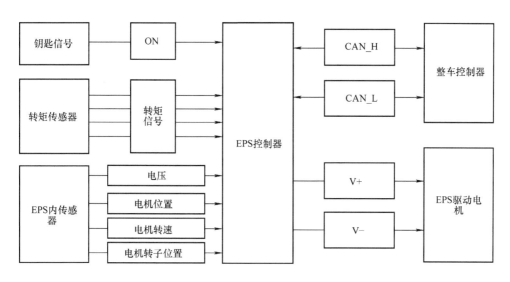

图 7-11 EPS 控制系统图

表 7-6　EPS 系统常见故障

故障现象	可能的原因	修理方法
	接插件未插好	插好插头
	线束接触不良或破损	更换线束
	转向盘安装不正确（扭曲）	正确安装转向盘
转向沉重	转矩传感器性能不良	更换转向器
	转向器故障	更换转向器
	车速传感器性能不良	更换车速传感器
	主熔丝和线路熔丝烧坏	更换熔丝
	EPS 控制器故障	更换控制器
在直行时车总是偏向一侧	转矩传感器性能不良	更换转向器
转向力不平顺	转矩传感器性能不良	更换转向器

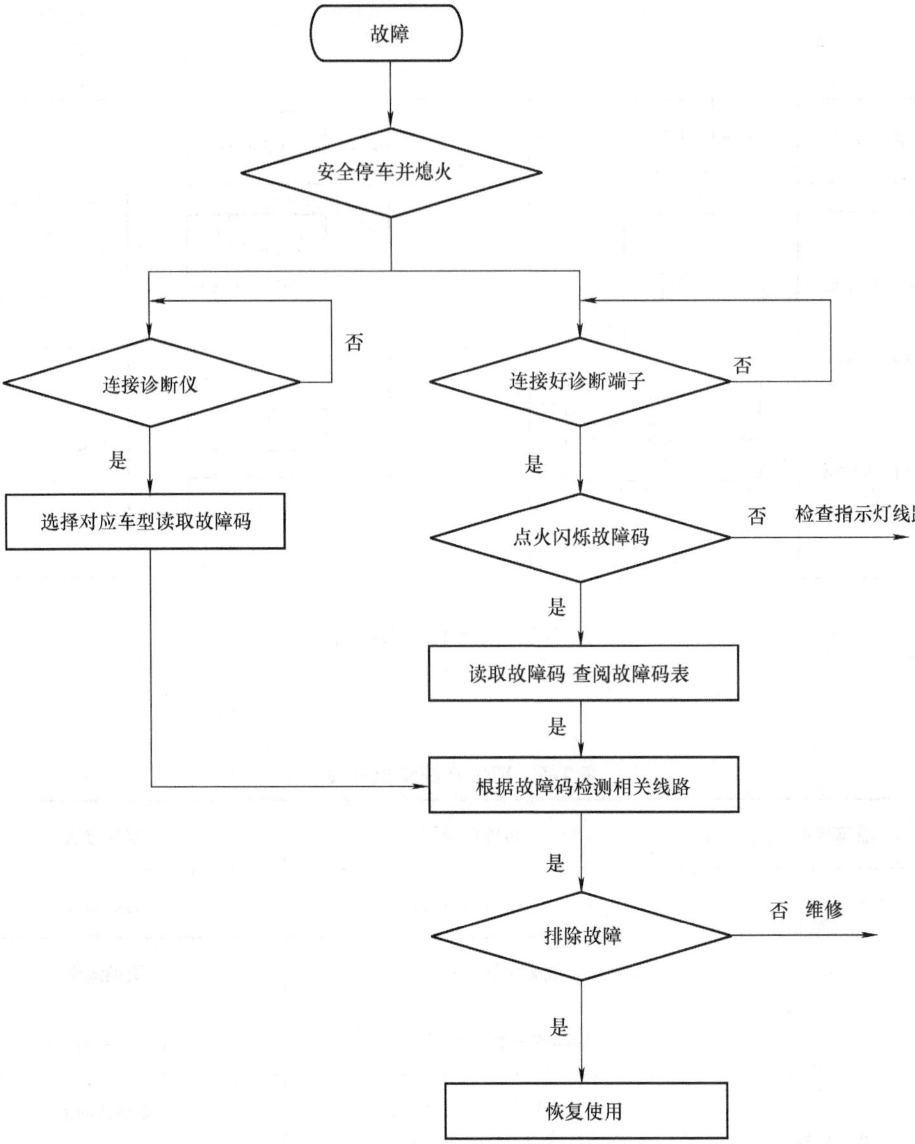

```
        ┌──────────┐
        │   故障   │
        └────┬─────┘
             ▼
      ┌─────────────┐
      │ 安全停车并熄火 │
      └──────┬──────┘
```

图 7-12　EPS 故障诊断流程

7.3　旋钮式电子换档

电动汽车变速杆从手动变速杆发展到手自一体变速杆、电子式变速杆再到旋钮式电子变速杆（图 7-13）。在起动车辆后，可以采用旋转方式在 R 位（倒档）、N 位（空档）、D 位（前进档）、E 档位之间切换。变速器的 R－N－D－E 动作，由旋钮轨道来实现，同时仪表面板上显示相对应的档位字母。

图 7-13　旋钮式电子变速杆

7.4 空调与暖风系统

电动汽车的空调与暖风系统（图7-14）与传统汽车在系统构成上存在着差别，不同类型的电动汽车又有不同的特点。纯电动汽车没有发动机作为空调压缩机的动力源，也没有发动机余热可以利用以达到取暖、除霜的效果。燃料电池电动汽车也没有发动机作为空调压缩机的动力源，但是燃料电池发动机可以产生比较稳定的余热。根据电动汽车的特点，对于电动汽车来说目前可以选择的制冷空气调节方式主要有热电式制冷、电动压缩机制冷、余热制冷。其中余热制冷可以考虑在燃料电池电动汽车上采用。

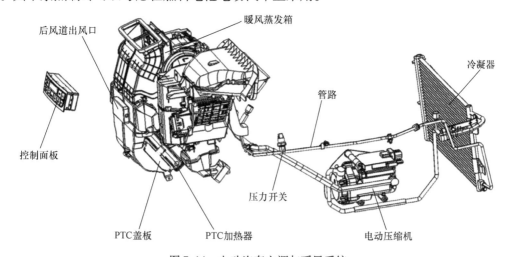

图7-14 电动汽车空调与暖风系统

由于受到电动汽车独特性影响，国内汽车厂家就从传统燃油汽车空调的基础上进行部分替换设计，电动压缩机制冷空调系统相对于传统汽车空调系统的改变量很小，在结构上只是压缩机驱动动力源由发动机变为驱动电机。将燃油发动机带动的压缩机替换成直流电机直接驱动的压缩机，控制上相应改变，来完成空调制冷的功能。由于没有燃油发动机产生的余热与制热功能，国内厂家目前主要采用PTC加热和电热管加热，这些加热模式虽能满足制热效果，但都是硬消耗电动汽车上的电池电能，制热效率相对较低，影响电动汽车的续驶里程。

在空调的主要零部件选用上，目前国内的电动汽车除了压缩机和控制模式，其他主要零部件还是沿用燃油汽车空调的零部件，冷凝设备主要用的是平行流冷凝器，蒸发设备主要用的是层叠式蒸发器，节流装置仍然是热力膨胀阀，制冷剂仍然是R134a。

1. 电动汽车制冷系统

电动汽车空调的制冷系统与传统汽车基本相同，主要由一体化压缩机、冷凝器、膨胀阀、蒸发器和储液干燥器等五大部件组成，另外还增加了电气系统的空调驱动器。

现代电动汽车已不再安装发动机，或主要不以发动机作为动力源，显然空调制冷所使用的压缩机大多已不能以发动机来驱动，而改由电动机来驱动。这种驱动方式取消了传统的外驱式带轮，电动机一般与压缩机组装为一体，形成全封闭的结构。这种结构形式灵活方便，可装置在发动机室的任何位置,而且电动机与压缩机可采取同轴驱动(图7-15),不会出现传统驱动方式的传动带打滑、压缩机转速与发动机转速不同步的现象。由于电动机同轴驱动压缩机,可通过调节电动机转速改变压缩机转速,实现空调压缩机排量及制冷量的灵活控制。封闭式的驱动结构,只有电源线及进出气管与外部联系,泵气装置运行的可靠性较高,故障率较低。

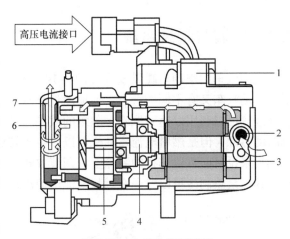

图7-15 电动空调压缩机
1—DC/AC变换器 2—制冷剂进气口
3—三相电机 4—永磁转子电机轴
5—涡旋式压缩机 6—油水分离器 7—高压制冷剂出口

使用泵气效率较高的涡旋式压缩机是电动汽车空调的一个共同特点,与其他诸多类型的空调压缩机如斜盘式、曲柄连杆式、叶片式等压缩机相比,涡旋式压缩机具有振动小、噪声低、使用寿命长、重量轻、转速高、效率高、外形尺寸小等多个优点,更符合电动汽车的空调使用要求。涡旋式压缩机的结构分解如图7-16所示。

图7-16 涡旋压缩机结构分解

涡旋式压缩机的各个工作原理如图7-17所示。当动盘位置处于0°,涡线体的啮合线在左右两侧,由啮合线组成封闭空间,此时完成了吸气过程;当动盘顺时针方向公转90°时,密封啮合线也移动90°,处于上、下位置,封闭空间的气体被压缩。与此同时,涡线体的外侧进行吸气过程,内侧进行排气过程;动盘公转180°时,涡线体的外、中、内侧分别继续进行吸气、压缩和排气过程;动盘继续公转至270°时,内侧排气过程结束,中间部分的气体压缩过程也结束,外侧吸气过程仍在继续进行;当动盘又转至图7-17a所示位置时,外侧吸气过程结束,内侧排气过程仍在进行,如此反复循环。可见,涡旋式制冷压缩机的工作过程仅有进气、压缩、排气三个过程，而且是在主轴旋转一周内同时进行的，外侧空间与吸气口相通，始终处于吸气过程；内侧空间与排气口相通，始终处于排气过程。而上述两个空间之间的月牙形封闭空间内，则一直处于压缩过程，因而可以认为涡旋式压缩机的吸气和排气过程都是连续的。

2. 制热系统

制热系统是将车外新鲜空气引入到热交换器，吸收其中某种热源的热量，从而提高空气的温度，并将热空气送入车内，达到人体保暖和车窗玻璃除霜的目的。新能源汽车按热源形式的不同大致分为热水式暖气装置，燃烧式暖气装置，综合预热式暖气装置和 PTC 加热式暖气装置，几种加热方式的优劣见表 7-7，目前新能源车型使用更多的是 PTC 加热式（图 7-18）。

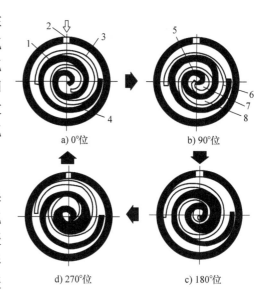

图 7-17 涡旋式压缩机工作原理示意图

1—压缩室 2—进气口 3—动盘 4—静盘 5—排气口
6—吸气口 7—排气室 8—压缩室

表 7-7 不同加热方式的优劣比较

产热方式	优势	不足
散热部件余温	无能源损失，不影响动力电池	需散热部件工作后才能产生热量，电动汽车散热部件温度将对较低，不能满足制暖需求
燃油加热器	不影响动力电池	由于消耗燃料，加热时间受限制，有燃烧废气排放。明火燃烧，安全防护措施需到位
PTC 电加热（包括 PTC 加热水）	发热速度快，温度高（可控）	耗电功率大，需 2kW 以上，对车辆续航能力有较大影响。PTC 本体由于温度相对较高，需周边结构件配合为其提供空间，防止塑料件受热变形，同时 HVAC 内海绵及润滑脂易因高温产生异味

PTC 是一种直热式电阻材料，通电时将会产生热量，可供空调制热。例如有的电动汽车空调内部有八条 PTC 发热元件，由空调驱动器将动力电池高压电源向每条元件供电，功率可达 300~600W，用于对冷却液的加热。为提高制热器的效率，现在的制热多采取水为介质，将水加热后送到空调风道的散热器，再经风机吹向车厢内或风窗玻璃，用以提高车厢内温度和除去风窗玻璃的

图 7-18 PTC 加热器

霜雾。

　　PTC热敏电阻通常是用半导体材料制成的，它的电阻随湿度变化而急剧变化，当外界温度降低，PTC电阻值随之减小，发热量反而会相应增加。按材质可以分为陶瓷PTC热敏电阻和有机高分子PTC热敏电阻。用于空调辅助电加热器的是陶瓷PTC热敏电阻。PTC热敏电阻元件因具有随环境温度高低的变化，其电阻值随之增加或减小的变化特性，所以PTC加热器具有节能、恒温、安全和使用寿命长等特点。

　　图7-19中PTC加热器有两组电热阻丝并联组成，单独控制。温度传感器用来检测加热器本体的温度，进行控制加热器导通和切断，其控制电路如图7-20所示，控制模块如图7-21所示。

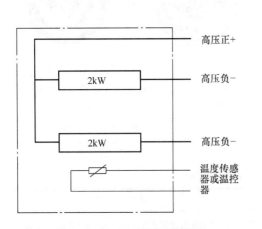

图7-19　PTC加热器结构简图

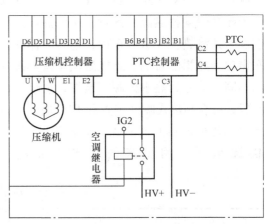

图7-20　PTC控制电路

图7-21　PTC控制模块

3. 空调的使用维护与维修注意事项

　　空调系统的维护包括：使用绝缘仪或万用表测量部件绝缘电阻阻值；测量进出风口温度、湿度；测量并判断制冷与制热能力；定期更换空调滤芯等。在空调系统维护与维护过程中注意事项见表7-8。

表7-8 空调维护与维修操作注意事项

序号	注意事项
1	压缩机绝缘电阻值为20MΩ
2	高压部件安全操作
3	拆解后及时密封各管路开口，防止水或湿空气进入系统
4	冷冻油（压缩机润滑油）为POE68，与传统车（PAG冷冻油）不同，勿混用
5	连接安装各管路接口时注意管口清洁，O形圈涂抹冷冻油
6	制冷剂加注量按要求
7	操作时注意佩带个人安全防护用具，如护目镜、丁腈手套等
8	制冷剂喷出时注意个人防护，避免接触冻伤、吸入及误入眼睛

4. 空调系统常见故障与排除

（1）制冷系统常见故障。空调制冷系统压力不正常，导致不致冷或致冷效果不佳的的诊断与排除见表7-9。

表7-9 制冷系统常见故障与排除

高压	低压	问题可能原因	可能故障点
高	高	系统整体压力高	① 制冷剂加注量过多 ② 系统内含空气（抽真空不良） ③ 冷冻油过量 ④ 冷凝器散热不良
高	正常	高压侧故障	① 冷凝器散热不良 ② 冷凝器内部联通（内漏） ③ 冷冻油过量
高	低	高低压分隔点堵塞	① 膨胀阀堵塞 ② 蒸发器内部堵塞 ③ 冰堵 ④ 膨胀阀开度过小 ⑤ 感温包泄漏
正常	高	低压侧故障	① 膨胀阀开度过大 ② 制冷剂加注量偏多
正常	低	高低压分隔点问题	① 膨胀阀开度偏小 ② 制冷剂加注量偏少 ③ 感温包泄漏
低	高	压缩机压缩能力不足	① 压缩机转速不足 ② 压缩机内部联通（内漏）
低	正常	高压侧故障	① 制冷剂加注量偏少 ② 压缩机工作效率低
低	低	系统整体压力低	① 制冷剂加注量过少 ② 冷凝器堵塞 ③ 储液罐堵塞

（2）压缩机常见故障及排除见表7-10。

表7-10 压缩机常见故障及排除

故障名	故障原因	解决措施
空调内部电压故障	内部电路故障，AD采集电压小于1.58V或大于1.71V	更换压缩机
空调内部功率管故障	部分或全部功率管出现短路，功率管故障时，控制器输出电流很大，会使硬件触发过流保护，硬件自动封锁输出	更换压缩机
空调过压故障	当软件检测到电源输入端电压大于420V时，输出该故障信号	可恢复
空调欠压故障	当软件检测到电源输入端电压小于220V时，输出该故障信号	可恢复 更换高压熔断器 插好高压接插件 更换高压线束
空调过流保护	输出电流大于硬件设定值时，硬件封锁输出并拉低相应输出信号	产生过电流后立即停机保护，30s后再次启动，连续5次过电流后，停机保护，重新上电后故障码清除，重新检测

（3）PTC常见故障及排除见表7-11。

表7-11 PTC常见故障及排除

故障	现象	原因及判断	检测及排除措施
PTC不工作	启动功能设置后风仍为凉风	① 冷暖模式设置不正确 ② PTC本体断路 ③ PTC控制回路断路 ④ 内部短路烧毁高压熔丝 ⑤ PTC控制器故障损坏	① 检查冷暖设置是否选择较暖方向 ② 检查PTC本体阻值 ③ 打开高压保险盒观察指示灯情况及高压熔丝 ④ 更换PTC或高压熔丝盒
PTC过热	出风温度异常升高或从空调出风口嗅到塑料焦糊气味	PTC控制模块内部IGBT损坏（短路，不能断开）	断电更换相关部件

7.5 冷却系统

纯电动汽车关键零部件电机、电机控制器及充电机的效率不能达到100%，在能量转化过程中产生大量的热量，这些产生的热量如果不能够及时的散发出去，将导致车辆限转矩运行甚至导致零件的损坏。冷却系统（图7-22）的功用是将电机、电机控制器及充电机产生的热量及时散发出去，保证其在要求的温度范围内稳定高效的工作。冷却系统由两个体系构成：冷却液回路和冷却风流道。冷却液在流经MCU、充电机和电机等热源时，热源通过热传导将热量传递给冷却液，高温冷却液通过电动水泵提供的动力流经散热器时将热量通过热传导传递给散热器芯体，冷却空气通过热对流将热量带走，完成换热过程。膨胀罐在冷却系统中起提高冷却液沸点和提供冷却液加注口两大作用。

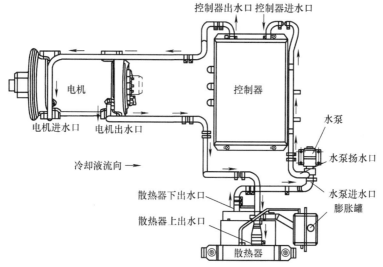

图 7-22 电动汽车冷却系统

1. 汽车冷却系统部件结构与原理

（1）水泵。水泵是冷却液循环的动力元件，对冷却液加压，促使冷却液在冷却系统中循环，带走系统散发的热量。电机的圆周运动，通过机械装置使水泵内部的隔膜做往复式运动，从而压缩、拉伸泵腔（固定容积）内的空气，在单向阀作用下，在排水口处形成正压（实际输出压力大小跟泵排水口受到的助力和泵的特性有关），在抽水口处形成真空，从而与外界大气压间产生压力差。在压力差的作用下，将冷却液压入进水口，再从排水口排出。在电机传递的动能作用下，冷却液持续不断的吸入、排出，形成较稳定的流量。

汽车水泵一般都具备自吸功能，水泵的抽水管内是空气的情况下，利用泵工作时形成的负压（真空），在大气压的作用下将低于抽水口的水压上来，再从水泵的排水端排出。

水泵（图 7-23）采用的是永磁无刷直流电机，整个部件中没有动密封，浮动式转子（图 7-24）与叶轮注塑成一体。严禁水泵在没有冷却液的情况下空载运行，否则将导致转子、定子的磨损，将最终导致水泵的损坏。

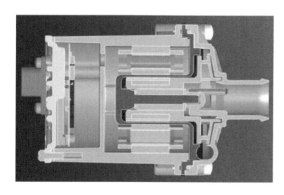

图 7-23 水泵剖面图

图 7-24 转子

(2) 电子风扇。电子风扇作用是提高流经散热器、冷凝器的空气流速和流量,以增强散热器的散热能力,并冷却机舱其他附件。电子风扇分别由整车电源提供输入,根据电机、控制器、空调压力等参数由整车控制单元控制风扇运行。

(3) 膨胀罐。膨胀罐(图7-25)的作用是为冷却系统冷却液的排气、膨胀和收缩提供受压容积,同时也作为冷却液加注口。

(4) 冷却管路总成。冷却管路的内外胶为三元乙丙橡胶,中间层由织物增强,耐温等级是Ⅰ级(125℃),爆破压力达到1.3MPa。冷却管路端口有安装定位标识,装配时注意标识与散热器上的定位标识对齐。

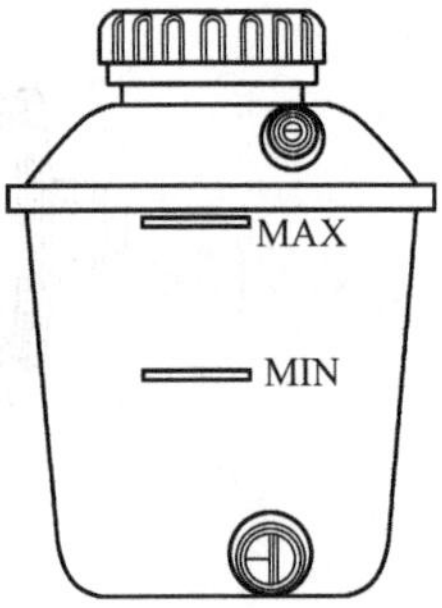

2. 电动汽车冷却系统控制策略简介

冷却系统电动水泵与散热器风扇由整车VCU控制,根据整车热源(电机、电机控制器和充电器)温度进行控制(表7-12)。

图7-25 膨胀罐

表7-12 不同工作模式下的温度控制

工作模式	控制单元	热源	风扇档位	ON	OFF
充电模式	水泵	充电器	——	55℃	45℃
	风扇	充电器	低速	65℃	60℃
			高速	75℃	70℃
工作模式	水泵	电机控制器	——	-30℃	-35℃
		电机	——	-30℃	-35℃
	风扇	电机控制器	低速	45℃	43℃
			高速	50℃	48℃
		电机	低速	75℃	73℃
			高速	80℃	78℃

某车型空调为"三段式"压力控制,散热器风扇根据AC压力确定运行状态(图7-26)。

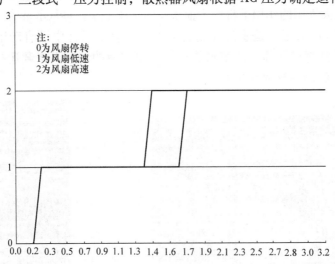

图7-26 风扇转速与AC压力的运行状况

由于散热器风扇同时给冷凝器、散热器提供强制冷却风,散热器风扇运行策略受空调压力与整车热源温度双向控制,两者择高不择低。

3. 冷却液加注及保养

冷却液保养建议依据整车保养里程保养,建议完全更换频次为每两年完全更换一次。保养检查冷却液液位时需确保整车处于冷车状态,液位应位于"MIN"与"MAX"之间,如低于"MIN",需添加冷却液至"MIN"与"MAX"之间。

冷却液加注流程如图 7-27 所示,手工加注时由于存在驱动电机和控制器中冷却液无法彻底排除的问题,因此实际冷却液的加注量可能低于标准值。

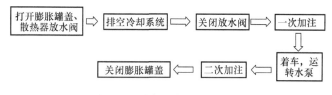

图 7-27 冷却液加注工作流程

4. 冷却系统常见故障及维修

电动汽车冷却系统出现故障后会导致电机或控制器过热的现象,冷却系统常见的故障及维修见表 7-13。

表 7-13 冷却系统常见故障及维修

故障部位	故障原因	解决方案
冷却液缺少	冷却液缺少,未按保养手册添加冷却液	溢水罐处添加冷却液
冷却液泄漏	环箍破坏,水管接口处冷却液泄漏	更换全新环箍,留存故障件
	水管破损,水管本身冷却液泄漏	更换全新水管,留存故障件
	散热器芯体破环,芯体处渗漏冷却液	更换散热器芯体,留存故障件
	散热器水室开裂,水室外侧泄漏冷却液	更换散热器芯体,留存故障件
	散热器水室与芯体压装不良,接缝处渗漏	更换散热器芯体,留存故障件
	散热器放水堵塞丢失,放水孔处渗漏	更换散热器放水堵塞
电动水泵	冷却液杂质,导致电动水泵堵转	更换系统冷却液
	电动水泵破损,泵盖/密封圈/泵轮破环	更换电动水泵,留存故障件
	整车线束故障,虚接/短路/断路等故障	查找线束故障,依据线束维修手册处理
	更换电动水泵,留存故障件	控制器熔丝/继电器熔断/插接件脚退针
散热器风扇	风扇控制器/继电器/插接件针脚退针	更换散热器风扇,留存故障件
	整车线束故障,虚接/短路/断路等故障	查找线束故障,依据线束维修手册处理
	扇叶破损/断裂,扇叶不工作	更换扇叶,留存故障件
	电机/控制器温度传感器故障,风扇不工作	查找电机/控制器故障,依据维修手册处理
散热器	芯体老化,芯管堵塞	更换散热器
	散热带倒伏,影响进风量	更换散热器
	水室堵塞,影响冷却液循环	更换散热器
前杠中网或下格栅	进风口堵塞	查找进风口故障,依据相应维修手册处理

实训项目　辅助系统

实训 13　电动真空泵不工作故障诊断

1. 实操目标

（1）能够正确阅读电路图并制定故障诊断流程。
（2）能够使用诊断仪读取制动系统数据流及故障码。
（3）能够测量电动真空泵电路性能。
（4）能够排除电动真空泵不工作的故障。

2. 操作时间

60min

3. 实操所需材料与工具

VCI电动车专用诊断仪、数字万用表（电动汽车专用）、安全绝缘用具、培训用车（北汽新能源EV160或EV200纯电动车）、专用端子引线。

4. 注意事项

请务必按照老师的指导，合理使用安全绝缘用具，并严格按老师示范动作操作，做到安全、正确，并防止造成实操总成及车辆的损坏。

5. 实操步骤

（1）查阅维修资料，分析电路（图7-28）。
（2）读诊断仪中制动系统故障码、数据流。
（3）检查熔断器SB06供电情况。
（4）检查熔断器SB06是否损坏。
（5）断开VCU插接器及真空泵插接器。
（6）检查SB06 - VCU及VCU - 真空泵线束及插接器。
（7）检查真空泵插接器搭铁线对车身电阻。
（8）检查真空泵电阻。

实训 14　PTC功能故障诊断

1. 实操目标

（1）学员正确的拆卸与安装高压线束。
（2）掌握PTC电路工作原理。
（3）掌握高压保险的测量方法。

2. 操作时间

60min

第 7 章 辅助系统

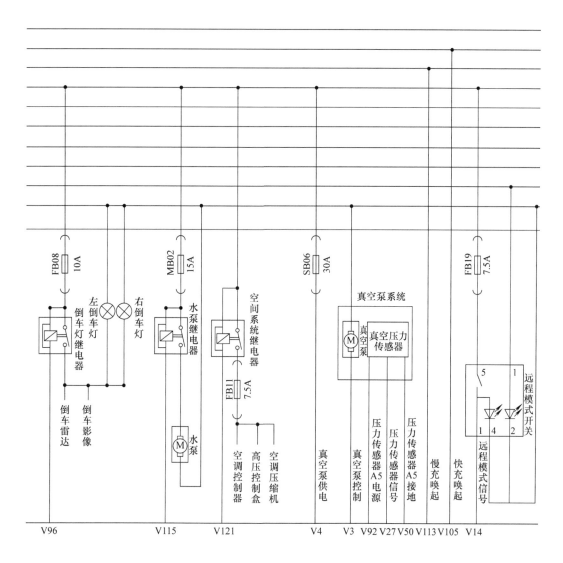

图 7-28 北汽新能源 EV160 电路原理图

3. 实操所需材料与工具

VCI 电动车专用诊断仪、数字万用表（电动汽车专用）、安全绝缘用具、培训用车（EV160 或 EV200 纯电动车）

4. 注意事项

请务必按照老师的指导，合理使用安全绝缘用具，并严格按老师示范动作操作，做到安全、正确，并防止造成实操总成及车辆的损坏。

5. 实操步骤：

（1）打开空调制冷功能，判断空调继电器及熔断器是否正常。

(2) 检查继电器座 86 及 30 孔供电。
(3) 检查空调继电器性能。
(4) 检查熔断器 FB11、FB12 供电及自身电阻。
(5) 检查 PDU 插接器 T35a/28 到空调继电器座的 87 孔电阻。
(6) 检查 PTC 温度传感器电阻,测量 PDU 插接器 T35a/18 和 T35a/19 阻值。
(7) 检查 PDU 内 PTC 高压熔断器 HU04,测 HT5/C 和 HT2a/2 阻值。

本 章 小 结

1. 当驾驶人发动汽车时,12V 电源接通,电子控制系统模块开始自检,如果真空罐内的真空度小于设定值,真空压力传感器输出相应电压值至控制器,此时控制器控制电动真空泵开始工作,当真空度达到设定值后,真空压力传感器输出相应电压值至控制器,此时控制器控制真空泵停止工作,当真空罐内的真空度因制动消耗,真空度小于设定值时,电动真空泵再次开始工作,如此循环。

2. 电动助力转向系统(EPS)是由转矩传感器、电子控制单元(ECU)和助力电机共同组成。电子控制单元根据各传感器输出的信号计算所需的转向助力,并通过功率放大模块控制助力电机的转动,电机的输出经过减速机构减速增矩后驱动齿轮齿条机构产生相应的转向助力。目前电动助力转向系统按助力作用位置分为管柱助力式(C-EPS)、齿轮助力式(P-EPS)和齿条助力式(R-EPS)

3. 电动压缩机制冷空调系统相对于传统汽车空调系统的改变量很小,在结构上只是压缩机驱动动力源由发动机变为驱动电动机。将燃油发动机带动的压缩机替换成直流电机直接驱动的压缩机,控制上相应改变,来完成空调制冷的功能。由于没有燃油发动机产生的余热与制热功能,国内厂家目前主要采用 PTC 加热和电热管加热,这些加热模式虽能满足制热效果,但制热效率相对较低,影响电动汽车的续行里程。

4. 冷却系统的功用是将电机、电机控制器及充电机产生的热量及时散发出去,保证其在要求的温度范围内稳定高效的工作。冷却系统由两个体系构成:冷却液回路和冷却风流道。冷却液在流经 MCU、充电机和电机等热源时,热源通过热传导将热量传递给冷却液,高温冷却液通过电动水泵提供的动力流经散热器时将热量通过热传导传递给散热器芯体,冷却空气通过热对流将热量带走,完成换热过程。膨胀罐在冷却系统中起提高冷却液沸点和提供冷却液加注口两大作用。

第 8 章

电动汽车整车控制系统

整车控制系统对汽车动力链的各个环节进行管理、协调和监控,以提高整车能量利用效率,确保安全性和可靠性。各子系统几乎都通过自己的控制单元(ECU)来完成各自功能和目标。

8.1 整车控制系统概述

1. 整车控制原理

电动汽车整车控制系统是由多个子系统构成的一个复杂系统,主要包括电池、电机等动力系统以及其他附件。整车控制系统的工作原理(图 8-1)是在车辆运行时通过传感器以及其他车载控制器将整车运行的信息与实时状态反馈给整车控制器,同时整车控制器根据驾驶人操作意图与整车控制策略进行运算,并将控制指令通过 CAN 总线以及各个硬件接口传输传递给其他车载控制器与执行器。整车控制器主要负责控制动力总成唤醒、电源加载、停机、驱动、能量回收、安全控制、故障检索诊断与失效控制等主要功能,主要功能见表 8-1。

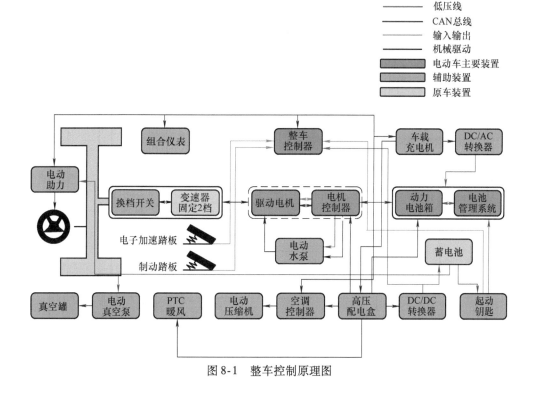

图 8-1 整车控制原理图

表 8-1 整车控制器功能

序号	功能
1	驾驶人意图分析
2	驱动控制
3	制动能量回馈控制
4	整车能量优化管理
5	充电过程管理
6	高低压上下电控制：上下电顺序控制、慢充电时序、快充电时序
7	电动化辅助系统管理
8	车辆状态的实时检测和显示
9	故障诊断与管理
10	远程控制
11	整车 CAN 总线网关及网络化管理
12	基于 CCP 的在线匹配标定
13	DC/DC 控制、EPS 控制
14	档位控制功能
15	防溜车控制
16	远程监控

2. 整车控制器软件架构图

整车控制器必须适应不同的要求，因此需要整车控制器软件平台架构，并依靠软件实现模块数据共享，软件通常采用分层模块化结构（图 8-2）。服务层是基础软件中最高的层，

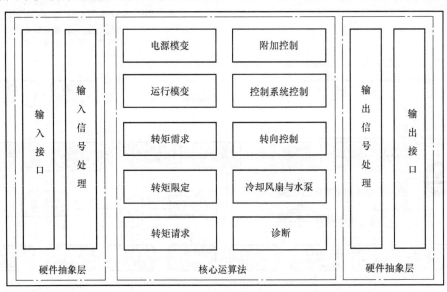

图 8-2 整车控制器软件架构图

为应用和基础软件模块提供基本服务,服务层的实现部分与微控制器、ECU 硬件和具体应用无关,服务层在很大程度上独立于硬件系统。它包括实时任务调度系统、函数库、存储服务和通信服务等。应用层是整个软件中的最高层,针对电动汽车的专门应用程序,应用层完全独立于微处理器和 ECU 系统。只需要配置不同的能量管理算法就能适用不同的车型。应用层主要包括:能量管理、维护管理、故障诊断、车辆驱动、通信管理和驾驶人意图解释等。

软件模块主要有系统初始化模块、A/D 采集模块、I/O 接口模块、CAN 通信模块、电机控制模块、电池控制模块、看门狗模块、加速踏板模块、组合仪表模块、IO 处理模块。

整车控制器的软件包括微处理器抽象层(I/O 驱动、通信驱动、存储驱动和单片机驱动)、ECU 抽象层(I/O 硬件抽象、通信硬件抽象、存储硬件抽象和 ECU 板上设备的驱动)、服务层(实时任务调度系统、函数库、存储服务和通信服务)、复杂驱动函数库和应用层组成。

微处理器抽象层是基础软件中最低的层,它包含各种驱动,是一个个软件模块,用于直接访问微控制器内的外设和外围接口。微控制器抽象层提供统一的接口,使上层软件独立于微控制器。它包括 I/O 驱动、通信驱动、存储驱动和单片机驱动。

ECU 抽象层连接微处理器抽象层的软件,它包含外部设备的驱动,为 ECU 提供外围设备的驱动程序,ECU 抽象层的实现与 ECU 硬件相关,与微控制器无关。ECU 抽象层不对硬件直接操作,都是通过微控制器抽象层的接口实现。它包括:I/O 硬件抽象、通信硬件抽象、存储硬件抽象和 ECU 板上设备的驱动。

复杂驱动库是一整个模块,不进行层次划分。它为处理复杂传感器和执行器实现特殊的功能和定时需求。它包含处理复杂的传感器和执行器的驱动模块,实现上与微控制器、ECU 和具体应用密切相关。

8.2 整车控制功能介绍

整车控制器如图 8-3 所示,主要功能如下。

1. 驾驶人意图解释

主要是对驾驶人操作信息及控制命令进行分析处理,也就是将驾驶人的加速踏板信号和制动踏板信号根据某种规则,转化成电机的需求转矩命令(图 8-3)。因而驱动电机对驾驶人操作的响应性能完全取决于整车控制的加速踏板信号解释结果,直接影响驾驶人的控制效果和操作感觉。

2. 驱动控制

根据驾驶人对车辆的操纵输入(加速踏板、制动踏板以及选档开关)、车辆状态、道路及环境状况,经分析和处理,向整车管理系统发出相应的指令,控制电机的驱动转矩来驱动车辆,以满足驾驶人对车辆驱动的动力性要求;同时根据车辆状态,向整车管理系统发出相应指令,保证安全性、舒适性。

图 8-3 整车控制器

3. 制动能量回馈控制

整车控制器根据加速踏板和制动踏板的开度、车辆行驶状态信息以及动力电池的状态信息（如 SOC 值）来判断某一时刻能否进行制动能量回馈，在满足安全性能、制动性能以及驾驶人舒适性的前提下，回收部分能量，包括滑行和制动过程中的电机制动转矩控制。

电机具有回馈制动的性能，此时电机作为发电机，利用电动汽车的制动能量发电，同时将此能量存储在储能装置中，当满足充电条件时，将能量反充给动力电池组。在这一过程中，整车控制器根据加速踏板和制动踏板的开度以及动力电池的 SOC 值来判断某一时刻能否进行制动能量回馈，如果可以进行，整车控制器向电机控制器发出制动指令，回收部分能量。

（1）制动能量回收阶段。根据加速踏板和制动踏板信号，制动能量回收分为两个阶段（图 8-4）：阶段一是在车辆行驶过程中驾驶人松开加速踏板但没有踩下制动踏板开始（滑行），阶段二是在驾驶人踩下了制动踏板后开始（制动）。

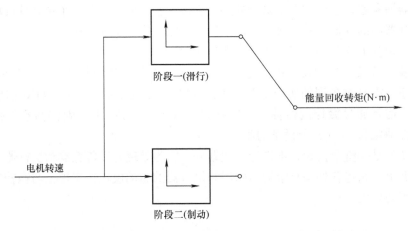

图 8-4 制动能量回收两个阶段

（2）制动能量回馈的原则。在进行制动能量回馈时应遵循以下原则：

1）能量回收制动不应该干预 ABS 的工作。
2）当 ABS 进行制动力调节时，制动能量回收不应该工作。
3）当 ABS 报警时，制动能量回收不应该工作。
4）当电驱动系统有故障时，制动能量回收不应该工作。

4. 整车能量优化管理

通过对电动汽车的电机驱动系统、电池管理系统、传动系统以及其他车载能源动力系统（如空调、电动泵等）的协调和管理（图 8-5），提高整车能量利用效率，延长续驶里程。

在纯电动汽车中，电池除了给电机供电以外，还要给电动附件供电，因此，为了获得最大的续驶里程，整车控制器将负责整车的能量管理，以提高能量的利用率。在电池的 SOC 值比较低的时候，整车控制器将对某些电动附件发出指令，限制电动附件的输出功率，来增加续驶里程。

5. 充电过程控制

充电过程控制是与电池管理系统共同进行充电过程中的充电功率控制，整车控制器接收

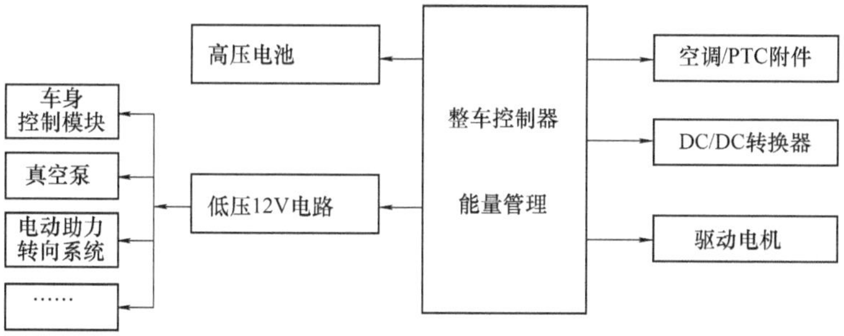

图 8-5 整车能量优化管理

到充电信号后,应该禁止高压系统上电,保证车辆在充电状态下处于行驶锁止状态,并根据电池状态信息限制充电功率,保护电池。

(1) 充电阶段。在充电阶段,车辆向充电桩实时发送电池充电需求的参数,充电桩会根据该参数实时调整充电电压和电流,并相互发送各自的状态信息(充电桩输出电压电流、车辆电池电压电流、SOC 等)。

(2) 充电结束阶段。车辆会根据 BMS 是否达到充满状态或是受到充电桩发来的"充电桩中止充电报文"来判断是否结束充电。满足以上充电结束条件,车辆会发送"车辆中止充电报文",在确认充电电流小于 5A 后断开。充电桩在达到操作人员设定的充电结束条件,或者收到汽车发来的"车辆中止充电报文"后,会发送"充电桩中止充电报文",并控制充电桩停止充电。

6. 高压上下电控制

(1) 高压上电、下电控制概述。纯电动汽车上电、下电控制的核心就是对动力系统高压电路通断的控制。对于上电、下电控制策略实现了以整车管理系统为控制核心的 EV 顺利上电、常规下电、紧急下电等关键功能。

纯电动汽车上下电控制目的在于:在已有整车动力系统结构的前提下,通过采集钥匙及踏板等驾驶人动作信号,并通过 CAN 总线、BMS(电池管理系统)及 MCU(电机控制器)等子系统进行通信,来控制整车安全高压上电、下电,同时在上、下电过程中,力求准确诊断出整车动力系统的高压故障并迅速做出相应处理。

根据驾驶人对行车钥匙开关的控制,进行动力电池的高压接触器开关控制,以完成高压设备的电源通断和预充电控制。上下电流程处理:协调各相关部件的上电与下电流程,包括电机控制器、电池管理系统等部件的供电,预充电继电器、主继电器的吸合和断开时间等。

(2) 上电过程控制。对于电动汽车高压系统的整个动力电路,存在着大量的容性负载。如果在高压电路接通过程中不采取有效的防范措施,高压电路在上电瞬间,由于系统电路容性负载的存在,将会对整个高压系统电路造成上电冲击。为此,在上电过程中需要对高压电路进行防电流瞬态冲击预充电。电动汽车在接到有效起动的命令组合信号之后,整车管理系统(VMS)低压上电,对高压电路系统进行高压上电前预诊断,如果 SOC 达到一定值,电压正常,并且电路无绝缘和短路等故障,接通防电流瞬态冲击预充电系统进行高压电路预充电。如果高压电路预充电在约定的正常时间范围内完成,则系统允许接通高压电路,否则禁止高压电路接通。

（3）下电过程控制。下电过程是指动力系统高压下电过程，在车辆遇到紧急情况时切断高压电源与动力系统的连接，保证乘员安全。高压下电包括正常停车断电和紧急故障断电。

正常停车断电时，整车管理系统接收到关机断电信号后电动汽车进入自动断电程序，按照时序完成动力系统的高压下电过程，并对下电过程进行诊断和检测。下电时启动计时器，表明下电时的持续时间。具体下电时序如下：

1）VMS 发送电机停止工作的指令，当电机反馈已经停止工作，或电机通信故障，或定时器时间超过等待电机停止工作时间时，VMS 控制 DC/DC 变换器停止工作。

2）延时等待继电器关闭时间 T 后，VMS 控制动力电池接触器断开。

3）动力电池主接触器处于断开状态的条件下，在该步骤不进行紧急故障条件的检测。如果此时钥匙转动到 ON 位，或者计时器时间超过延时等待继电器关闭时间，下电模式将切换到上电模式。

在正式断开高压接触器之前需对动力电池箱温度进行检测，在温度许可范围之内自动执行断电程序并进行一定时间延时，以保证 VMS 本身电源供电。检测温度超出范围许可，则控制风扇强制对电池箱进行降温，直到温度许可时进行高压下电。紧急故障下电可能发生在任何工况中，比如在车辆起动、运行、下电不同状态时，检测到紧急故障，如整车绝缘值过低、线路烧结等，则自动切断高压接触器，进行高压下电。如果高压下电时间过长，则强行切换到低压上电模式。当检测到紧急故障，且电机没有放电时，由下电模式进入紧急故障模式。在高压下电过程中利用自保信号保证低压有电。

7. 电动化辅助系统管理

电动化辅助系统包括电动空调、电制动、电动助力转向。整车控制器应该根据动力电池以及低压电池状态，对 DC/DC 变换器、电动化辅助系统进行监控。

电动车辆在正常使用中，电动空调、电制动、电动助力转向等辅助功能是能源消耗的主要原因之一，并且随着环境温度、不同路况等因素的变化而变化，在辅助系统的工作中会引起不合理的应用与能量浪费，所以有效对车辆的辅助系统进行管控可以节省部分能源。

8. 车辆状态的实时监测和显示

整车控制器应该对车辆的状态进行实时检测，并且将各个子系统的信息发送给车载信息显示系统，其过程是通过传感器和 CAN 总线，检测车辆状态、动力系统及相关电器附件各子系统状态信息，驱动显示仪表，将状态信息和故障诊断信息通过数字仪表显示出来。

9. 故障诊断与处理

连续监视整车电控系统，进行故障诊断，并及时进行相应安全保护处理。根据传感器的输入及其他通过 CAN 总线通信到的电机、电池、充电机等信息，对各种故障进行判断、等级分类、报警显示、存储故障码，供维修时查看。故障指示灯指示出故障类型和部分故障码。在行车过程中，根据故障内容作故障诊断与处理。

10. 远程控制

（1）远程查询功能。用户可以通过手机 APP 实时查询车辆状态，实时了解车辆的状况包括：剩余 SOC 值、续驶里程等。

（2）远程空调控制。无论是在炎热的夏季还是在寒冷的冬季，用户在出门前就可以通过手机指令实现远程的空调制冷、空调暖风和除霜功能。

(3) 远程充电控制。用户离开车辆时将充电枪插入充电桩,并不进行立即充电,可以利用电价波谷并在家里实时查询 SOC 值,需要充电时通过手机 APP 发送远程充电指令,进行充电操作。

11. 整车 CAN 总线网关及网络化管理

(1) 整车 CAN 总线。电动汽车 CAN 总线系统由整车控制器、电池管理系统、电机控制系统、制动控制系统、仪表控制系统组成。各个控制器之间通过 CAN 总线进行通信,以实现传感器测量数据的共享、控制指令的发送和接收等,并使各自的控制性能都有所提高,从而提高系统的控制性能。它们之间的通信与信息类型为信息类和命令类。信息类主要是发送一些信息,如传感器信号、诊断信息、系统的状态。命令类则主要是发送给其他执行器的命令。

CAN 总线作为一种有效支持分布式控制或实时控制的串行通信网络完全能够满足这些要求,其模型结构只有三层,即物理层、数据链路层和应用层。传输介质为双绞线,通信速率最高可达 1Mbit/s(40m),直接传输距离最远可达 10km(5kbit/s),可挂接设备数最多可达 110 个。CAN 通信协议规定了四种不同的帧格式,即数据帧、远程帧、错误帧和超载帧。基于下列五条基本规则进行通信协调:①总线访问;②仲裁;③编码/解码;④出错标注;⑤超载标注。

(2) 整车控制器网络架构。整车控制器网络构架如图 8-6 所示。

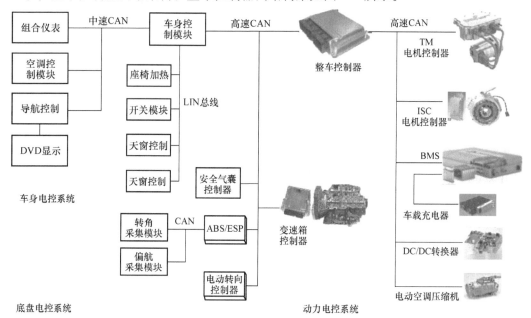

图 8-6 整车控制器网络构架图

(3) 整车 CAN 总线网关及网络化管理。在整车的网络管理中,整车控制器是信息控制的中心,负责信息的组织与传输,网络状态的监控,网络节点的管理,信息优先权的动态分配以及网络故障的诊断与处理等功能。通过 CAN(EVBUS)线协调电池管理系统、电机控制器、空调系统等模块相互通信。

12. 基于 CCP 的在线匹配标定

该通信协议主要作用是监控 ECU 工作变量、在线调整 ECU 的控制参数(包括 MAP、曲线及点参数）、保存标定数据结果（图8-7）以及处理离线数据等。完整的标定系统包括上位机PC标定程序、PC与ECU通信硬件连接及ECU标定驱动程序三个部分。

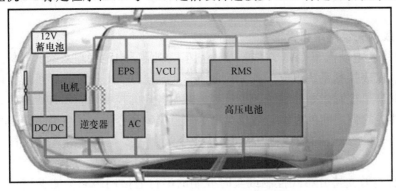

图8-7　在线匹配标定

基于CCP的在线匹配标定协议采用主–从式通信方式，主设备通过CAN总线与多台从设备相连接，主设备是测量标定系统，从设备是需要标定的ECU，主设备首先与其中一个从设备建立逻辑连接。建立逻辑连接后，主、从设备之间所有的数据传递均由主机控制，从设备执行主设备命令后返回包含命令响应值或错误代码等信息的报文，同时从设备可以根据主设备通过控制命令所设置的列表信息，来定时地向主设备传送变量信息，数据的传递是由主设备初始化从设备来执行的，并且是由固定的循环采样频率或者事件触发的。

13. DC/DC 控制

DC/DC 变换器即是把直流电压变换为另一数值的直流电压，是开关电源技术的一个分支。它是由半导体功率器件的开关管、二极管、电感、电容、负载和直流电源构成的，通过使带滤波器的负载电路和直流电压时而接通、时而关断，使得负载上得到另一个直流电压。

DC/DC 变换器主要功能：把高压如 400V 直流降压为直流 14V 或 28V，400V 动力电池在汽车行驶中会降到电机不能工作的电压，例如电压 280V，DC/DC（直流/直流）变换器保证在 280～400V 变化电压区间内输出稳定的 14V 电压，另外当动力电池完全放完电汽车已经不能行驶时，DC/DC 变换器仍能从动力电池中吸取能量向电动汽车的基本辅助子系统提供稳定的 14V 电力。

14. EPS 控制

汽车电动助力式转向系统利用电动机产生的转矩，经过转向系统减速及传递机构转化后协助驾驶人进行动力转向。不同车的 EPS 结构部件尽管不一样，但基本原理是一致的。在检测到有效汽车点火信号后，当转向轴转动时，转矩或转角传感器将检测到的转矩和转角信号输出至电子控制单元 ECU，ECU 根据转矩、转角信号、汽车速度、轴重负载信号等进行分析和计算，得出助力电动机的转向和目标助力电流的大小，从而实现助力转向控制。

在汽车点火后，EPS 开始实时对各传感器信号进行分析计算，根据系统助力、阻尼及回正控制算法，实现在全速范围内的最佳助力控制：在低速行驶时，减轻转向力保证汽车转向灵活、轻便；在高速行驶时，适当增加阻尼控制，保证汽车转向盘操作稳重、可靠；在各种车速下，协助汽车转向盘轻便、自动回正，使汽车的驾驶性能达到令人满意的程度。

EPS 系统在分析助力同时，实时检测系统各组件工作情况，如助力电机、蓄电池电源电压、各传感器等,当检测到某一组件发生故障时,如蓄电池电源欠电压、车速传感器无信号输出等,立即断开电磁离合器,使助力系统脱离机械转向系统,采用汽车本身的转向机构,并同时驱动故障信号指示灯,输出故障码,保障驾驶的安全性。

15. 换档控制功能

换档控制功能(图8-8)关系着驾驶人的驾驶安全,正确理解驾驶人意图,以及识别车辆合理的档位,在基于模型开发的档位管理模块中得到很好的优化,能在出现故障时作出相应处理保证整车安全,在驾驶人出现档位误操作时通过仪表等提示驾驶人,使驾驶人能迅速做出纠正。

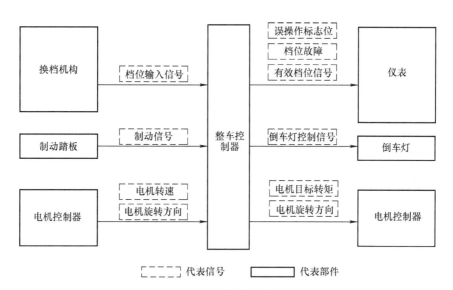

图8-8 换档控制

16. 防溜车功能控制

纯电动汽车在坡上起步时,驾驶人从松开制动踏板到踩加速踏板过程中,会出现整车向后溜车的现象。在坡上行驶过程中,如果驾驶人踩加速踏板的深度不够,整车会出现车速逐渐降到0然后向后溜车现象。为了防止纯电动车在坡上起步和运行时向后溜车现象,在整车控制策略中增加了防溜车功能(图8-9)。防溜车功能可以保证整车在坡上起步时,向后溜车小于10cm;在整车坡上运行过程中如果动力不足时,整车车速会慢慢降到0,然后保持0车速,不再向后溜车。

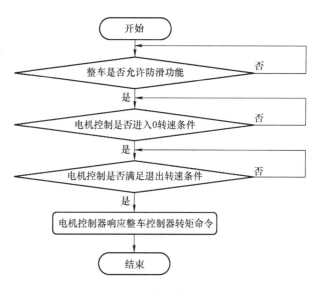

图8-9 防溜车功能控制流程

实训项目　电动汽车整车控制系统

实训 15　新能源 CAN 系统终端电阻的测量

1. 实操目标

学员能够了解绝缘安全护具及工具的用途，并在老师的指导下正确使用，避免出现安全事故；学员能够判断实操环境是否符合安全操作规范及要求。

2. 操作时间

20min

3. 实操所需材料与工具

警示标志、警示隔离带、遮栏、绝缘手套（等级 1000V/300A 以上）、皮手套、汽车万用表、培训用车（北汽新能源 EV160）。

4. 注意事项

请务必按照老师的指导，合理使用绝缘安全护具，并严格按老师示范动作操作，做到安全、正确，并防止造成实操总成及车辆的损坏。

5. 实操步骤

（1）查阅维修手册，了解新能源 CAN 的网络拓扑图（图 8-10）。

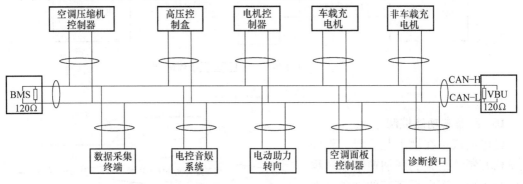

图 8-10　新能源 CAN 的网络拓扑图

（2）查阅维修手册，了解 OBD 诊断接口布置图（图 8-11）及各针脚定义（表 8-2）。

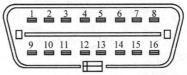

图 8-11　OBD 诊断接口针脚布置图

表 8-2　OBD 诊断接口各针脚定义

针脚	定义	备注
1	EVBUS—H	新能源网络 EVBUS—H
2	BBUS—H	电池内部总线 BBUS—H
3	EBUS—H	原车低速网络 EBUS—H

(续)

针脚	定义	备注
4	搭铁线	搭铁线
5	搭铁线	搭铁线
6	VBUS—H	电辅助网络 VBUS—H
7	K－LINE	K 线
8	空	预留
9	EVBUS—L	新能源网络 EVBUS—L
10	BBUS—L	电池内部总线 BBUS—L
11	EBUS—L	原车低速网络 EBUS—L
12	FCBUS—H	快速充电网络 FCBUS—H
13	FCBUS—L	快速充电网络 FCBUS—L
14	VBUS—L	电辅助网络 VBUS—L
15	L－BUS	LIN 线
16	电源（常电）	电源（常电）

（3）新能源 CAN 系统终端电阻的测量：使用万用表电阻档测量 OBD 接口第 1 针与第 9 针，记录阻值，标准为 60Ω。

本 章 小 结

1. 电动汽车整车控制系统是由多个子系统构成的一个复杂系统，主要包括电池、电机等动力系统以及其他附件。在车辆运行时通过传感器以及其他车载控制器将整车运行的信息与实时状态反馈给整车控制器，同时整车控制器根据驾驶人操作意图与整车控制策略进行运算，并将控制指令通过 CAN 总线以及各个硬件接口传输传递给其他车载控制器与执行器。整车控制器主要负责控制动力总成唤醒、电源加载、停机、驱动、能量回收、安全控制、故障检索诊断与失效控制等主要功能。

2. 进行制动能量回馈时应遵循以下原则：

（1）能量回收制动不应该干预 ABS 的工作。

（2）当 ABS 进行制动力调节时，制动能量回收不应该工作。

（3）当 ABS 报警时，制动能量回收不应该工作。

（4）当电驱动系统具有故障时，制动能量回收不应该工作。

第 9 章

插电式混合动力汽车

插电式混合动力电动乘用车是指具有可外接充电功能并且具有一定的纯电动续驶里程的混合动力电动乘用车。插电式混合动力汽车（Plug-in Hybrid Electric Vehicle，简称PHEV）是新型的混合动力电动汽车。插电式混合动力车与传统混合动力车有两个较大的差异：①插电式混合动力汽车（PHEV）可以直接由外接电源充电。而传统的 HEV 大多通过发动机为电池充电以及车辆行驶过程中回收制动能量等。②插电式混合动力汽车（PHEV）的电池容量较大，可以靠电力行驶较远的距离，电力驱动在PHEV中所占比例更高，其对发动机的依赖较传统 HEV 少。

插电式混合动力可以行驶在纯电动模式下，也能行驶在发动机与驱动电机共同工作的混合动力模式下。行驶在混合动力模式下时，与普通的混合动力车辆的工作原理并无二致，驱动电机作为辅助驱动机构，主要起"削峰填谷"的作用，帮助发动机工作的相对稳定的状态下，从而减少车辆的燃油消耗与排放。行驶在纯电动模式时，仅由动力电池供应能量，从而实现纯电力驱动与零排放，在动力电池电量用尽后需要外接充电，因此称为插电式混合动力汽车。

奥迪 A3 e-tron 于 2015 年上市，它的纯电动续驶里程为 50km，最大续驶里程为 940km，是奥迪首款插电式混合动力车型（图9-1）。当车速不高于 50km/h 时，该车是纯电动行驶的，通过一台大功率电机（75kW）来驱动。在车速不高于 130km/h 时，可以以电动方式来工作。如果车速很高或者急加速时，车辆会自动切换到发动机工作状态。在本章可以学习奥迪 A3 e-tro 的结构与维修，进而加深对插电式混合动力汽车的了解。

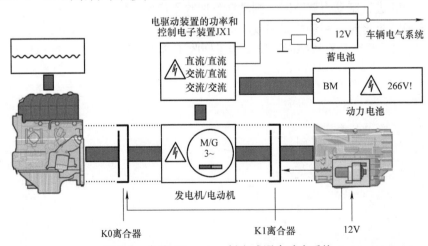

图 9-1 奥迪 A3 e-tron 插电式混合动力系统

为了让用户、维修和服务站人员以及技术救援和医疗救援人员尽可能远离高压设备可能带来的危险，车上设置了很多警示和提示标签，在进行维修时应当特别注意。警示标签一般分为两种类型：

（1）黄色警示标签，其上有电压警示符号（图9-2）

（2）带有 DANGER 字样的红底警示标签（图9-3）

图 9-2　警示电压危险标志

图 9-3　带有 DANGER 字样的红底警示标签

警示电压危险
DIN 4844-2（BBV AB）

警示勿触及导电部件

规章符号
使用说明请参见
DIN4844-2(BDV A8)

9.1　发动机构造与维修

1. 发动机技术数据

Audi A3 Sportback e-tron 上配备的是 EA211 系列的 1.4L-TFSI 发动机（图9-4），其功

图 9-4　1.4L-TFSI-发动机

率是110kW。由于有电机的原因，变速器长出了57.5mm，发动机安装时也就相应地向右偏移这个尺寸。由于该车可以在较长时间内都用纯电动方式来行驶，在很长时间内都可以不使用发动机。它的发动机主轴承和连杆轴承以及活塞环都有专用涂层，活塞间隙也进行了调整，气缸壁镜面也经等离子喷涂处理。发动机技术数据见表9-1。

表9-1 发动机技术数据

内容	技术数据
发动机代码	CUKB
结构形式	四缸直列发动机
发动机功率/kW	110（转速在500~600r/min时）
电机功率/kW	75（转速在2000~2300r/min时）
系统功率/kW	150
发动机转矩/N·m	250（转速在1600~3500r/min时）
电机转矩/N·m	330（转速不超过2200r/min时）
系统转矩/N·m	350
排量/cm^3	1395
行程/mm	80
缸径/mm	74.5
每缸气门数	4
点火顺序	1-3-4-2
压缩比	10:1
燃油	高级无铅汽油 ROZ95
增压系统	废气涡轮增压器
发动机管理系统	Bosch MED 17.1.21
传动方式	6档双离合器变速器（S tronic）
氧调节	一个前置氧传感器和一个后置氧传感器
混合气形成	直喷
排放标准	EU6
综合油耗/(L/100km)	1.5
综合 CO_2 排放/(g/kg)	35
综合电耗/(kW·h/100km)	14.3

2. 起动发动机

发动机是通过电机来起动，首先发动机控制单元J623将起动信息发送到双离合器变速器的机电一体模块J743上，于是离合器K0就接合了，将电机的转子与发动机的曲轴连接在一起了，转子转动，就使得曲轴达到发动机的起动转速。发动机控制单元J623激活点火和喷射系统，于是发动机就起动了。

如果在纯电动方式行驶时需要起动发动机，那么在离合器接合时就要提高电机的转矩，以便足以让发动机起动，这样可防止出现耸车。起动后脱开离合器，发动机就开始空转了（无负荷）。在发动机转速与电机匹配好后，离合器K0就接合了。

3. 燃油系统

在纯电动行驶时也会产生碳氢化合物，因此活性炭滤清器就有过载的危险，碳氢化合物也就无法再进行化合了。Audi A3 Sportback e-tron上因此配备了一个压力罐。在纯电动行驶时，通过合上油箱切断阀N288（图9-5），来关闭通向活性炭滤清器的管路。于是就可在油箱内建立起一个约30kPa的压力，该压力由油箱压力传感器G400传给发动机控制单元。

油箱盖一直都是处于上锁状态的，无法用手打开。要想打开油箱盖，必须先卸掉油箱内的压力。如果驾驶人操纵油箱盖开锁按键E319的话，发动机控制单元就会断开油箱切断阀

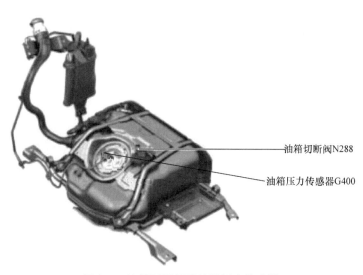

图 9-5　油箱切断阀及油压力传感器

N288。油箱压力传感器 G400 会识别出压力是否卸掉，随后供电控制单元 J519 会自动将油箱盖打开。组合仪表上能够显示出油箱盖的状态。

9.2　传动系统

Audi A3 Sportback e-tron 的传动系统，采用的是前驱车的横置安装的 6 档双离合器变速器 0DD（图 9-6）。6 档双离合器变速器 0DD 由混合动力模块、变速器部分和机电一体模块组成。电驱动装置的电机 V141 是一台永久励磁式同步电机，其功率最大可达 75kW。该电机能将最大为 330N·m 的转矩输送给变速器。电驱动装置用于让车辆以纯电动方式起步和行驶，以及用于通过离合器 K0 来让发动机起动，需要的话可在车辆加速（Boost）模式时，让电驱动装置和发动机通过离合器 K0 联合起来，可将最大系统功率输出给变速器。在发电机模式时，电驱动装置的电机 V141 通过车辆的滑行能量（回收）或者通过接合的离合器 K0 由发动机来驱动。电驱动装置的电机负责为整个车辆供电。

离合器 K1 和 K2 会将两种动力的全部功率继续传递到变速器部分 1 和 2 上。K0、K1 和 K2（图 9-7）这三个离合器都是湿式离合器，由变速器的机电一体模块来操控。该变速器只有一套 ATF 供油系统，负责为变速器液压系统和变速器各部供油。变速器的两部分构成了整个变速器。

机电一体模块位于标有记号的壳体端盖下面；机电一体模块区域是通过挡板墙与变速器分开的。由于有挡板墙，机电一体模块在工作时直至溢流孔都是浸在机油内的。机电一体模块、离合器、换档执行器和变速器，是由电动 ATF 泵按实际需要来供油的。还有个液压蓄能器用作 ATF 储备器。6 档双离合器变速器 0DD 与车辆的温度管理系统集成在了一起。该变速器可以使用智能起停系统。另外，双离合器变速器的机电一体模块 J743 还参与防盗锁功能。

1. 变速器总成

变速器为双离合器变速器共有六个前进档，可实现 6.8 的总传动比。离合器 K1 将力矩传递到变速器部分 1 上。变速器部分 1 内负责切换 1、3、5 这几个奇数档。离合器 K2 将力

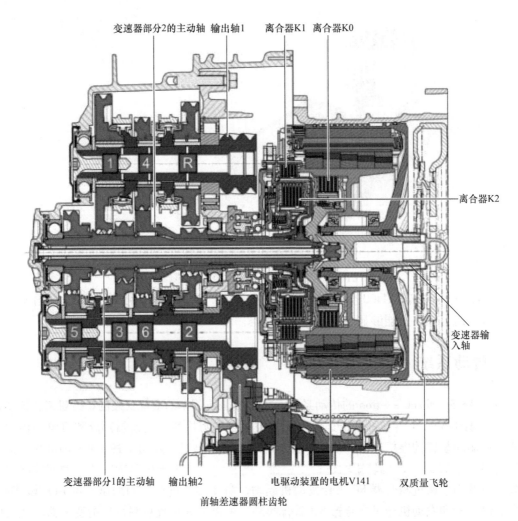

图 9-6　6 档双离合器变速器 0DD

矩传递到变速器部分 2 上。变速器部分 2 内负责切换 2、4、6 这几个偶数档和倒档。倒档的滑动齿轮啮合在 2 档的滑动齿轮上。倒档是这样来切换的：动力流通过离合器 K2 传到主动轴 2 上，通过 2 档的滑动齿轮和倒档的已刚性传力了的滑动齿轮传至输出轴 1 上，两个输出轴与前桥主传动器的圆柱齿轮啮合。

2. 混合动力模块

混合动力模块（图 9-7）包含有被冷却水套包围着的电驱动装置的电机 V141、变速器部分 1 和离合器部分 2 的离合器 K1 和 K2 以及离合器 K0。离合器 K0 位于双质量飞轮的次级质量一侧，将电驱动装置的电机 V141 与发动机连接在一起。

3. 双离合器变速器的机电一体模块 J743

机电一体模块（图 9-8）中容纳有除换档执行器和离合器轮缸（分泵）以外的所有用于变速器操控的传感器和执行元件，这包括阀、泵电机、压力和温度传感器、行程和转速传感器。机电一体模块在工作时直至溢流孔都是浸在机油内的，这些机油不是通过 ATF 排放螺塞 1 排走的，而是要打开 ATF 排放螺塞 2 来排放。

第 9 章 插电式混合动力汽车

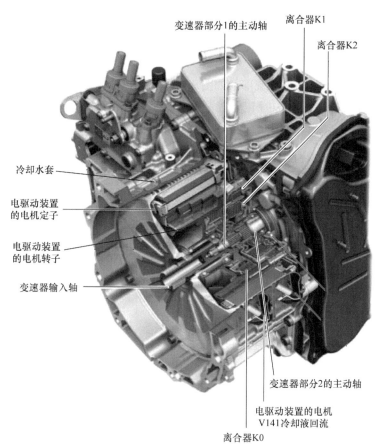

图 9-7 混合动力模块

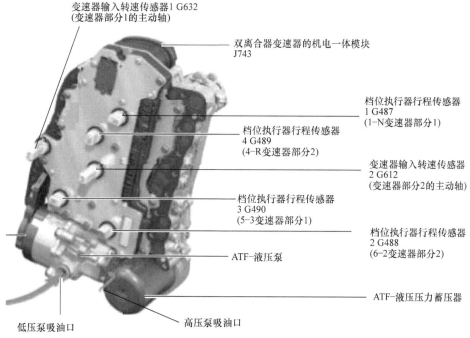

图 9-8 机电一体模块

9.3 高电压部件

奥迪 A3 e-tron 轿车的高压系统部件如图 9-9 所示,包括动力电池模块、动力电池冷却装置、高压线、电动制动助力器、功率电子控制装置、充电口、三相交流电机等部件组成。

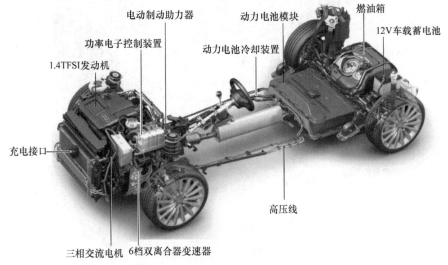

图 9-9 高压系统部件

1. 动力电池单元 AX1

动力电池单元 AX1(图 9-10)固定在车底部,它由动力电池调节控制单元 J840、动力电池配电箱 SX6、8 个电池单体模块(每个模块有 12 个电池单体)和控制器、电池单体冷却系统、高压线束接口、12V 车载电网接口、冷却液接口等部件组成。

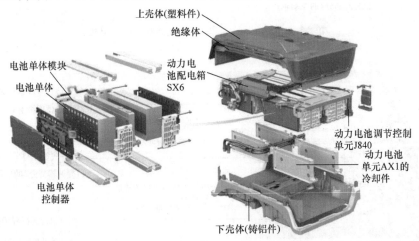

图 9-10 混合动力动力电池单元 AX1

动力电池单元 AX1 的下壳体是铸铝件,上壳体是塑料件。上、下壳体是用螺栓连接并用胶密封的(不透气的)。在动力电池单元 AX1 的的上面,安装有通气装置和过压阀(都安装在盖板下面)。壳体内因温度波动而导致压力有变化时,就通过通气装置(所谓压力平衡元件)来调节。如果动力电池单元 AX1 内的压力过大了,那么过压阀就会打开了。动力电池单元 AX1 通过等电位线与车身连接在一起。每两个电池单体模块在下面位置用螺栓与一个冷却元件相连。混合动力蓄电池单元 AX1 内的四个冷却元件是并联着的，进口和出口温度传感器集成在冷却液接口上。

动力电池单元 AX1 的具体数据如表 9-2 所示。

表 9-2 动力电池单元 AX1 的具体数据

项目	数据
额定电压/V	352
单体电压/V	3.7
电池格数量	96
容量/Ah	25
工作温度/℃	-28 ~ +60
能量容量/kWh	8.8
可用能量容量/kWh	7.02
功率/kW	最大 90
重量/kg	120

（1）蓄电池调节控制单元 J840。蓄电池调节控制单元 J840 是通过下面用螺栓连接在混合动力蓄电池单元 AX1 上的。蓄电池调节控制单元 J840 有下述功能：确定并分析蓄电池电压、确定并分析每个单体的电压、侦测动力电池的温度、调节高压蓄电池的温度（借助冷却液续动泵 2 和低温循环管路 2 中的电磁阀 1 - N88 来进行）。

蓄电池调节控制单元 J840 连接在驱动 CAN 总线和混合动力 CAN 总线上，因此它能与车上其他的控制单元进行通信，安全气囊控制单元 J234 通过驱动 CAN 总线和一根单独线将碰撞信号传给蓄电池调节控制单元 J840，收到这个碰撞信号后，高压触点就断开了，高压系统也就被关闭（切断）了。蓄电池调节控制单元 J840 通过专用的 CAN 总线来与动力电池配电箱 SX6 和 8 个电池单体控制器进行通信。

（2）电池单体控制器。电池单体控制器（图 9-11）是电池单体模块的组件，用于测量每个电池单体的电压，并用一个 NTC 电阻测量电池单体模块的温度，并将这些数据发送给蓄电池调节控制单元 J840。蓄电池调节控制单元 J840 会分析这些电池单体电压并操控电池单体控制器，通过一个电阻来为有较高电压的电池单体放电。由此，所有电池单体就有相同的电压了，动力电池单元 AX1 就会有最大的蓄电池电容量了。

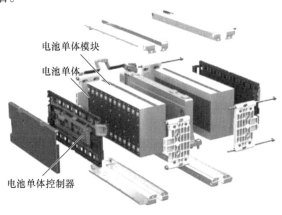

图 9-11 电池单体控制器

（3）动力电池配电箱 SX6。动力电池配电箱 SX6 内安装有以下部件：控制器、高压系统熔断器 2 S352、动力电池电流传感器 G848、动力电池保护电阻 N662、动力电池功率保护器 1 J1057（HV - 正）、动力电池功率保护器 2 J1058（HV - 负）、动力电池预充电保护器 J1044（20Ω）。

在 15 号线接通时，动力电池功率保护器 2 J1058（HV - 负）和动力电池预充电保护器 J1044（20Ω）首先会接合。一个很小的电流会流经电阻，直至功率和控制电子系统 JX1 内的中间电容器 1-C25 充上电。这个中间电容器充好电后，动力电池功率保护器 J 1057（HV-正）就接合了，且随后动力电池预充电保护器 J1044（20Ω）就断开了。

至少满足下述条件中的一个，功率保护器才会断开：15 号线已经关闭了、识别出有来自安全气囊控制单元 J234 的碰撞信号、保养插头 TW 已断开、30c 号线的功率保护供电熔断器已拔下、动力电池单元 AX1 的 12V 供电已中断、安全线已中断。

（4）绝缘监控。在高压系统工作时，动力电池配电箱 SX6 每隔 60s 就检查一次绝缘情况。具体说就是用 352V 额定电压去测量高压导线和混合动力蓄电池单元 AX1 之间的电阻，可以识别高压部件和高压线上的绝缘故障。高压充电器上的充电插座和 DC/AC 转换器无需检查，因为 230V AC 与 352V DC 有电流隔离。如果识别出有绝缘故障，那么组合仪表的显示屏上会有提示，这时用户就该去服务站进行处理了。

（5）安全线。安全线是个 12V 环形线（图 9-12），它把所有高压元件彼此串联在一起。蓄电池调节控制单元 J840 将一个约 10mA 的电流信号送入安全线并分析其电流流动情况。另外，电驱动控制单元 J841 也对安全线进行监控。如果安全线断了，那么蓄电池调节控制单元 J840 会立即切断高压系统。高压触点也会断开。驾驶人在组合仪表的显示屏上会看到有相应提示的。

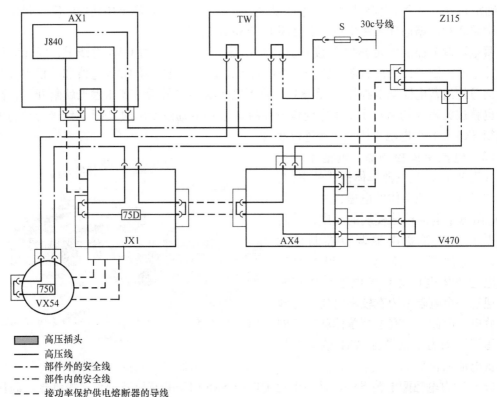

图 9-12　安全线

AX1—混合动力蓄电池单元　AX4—动力电池充电器 1　J840—蓄电池调节控制单元
JX1—电驱动功率和控制电子系统　S—熔断器　TW—高压系统保养插头　V470—电动空调压缩机
VX54—交流电驱动装置　Z115—高压加热器（PTC）

2. 电驱动功率和控制电子系统 JX1

电驱动功率和控制电子系统 JX1 安装在发动机舱内右侧，如图 9-13 所示，它由电驱动控制单元 J841、逆变器 A37、变压器 A19、中间电容器 1C25、空调压缩机熔断器 S355、高压线接口、12V 车载电网接口、冷却液接口等部件组成（图 9-14）。

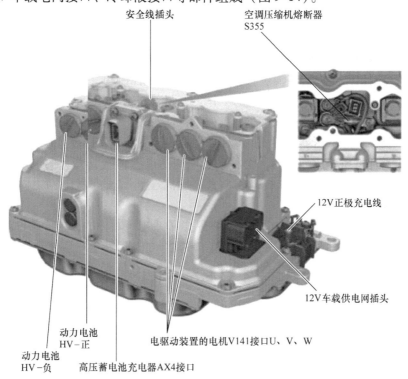

图 9-13 电驱动功率和控制电子系统 JX1

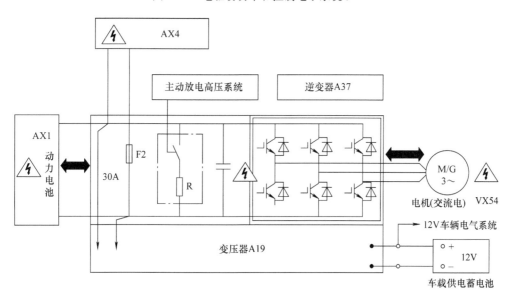

图 9-14 电驱动功率和控制电子系统 JX1 组成

高压充电器的高压线是插接的，所有其他高压线用螺栓固定在功率和控制电子系统 JX1 内部。电驱动功率和控制电子系统 JX1 通过一根等电位线与车身相连，冷却是通过低温循环管路 2 实现的。

（1）电驱动控制单元 J841。电驱动控制单元 J841 通过驱动电机转子位置传感器 1 - G713 来侦测电驱动装置 V141 的电机转子的转速和位置，通过驱动电机的温度传感器 G712 来侦测电驱动装置的电机 V141 的温度，并将这个信息传至发动机控制单元 J623。

电驱动控制单元 J841 通过电驱动功率和控制电子系统 JX1 内的温度传感器来侦测部件温度。电驱动控制单元会将这些温度信息发送给发动机控制单元 J623，然后发动机控制单元就可以根据需要来控制冷却液循环泵的工作。电驱动控制单元 J841 通过驱动 CAN 总线和混合动力 CAN 总线与其他控制单元联网。

（2）变压器 A19。变压器 A19 是 DC/DC 变换器，它将 352V 的直流电压转换成车载电网使用的 12V 直流电压。脉冲逆变器会将动力电池的电压转换成 12V 的电压，通过线圈感应（电流隔离）来传输到 12V 车载电网内，因此高压到 12V 车载电网之间，并没有导线连接。

（3）中间电容器 1 C25。电驱动功率和控制电子系统 JX1 内的另一个部件就是中间电容器 1 C25，该电容器的作用是稳压。在车辆起步或者急加速时，电压可能会波动。在 15 号线已关闭或者高压系统已被碰撞信号切断了时，中间电容器 1 C25 会主动和被动地放电。被动放电是指中间电容器 1 C25 通过 HV - 正和 HV - 负之间的一个阻值很大的电阻来放电。在主动放电时会切换高阻值电阻，这样就可以保证中间电容器 1 C25 在最短时间放完电。

（4）逆变器 A37。逆变器 A37 是 DC/AC 变换器。电驱动装置的电机 V141 做电机使用电驱动模式时，逆变器 A37 将混合动力蓄电池单元 AX1 的直流电转换成三相交流电，这个转换是通过脉冲宽度调制来实现的。在逆变器 A37 内有六个晶体管，每两个晶体管负责三相 U、V、W 中的一个相。每个相的正极和负极各有一个单独的晶体管通上电时，相应的电势就接通了。晶体管由电驱动控制单元 J841 通过脉冲宽度调制信号来操控。通过改变频率来调节转速，通过改变各脉冲宽度的接通时间来调节电驱动装置的电机 V141 的转矩。

如果电驱动装置的电机 V141 做发电机使用，逆变器 A37 会将产生的三相交流电转换成 352V 的直流电。这样形成的直流电可为高压电网供电以及通过变压器 A19 为 12V 车载电网供电。

3. 动力电池的充电器 1 AX4

动力电池的充电器 1 AX4（图 9-15）通过一根高压线与功率和控制电子系统 JX1 相连。功率和控制电子系统 JX1 内装有空调压缩机熔断器 S355，它安装在动力电池 HV - 正极和接动力电池的充电器 1 AX4 的 HV 正极之间。动力电池的充电器 1 AX4 靠低温冷却循环管路来冷却。动力电池的充电器 1 AX4 集成有动力电池充电控制单元 1 J1050，并通过驱动 CAN 总线和混合动力 CAN 总线与其他控制单元联网。它配备有一个冷却液温度传感器，将冷却液温度信息传给发动机控制单元 J623，以便根据需要来操控功率和控制电子装置前的冷却液循环泵 V508 去工作。

动力电池的充电器 1 AX4 内装有一个脉冲逆变器，它将充电站的交流电转换成直流电去给混合动力蓄电池单元 AX1 充电。通过线圈感应（电流隔离）来传输到 12V 车载电网内。因此交流电网与车上的高压系统之间是没有导电连接的。动力电池的充电器 1 AX4 通过一根等电位线来与车身相连。

4. 电动空调压缩机 V470

电动空调压缩机 V470（图 9-16）用螺栓固定在发动机前面，用于取代带传动的空调压缩机。V470 通过动力电池充电器 1 AX4 接入高压系统，其供电电压是 352V。在电动空调压缩机 V470 上，集成有空调压缩机控制单元 J842。由空调控制单元 J255 通过 LIN 总线来操控。该空调压缩机通过一根等电位线与车身相连。

5. 高压加热器（PTC）Z115

高压加热器（PTC）Z115（图 9-17）在电动模式行驶时，可以为车内的暖风热交换器加热冷却液。该加热器是从下面与车底用螺栓连接的，并通过一根高压线与动力电池充电器 1 AX4 相连。集成的高压加热器（PTC）控制单元 J848 通过 LIN 总线与空调控制单元 J255 相连。高压加热器（PTC）控制单元 J848 通过内部的温度传感器来获知冷却液进口温度和出口温度，并将这些温度信息发送给空调控制单元 J255。空调控制单元 J255 计算出所需要的加热功率并把这个信息发送给高压加热器（PTC）控制单元 J848（以百分比的形式，在 0~100% 之间）。

6. 高压线

高压系统上所有的高压线都是橙色的，从颜色上即可识别出来。由于电压高且电流大，所以高压线

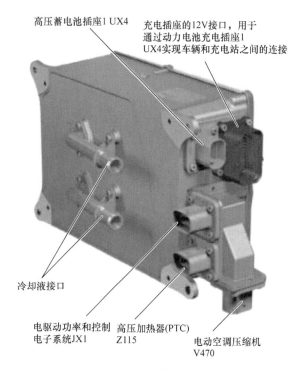

图 9-15　动力电池的充电器 1 AX4

图 9-16　电动空调压缩机 V470

的横截面积较大且使用专用的插头触点。高压线的内部结构，与 12V 车载电网的线也是不同的，另外高压线也可能带有防护用的塑料管。在高压系统中，使用的高压线有三种：单芯高压线（图 9-18）和双芯高压线（图 9-19）（有或者没有安全线）。车上的高压线与高压部件之间是采用螺栓或者插接的方式连接的。

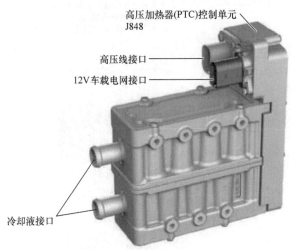

图9-17 高压加热器（PTC）Z115　　　图9-18 单芯高压线

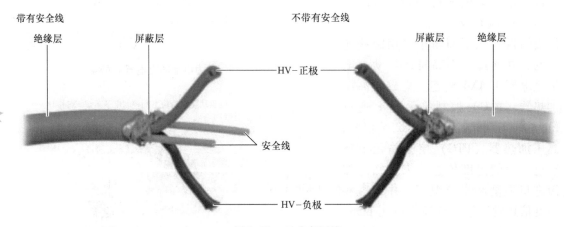

图9-19 双芯高压线

7. 保养插头 TW

保养插头 TW（图9-20）在发动机舱内，一方面它是动力电池功率保护的 12V 控制回路的电气连接，另一方面它也是安全线的组件。如果保养插头 TW 断开了，那么安全线也就是断开的了，12V 控制回路就中断了。

保养插头用于将高压系统断电。要想切断和断开高压系统的电源（停电）的话，请在诊断仪中来进行相应操作。保养插头 TW 在断开后，需要使用工具 T40262/1 来检查，以保证其不会重新合闸。

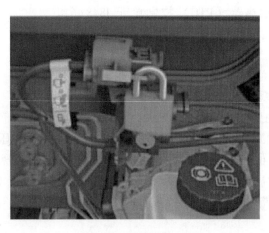

图9-20 保养插头 TW

9.4 冷却系统、空调系统和温度管理系统

Audi A3 Sportback e-tron 上的冷却系统、空调系统对车内、发动机、变速器以及高压部件的温度进行调节，所有这些部件都接入了不同的冷却循环管路中了。温度管理系统（也叫热能管理系统）是为了让动力总成快速达到相应的正常工作温度，但是在这方面对驾驶室内的温度操控具有最高的优先级别。在不同的工况时，比如在电动行驶模式或者全加速（BOOST）模式时，不同冷却循环得最佳冷却液流量是不同的，这样才能保证空调具有较高的舒适性且有较高的总效率。

1. 高温冷却液循环

高温冷却液循环（图9-21），实际上就是发动机的冷却液循环。它是个双回路冷却系统，可在缸盖和缸体内实现不同的冷却液温度。高温冷却液循环的温度一般在 87~105℃，该冷却循环包含的部件包括冷却液膨胀罐1、暖风热交换器、变速器机油冷却器、水泵（带有节温器）、发动机机油冷却器、高压加热器（PTC）Z115、主散热器。

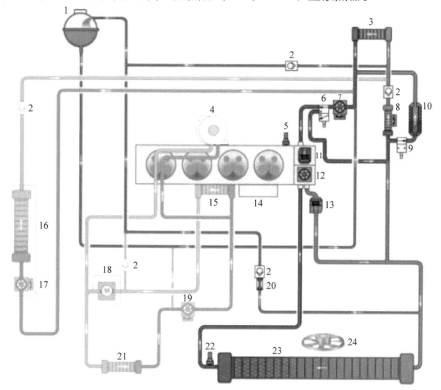

图 9-21 高温冷却液循环

1—冷却液膨胀罐1　2—止回阀　3—暖风热交换器　4—废气涡轮增压器　5—冷却液温度传感器 G62
6—冷却液切换阀2 N633　7—高温冷却液循环水泵 V467　8—高压加热器（PTC）Z115　9—变速器冷却阀 N488
10—变速器机油冷却器（ATF 热交换器）　11—节温器1　12—水泵
13—节温器2　14—发动机机油冷却器　15—进气歧管内的增压空气冷却器　16—驻车加热装置
17—循环泵 V55　18—交流电驱动装置 VX54　19—冷却液续动泵 V51　20—节流阀
21—增压空气冷却器的散热器　22—散热器出口冷却液温度传感器 G83　23—冷却液散热器
24—散热器风扇 V7

2. 低温冷却液循环 1

低温冷却液循环 1（图 9-22）是发动机的增压空气冷却器的冷却液循环。在 1.41 – TFSI – 发动机上，这个低温冷却液循环是个独立的循环。低温冷却液循环与高温冷却液循环使用的是同一个冷却液膨胀罐。在 Audi A3 Sportback e – tron 使用 1.41 – TFSI 发动机时，驱动电机也接入低温冷却液循环 1。低温冷却液循环 1 的温度一般在 75~90℃，它包括的部件有废气涡轮增压器、增压空气冷却器、交流电驱动装置 VX54、低温冷却液循环水泵 V468 等部件。

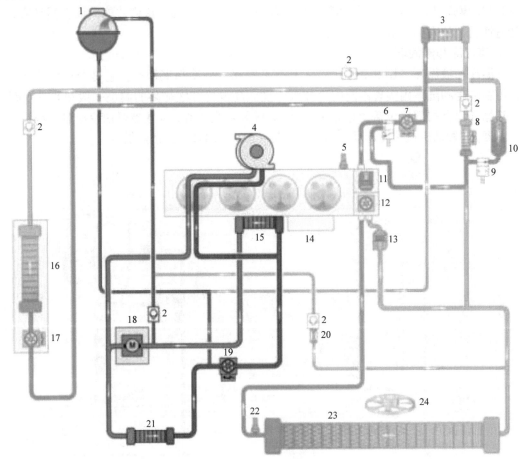

图 9-22　低温冷却液循环 1
图注同图 9-21

3. 低温冷却液循环 2

高压模块连接在低温冷却液循环 2（图 9-23）中，温度低于低温冷却液循环 1 中的平均温度。低温冷却液循环 2 有专用的冷却液膨胀罐（冷却液膨胀罐 2），并通过功率和控制电子装置前的冷却液循环泵 V508 和动力电池水泵 V590 来实施循环。低温冷却液循环 2 的温度一般在 20~40℃，它的部件包括冷却液膨胀罐 2、电驱动装置的功率和控制电子系统 JX1、动力电池充电器控制单元、动力电池热交换器、混合动力蓄电池单元 AX1、功率和控制电子装置前的冷却液循环泵 V508、动力电池水泵 V590 低温冷却液循环 2 可以分为两个支路，这样就能在一个循环管路中形成两个不同的温度，也就能满足部件对不同温度的需求了。为此，可以通过动力电池冷却液阀 N688 来切换到一个"短路循环"，也就是动力电池热交换器的冷却液循环（图 9-24）。由动力电池水泵 V590 来进行循环的驱动。这个切换只用于通过动力电池热交换器来调节混合动力蓄电池单元 AX1 的温度，这也是空调制冷剂循环的一部分。低温冷却液循环 2 所需要达到的温度水平，可以由低温冷却液循环 2 通过被动冷却来实现，或者通过蓄电池热交换器主动来实现。

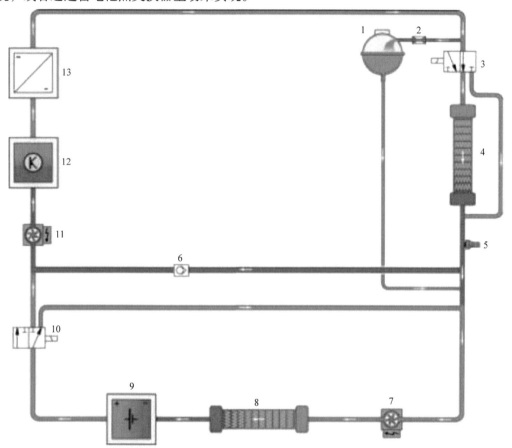

图 9-23　高压模块连接在低温冷却液循环 2
1—冷却液膨胀罐 2　2—节流阀　3—冷却液切换阀 1 N632　4—低温冷却器 2
5—功率和控制电子系统 JX1 前的温度传感器　6—止回阀　7—动力电池水泵 V590
8—动力电池热交换器（冷却器）　9—混合动力蓄电池单元 AX1　10—动力电池冷却液阀 N688
11—功率和控制电子装置前的冷却液循环泵 V508　12—电驱动装置的功率和控制电子系统 JX1
13—动力电池充电器控制单元 1 J1050

4. 空调制冷剂循环

Audi A3 Sportback e–tron 车的空调制冷剂循环（图 9-25）与 Audi A3（型号 8V）不同。电动空调压缩机 V470 既可调节车内温度，也可调节动力电池单元 AX1 的温度。接膨胀阀的空调制冷剂循环具有单独的高压管和低压管，没有使用内部热交换器。在接动力电池热交换器的制冷剂高压管中，节流阀的孔径为 0.7mm。有不同的制冷剂高压管，带有一体式的节流阀或者插接的节流阀。该空调制冷系统制冷剂是 R134a，压缩机用机油 SPA2，是

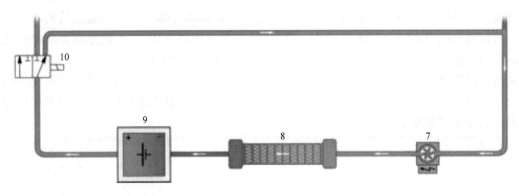

图 9-24　高压蓄电池热交换器的冷却液循环

图注同图 9-23

PAG-机油。

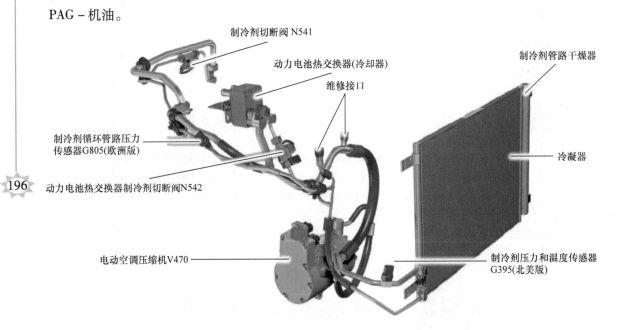

图 9-25　Audi A3 Sportback e-tron 车的空调制冷剂循环系统

9.5　制动系统

1. 电动机械式制动助力器（eBKV）

即使在纯电动行驶时，如果驾驶人踩了制动踏板，也必须要增大制动力的。这是利用发动机进气歧管压力来增大制动力，就无法实现了，因为这个真空助力只能在普通的行驶模式上才会有。因此，就采用了电动机械式制动助力器（eBKV）（图 9-26），这也就省去了需要另加的真空泵以及气动制动助力器了。与传统的气动制动助力器相比，电动机械式制动助力器（eBKV）有以下重要的优点：

（1）不依赖于真空就能进行制动助力。

（2）压力建立快而猛。

（3）压力设置的准确性高。
（4）制动踏板特性/踏板力保持不变。

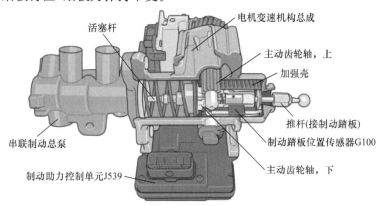

图 9-26　电动机械式制动助力器（eBKV）

对驾驶人施加的制动力进行助力（增力），是由电机 – 变速机构总成来进行的，具体说就是由一个同步电机通过相应的传动比来驱动两个主动齿轮轴（也叫小齿轮轴）。主动齿轮轴的齿部与加强壳上的齿部啮合，主动齿轮轴的旋转运动于是就被转换成了加强壳的纵向运动了。为了给制动力增力，就要使得加强壳朝串联制动总泵方向运动（在图 9-26 中就是向左运动了）。在经过了的一定的空行程（就是间隙）后，加强壳就与推杆接触了，并会在电机继续工作时给加强壳施加一个力（这个力是驾驶人脚踏力之外的一个力）。电机的继续工作（就是通电）是由制动助力控制单元 J539 来控制着的，该控制单元从集成着的踏板位置传感器 G100 处来获知制动踏板和推杆的位置信息（即驾驶人意愿）。

电机转子的位置，也就是加强壳的间接位置信息，由电机内转子位置传感器（霍尔传感器）来检测。通过推杆上的滑动轴承以及由该轴承实现的两部件的分离，可以保证即使在助力功能失效时，驾驶人也能控制制动压力。控制单元 J539 会让 15 号接线柱继续工作；当车辆停止且驾驶人没有踏下脚制动踏板时，这个继续工作可长达 1min。如果在切断了 15 号线时驾驶人主动实施了制动，那么制动助力功能最多还能保持约 6min。在 3min 和 6min 后，会出现相应的提示，警示驾驶人要防止溜车；或者是提醒制动助力功能马上就要被关闭了。操控制动灯要用到电动机械式制动助力器（eBKV）的制动踏板位置传感器 G100 的信号。

2. 制动系统蓄压器 VX70

电驱动装置/三相交流电机在超速减速（惯性滑行）工况时，如果需要的话，它可以作为发电机使用来为动力电池充电（能量回收），此时电机是"被驱动的"。因此，这时电机就形成了一个阻力了，这也就在驱动轮上另增加了一个制动力矩了。如果驾驶人踩下了制动踏板，那么这个另增加的力矩会再次自动增大对车辆的制动作用。由于这个制动作用与驾驶人意愿无关，驾驶人要想实现预先定好的车辆制动状况，还是比较难的。任何时候要想实现驾驶人给定的制动力矩，驾驶人应能评估出其效果才行。

由于在技术上好实现，就在能量回收时降低液压制动压力。降低液压制动压力的目的在于：将液压制动和电动制动的综合效应调节到与实际的驾驶人意愿相符的程度。为了实现这个目的，就使用了制动系统蓄能器 VX70。电动制动和液压制动的叠加被称为"混合制动"。

制动系统蓄能器 VX70（图 9-27）直接与制动总泵相连，也就是与液压制动管路相连了。要想降低驾驶人所施加的制动压力（在能量回收时取决于电驱动装置另加的制动力矩），制动助力控制单元 J539 必须去操控蓄能器电机来工作。缸内的螺杆驱动装置使得活塞产生一个提升运动（直线往复运动），这使得缸容积增大了，于是就从制动管路中吸进了制动液。因此系统内的制动压力就降低了（作用到制动器上的力矩自然也就降低了）。与此同时，制动助力作用通过电动机械式制动助力器（eBKV）就降低了，因此制动踏板不会松弛（下沉）。

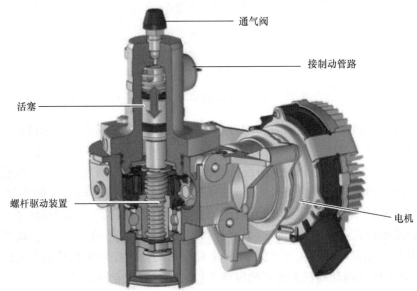

图 9-27 制动系统蓄能器 VX70

如果在驾驶人主动实施制动过程中，电驱动装置另加的制动力矩变小了或者电驱动装置的发电机模式彻底停止工作了（关闭了），那么就必须使得先前已经降低了的制动压力再次增大。控制单元 J539 会再次操控蓄能器电机来工作，活塞的运动导致缸容积减小，缸内的制动液再次被送回制动管路，于是制动系统内的压力也就相应地升高了。

电动机械式制动助力器（eBKV，包括制动助力控制单元 J539）和制动系统蓄能器 VX70，使用的诊断地址码是 23。在售后服务中，这些部件只能整体更换。更换了电动机械式制动助力器（eBKV，包括制动助力控制单元 J539）后，需要在线对控制单元进行编码。为此有两个前提条件：①制动系统需正确放气（排空气体）；②进行基本设定，就可获知在没踏下制动踏板和已踏下制动踏板时相应的传感器测量值了。

另外，通过让电机工作可以建立起制动压力并确定出压力-容积特性曲线。这样也就确定出部件公差了，在随后的调节中会考虑到公差。同样，也需要对蓄能器进行基本设定。即使是在更换了蓄能器后，也需要做这两种基本设定。要想对电动机械式制动助力器（eBKV）和蓄能器进行功能检查的话，请执行执行元件诊断。

9.6 使用与维护

1. 高压充电

Audi e-tron 车的充电系统在 Audi A3 Sportback e-tron 车交付用户时就已经配备好了。想在行驶途中使用的话，可以将 Audi e-tron 车的充电系统放在一个运输盒中带着。其中有两根可更换的电源线，用于将充电系统接到交流电网上。一根电源线是带有家用电源插头的，另一根电源线是带有工业电源插头的（图9-28）。

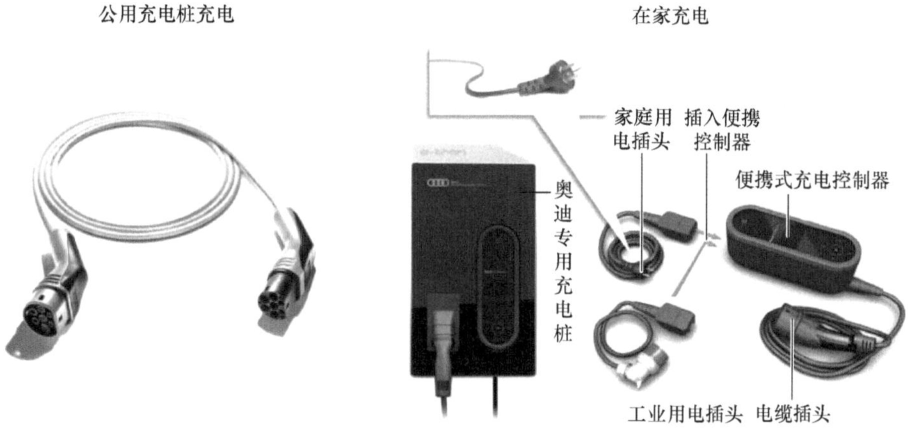

图 9-28　高压充电系统

电源线带有编码，因此操纵装置能够识别连接的是家用电源插头还是工业电源插头。如果连接时用的是工业电源插头，那么最大电流就是 16A 且最大充电功率为 3.6kW；如果连接时用的是家用电源插头，那么最大电流就是 10A。用户自己可以将充电功率调节到 50% 或者 100%。在连接到工业插座上时，充电功率会被自动调节到 50%。这个设置一直保持不变，直至将充电装置从电网上取下为止。为了防止不相干人员乱动，可以用一个四位 PIN-码来锁住操纵装置。

在充电过程开始前，操纵装置和车上的高压充电器之间会进行联系。操纵单元具有自诊断功能，可以通过显示屏显示识别出的故障。操纵单元有温度监控功能，如果超过了允许温度的话，充电过程就会被中止，直至温度再降至允许值范围内。

车上的充电线插好后，充电插头就被锁定了，就无法拔下了。黄色的指示 LED 灯就表示现在充电线已经插好并锁定了。当变速杆被置于 P 位且电源电压已经作用到操纵装置上时，充电过程就开始了。

如果还未曾对定时器进行过设定的话，就立即开始充电了。如果事先曾设定过定时器但动力电池的充电状态不足 60% 的话，充电过程也会立即开始，直至充电状态达到约 60%。如果按动了立即充电按键，那么充电过程会停止，定时器的设定就被激活了。

充电过程正在进行时，相应按键上的 LED 会呈跳动显示状态，具体充电过程正在进行时，相应按键上的 LED 会呈跳动显示状态，图9-29 所示为指示灯 LED 状态显示一览。

在充电过程中，指示灯 LED 呈绿色在跳动显示。在充电过程中，如果给汽车开锁，那么充电过程会被中止。如果在汽车开锁后，没有在 30s 内拔下充电插头，那么充电过程会再次开始进行。

LED每隔4s呈绿色闪烁50s，随后熄灭
充电计时器已激活，充电过程按预定起始时间开始进行

LED呈绿色在跳动
充电正在进行

LED呈绿色亮起，随后熄灭
充电结束了

LED呈黄色闪烁
识别出插头了且插头已上锁；
变速杆没在挡P位；
无法充电

LED呈黄色亮起
识别出插头了且插头已上锁；
无法充电

LED呈红色亮起
识别出插头了，但插头没上锁；
无法充电

图 9-29　指示灯 LED 显示状态

2. 车辆保养

Audi A3 Sportback e - tron 车在中国市场采用的也是固定周期的检查和保养（表9-3）。对于新车来说，第一次更换机油是在5000km/365 天，新车下次检查是在10000km/365 天。在中国市场，只在首次保养时需要单独更换一次机油，随后不需要单独来进行机油更换了。随后的保养工作总是检查与更换机油一起做。

表 9-3　保养项目及周期

保养工作项目	周期
更换机油	15 000km／1 年
更换花粉滤清器	60 000km／2 年
检查	30 000km／2 年
更换空气滤清器	90 000km
更换制动液	在 3 年、5 年……后更换
更换火花塞	60 000km／6 年
更换燃油滤清器	—
正时系统	210 000 km
更换变速器机油	60 000km

实训项目　插电式混合动力汽车

实训 16　充电应急操作

1. 实操目标

能够对充电插头无法拔出及充电盖板无法打开进行应急操作。

2. 操作时间

20min

3. 实操所需材料与工具

警示标志、警示隔离带、遮栏、使用说明书或维修手册、培训用车。

4. 注意事项

请务必按照老师的指导，同时设置好车辆挡块，并严格按老师示范动作操作，做到安全正确，并防止造成实操总成及车辆的损坏。

5. 实操步骤

（1）充电插头无法拔出应急操作

1）变速杆处于 P 位、汽车已解锁且充电过程已结束或中断。

2）按压并按住即时充电钮③（图 9-30）。

图 9-30　按住即时充电钮

3）同时按下无线遥控钥匙上的解锁按钮。

4）拔下充电插头。

（2）盖板应急解锁

1）将锁止机构转动到水平位置。

2）将汽车解锁。

3）打开发动机舱盖。

4）将图 9-31 中按钮Ⓐ小心拉到阻力点。

图 9-31　拉动按钮 A

5）将锁止机构转动到垂直位置。

6）在必要时，请将盖板小心地推到一侧。

本 章 小 结

1. 插电式混合动力电动乘用车是指具有可外接充电功能并且具有一定的纯电动续驶里程的混合动力电动乘用车。插电式混合动力汽车（Plug‑in Hybrid Electric Vehicle，PHEV）是新型的混合动力电动汽车。

2. 插电式混合动力可以行驶在纯电动模式下，也能行驶在发动机与驱动电机共同工作的混合动力模式下。行驶在混合动力模式下时，与普通的混合动力车辆的工作原理并无二致，驱动电机作为辅助驱动机构，主要起"削峰填谷"的作用，帮助发动机工作的相对稳定的状态下，从而减少车辆的燃油消耗与排放。行驶在纯电动模式时，仅由电池动力供应能量，从而实现纯电力驱动与零排放，因而在动力电池电量用尽后需要外接充电，故称为插电式混合动力汽车。

第10章

燃料电池汽车

随着环境问题和能源问题的日益突出，新能源汽车成为了世界各大汽车厂商及研发机构的研究热点，而在其中，燃料电池汽车（Fuel-Cell Vehicle，FCV）以其高效率和近零排放被普遍认为具有广阔的发展前景。美国、欧盟、日本和韩国都投入了大量资金和人力进行燃料电池车辆的研究，通用、福特、克莱斯勒、丰田、本田、奔驰等大公司都已经开发出燃料电池车型并已经在公路上运行，普遍状况良好。近年来，我国在燃料电池方面的投入也不断加大，北京奥运会、上海世博会期间都有燃料电池轿车和大客车进行了示范运行。燃料电池汽车将在新能源汽车中占据重要地位已经是不争的事实。

10.1 概述

燃料电池汽车（FCV）是一种用车载燃料电池装置产生的电力作为动力的汽车。车载燃料电池装置所使用的燃料为高纯度氢气或含氢燃料经重整所得到的高含氢重整气。与通常的电动汽车比较，其动力方面的不同在于FCV用的电力来自车载燃料电池装置，电动汽车所用的电力来自由电网充电的蓄电池，因此，FCV的关键是燃料电池。燃料电池，被认为是面向未来世界的新型动力来源。早在2015年，我国政府明确表示发展燃料电池车的决心，明确提到2015~2020年，其他新能源汽车的补贴逐年递减，唯独燃料电池车的补贴不变，补贴标准是中央地方1:1，有些地方甚至比中央补贴更高。另外，国务院办公厅提出：对符合国家技术标准且日加氢能力不少于200kg的新建燃料电池加氢站每个站奖励400万元，由此可见，我国的燃料电池产业前景巨大。

我国氢燃料电池汽车的发展愿景：到2030年实现百万辆的氢燃料电池汽车上路行驶，到2050年纯电动汽车技术共同实现汽车零排放。具体来讲就是抓住新能源革命的历史机遇，与纯电动汽车协调发展，通过能源的低碳清洁化和动力的高效电动化，以车用能源来源的多元化保障能源供应安全，以能源利用的零排放改善生活环境质量，以分布式低碳能源的应用应对全球气候变化，实现汽车产业从大到强。

我国氢燃料电池汽车发展目标如下：

（1）到2020年，实现氢燃料电池汽车技术规模化示范运行。基本掌握高效氢气制备、纯化、储运和加氢站等关键技术；基本掌握低成本长寿命电催化剂技术、聚合物电解质膜技术、低铂载量多孔电极与膜电极技术、非贵金属催化剂和新型双极板材料开发技术、高效一致性电池堆及系统集成技术，突破关键材料、核心部件、系统集成等关键技术；示范车辆达到5000辆。

（2）到2025年，实现氢燃料电池汽车技术的广泛推广应用。以城市私人用车、公共服务用车的批量应用为主，优化燃料电池系统的结构设计，加速关键部件产业化，大幅减低燃料电池系统成本；商用车达到1万辆规模，乘用车规模达到4万辆。

（3）到2030年，实现氢燃料电池汽车技术的大规模推广应用。大规模的制取、储存、运输、应用一体化，加氢站现场储氢、制氢模式的标准化和推广应用；完全掌握燃料电池核心关键技术，建立完备的燃料电池材料、部件、系统的制备与生产产业链。氢燃料电池汽车规模达到100万辆，氢气来源50%为清洁能源。

10.2 燃料电池组成及工作原理

燃料电池是一种能够持续的通过发生在阳极和阴极的氧化还原反应将化学能转化为电能的能量转换装置。燃料电池与常规电池的区别在于，它工作时需要连续不断地向电池内输入燃料和氧化剂，只要持续供应，燃料电池就会不断提供电能。

1. 燃料电池优点

（1）由于输出功率由燃料电池堆的输出功率决定，故机组容量具有自由度；部分负荷时也能保持高的效率。

（2）通过与燃料供给装置的组合，燃料的可适用范围更广。

（3）没有尺寸效应，很小的燃料电池仍具有和大尺寸相仿的效率。

（4）转换效率高，可达60%。

（5）没有运转部件，噪声小。

（6）NO_x及SO_x等的排出量少，有利环保，若以氢为燃料，排放是水，电池部分可实现"零排放"。

2. 燃料电池分类

（1）按燃料电池运行机理分类：酸性燃料电池和碱性燃料电池。

（2）按电解质种类分类：碱性燃料电池（AFC）、磷酸燃料电池（PAFC）、熔融碳酸盐燃料电池（MCFC）、固体氧化物燃料电池（SOFC）、质子交换膜燃料电池（PEMFC）。

（3）按燃料电池工作温度分类：低温型（温度低于200℃，如质子交换膜燃料电池）、中温型（温度为200～700℃）、高温型（温度高于750℃，如熔融碳酸盐燃料电池和固体氧化物燃料电池）。

（4）按燃料类型分类：氢气、甲醇、甲烷、乙烷、甲苯、丁烯、丁烷、汽油、柴油和天然气等。有机燃料和气体燃料必须经过重整器"重整"为氢气后，才能成为燃料电池的燃料。

3. 燃料电池组成及工作原理

燃料电池由阳极、阴极和离子导电的电解质构成，其工作原理（图10-1）与普通电化学电池类似，燃料在阳极氧化，氧化剂在阴极还原，电子从阳极通过负载流向阴极构成电回路，产生电流。

4. 质子交换膜燃料电池（PEMFC）

质子交换膜燃料电池（PEMFC）完全具有高比能量、低工作温度、起动快、无泄漏等特性，因此FCV所使用的燃料电池都是质子交换膜燃料电池（PEMFC），该电池的结构如图10-2所示。

图 10-1 燃料电池组成及工作原理

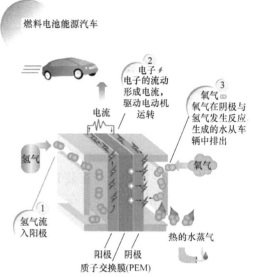

图 10-2 质子交换膜燃料电池

电池的阳极（燃料极）输入氢气（燃料），氢分子（H_2）在阳极催化剂作用下被离解成为氢离子（H^+）和电子（e^-），H^+穿过燃料电池的电解质层向阴极（氧化极）方向运动，e^-因通不过电解质层而由一个外部电路流向阴极；在电池阴极输入氧气（O_2），氧气在阴极催化剂作用下离解成为氧原子（O），与通过外部电路流向阴极的 e^- 和燃料穿过电解质的 H^+ 结合生成稳定结构的水（H_2O），完成电化学反应放出热量。这种电化学反应与氢气在氧气中发生的剧烈燃烧反应是完全不同的，只要阳极不断输入氢气，阴极不断输入氧气，电化学反应就会连续不断地进行下去，e^- 就会不断通过外部电路流动形成电流，从而连续不断地向汽车提供电力。与传统的导电体切割磁力线的回转机械发电原理也完全不同，这种电化学反应属于一种没有物体运动就获得电力的静态发电方式。因而，燃料电池具有效率高、噪声低、无污染物排出等优点。

5. 燃料电池堆

由于单元燃料电池产生的电压很低（约 0.7V），须将它们串联连接，构成"燃料电池堆"（图 10-3），才能得到所需工作电压。燃料电池堆采用双极板实现单元燃料电池的连接。同一块双极板的两个侧面，分别与相邻单元燃料电池的阴极和阳极接触。双极板还起到将氢送到阳极，将氧或空气送到阴极的作用。丰田 Mirai 燃料电池堆参数见表 10-1。一定数量的燃料电池堆构成了燃料电池，如图 10-4 所示。

6. 燃料电池与普通蓄电池的区别

（1）本质区别。燃料电池是一种能量转换装置，在工作时必须有燃料输入，才能产出电能，不存在充电问题。

图 10-3 燃料电池堆

表 10-1　丰田 Mirai 燃料电池堆参数

项目	参数
体积功率密度、质量功率密度	3.1kW/L、2kW/kg
体积/重量	37L/56kg
电池单体数量	370 片（一排堆叠）
电池单体厚度	1.34mm
电池单体重量	102g
电池单体流场	3D 精细网格流场
安装位置	地板下方

普通蓄电池是一种能量储存装置，必须先将电能储存到电池中，在工作时只能输出电能，在工作时不需输入燃料。

（2）燃料电池通过不断供给燃料，可连续放电。普通蓄电池必须重复充电后才可重复使用，放电是间断的。

（3）燃料电池需要一套燃料储存装置或燃料转换装置和附属设备，才能获得氢气，燃料会随着电能的产生逐渐消耗，质量逐渐减轻。普通蓄电池没有其他辅助设备，不论是充满电还是放完电，其质量和体积基本不变。

图 10-4　燃料电池

（4）燃料电池产生电能时，反应物质不断地消耗不再重复使用，要不断地输入反应物质。普通蓄电池充放电时，活性物质反复进行可逆性化学变化，活性物质并不消耗。

7. FCEV 对燃料电池的要求

（1）由单元电池组成的燃料电池组的比能量不低于 150～200W·h/kg，比功率不低于 400W/kg。达到或超过美国先进电池联合体（USABC）提出的电池性能指标水平。

（2）各种辅助装备的外形尺寸和质量应尽可能地减少，实现 FC 发动机小型化和轻量化，符合 FCEV 装车的要求。

（3）燃料充添方便迅速，燃料电池能打开进行电极、电解质和催化剂的维护和更换。

（4）可在常温条件下工作，不会发生燃料气体和电解液的泄漏或结冰，有可靠的安全性能。

（5）可在负荷变化情况下正常运转，能对 FCEV 行驶工况的变化快速响应。

（6）各种结构件有足够的强度和可靠性，能耐受 FCEV 行驶时的振动和冲击。

8. 燃料电池用于 FCEV 时的不足

（1）燃料电池可持续发电，但不能开开停停。

（2）不能被充电，不能接受 FCEV 制动或下坡时所反馈的再生制动电能，需要配备其它形式的蓄电池来存储燃料电池的多余电能和制动或下坡时所反馈的电能。

10.3 燃料电池汽车

1. 燃料电池汽车的类型

燃料电池汽车的类型见表 10-2。

表 10-2 燃料电池汽车的类型

名称	分类标准	类型
燃料电池汽车的类型	FCEV 按主要燃料种类	以纯氢气为燃料的 FCEV
		经过重整后产生的氢气为燃料的 FCEV
	FCEV 按"多电源"的配置不同	纯燃料电池驱动（PFC）的 FCEV
		燃料电池与辅助动力电池联合驱动（FC + B）的 FCEV
		燃料电池与超级电容联合驱动（FC + C）的 FCEV
		燃料电池与辅助动力电池和超级电容联合驱动（FC + B + C）的 FCEV

（1）纯燃料电池驱动的 FCEV。纯燃料电池电动汽车只有燃料电池一个动力源，汽车的所有功率负荷都由燃料电池承担（图 10-5）。

优点：结构简单，便于实现系统控制和整体布置；系统部件少，有利于整车的轻量化；较少的部件使得整体的能量传递效率高。

缺点：燃料电池功率大、成本高；对燃料电池系统的动态性能和可靠性提出了很高的要求；不能进行制动能量回收。

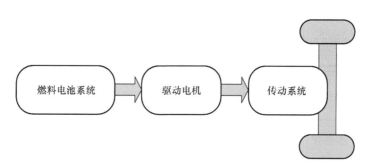

图 10-5 纯燃料电池驱动的 FCEV

（2）燃料电池与辅助动力电池联合驱动 FCEV。该结构为一典型的串联式混合动力结构。在该动力系统结构中，燃料电池和动力电池一起为驱动电机提供能量，驱动电机将电能转化成机械能传给传动系统，从而驱动汽车前进；在汽车制动时，驱动电机变成发电机，动力电池将储存回馈的能量。燃料电池与辅助动力电池联合驱动 FCEV 的优缺点见表 10-3。

表 10-3　燃料电池与辅助动力电池联合驱动 FCEV 的优缺点

项目	内容
优点	由于增加了比功率价格相对低廉得多的动力电池组，系统对燃料电池的功率要求较纯燃料电池结构形式有很大的降低，从而大大地降低了整车成本
	燃料电池可以在比较好的设定的工作条件下工作，工作时燃料电池的效率较高
	系统对燃料电池的动态响应性能要求较低
	汽车的冷起动性能较好
	制动能量回馈的采用可以回收汽车制动时的部分动能，该措施可能会增加整车的能量效率
缺点	动力电池的使用使得整车的质量增加，动力性和经济型受到影响，这一点在能量复合型混合动力汽车上表现更为明显
	动力电池充放电过程会有能量损耗
	系统变得复杂，系统控制和整体布置难度增加

（3）燃料电池与超级电容联合驱动 FCEV。这种结构形式与燃料电池+动力电池结构相似，只是把动力电池换成超级电容。相对于动力电池，超级电容充放电效率高，能量损失小，比动力电池功率密度大，在回收制动能量方面比动力电池有优势，循环寿命长，但是超级电容的能量密度较小。

（4）燃料电池与辅助动力电池和超级电容联合驱动的 FCEV。燃料电池与动力电池和超级电容联合驱动的电动汽车的动力系统结构也为串联式混合动力结构（图 10-6）。燃料电池、动力电池和超级电容一起为驱动电机提供能量，驱动电机将电能转化成机械能传给传动系统，驱动汽车前进；在汽车制动时，驱动电机变成发电机，动力电池和超级电容将储存回馈的能量。

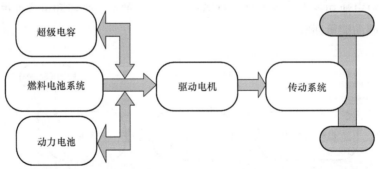

图 10-6　燃料电池与辅助动力电池和超级电容联合驱动的 FCEV

2. 燃料电池汽车的关键技术

（1）燃料电池系统。燃料电池是燃料电池汽车发展的最关键技术之一。燃料电池堆技术发展趋势可用耐久性、低温起动温度、净输出比功率以及制造成本四个要素来评判。降低成本也是燃料电池堆研究的目标，控制成本的有效手段是减少材料费（电催化剂、电解质膜、双极板等），降低加工费（膜电极制作、双极板加工和系统装配等）。

（2）储氢系统。储氢技术是氢能利用走向规模化应用的关键。目前，常见的车载储氢系统有高压储氢、低温储存液氢和金属氢化物储氢三种基本方案。如何有效减小储氢系统的质量与体积，是车载储氢技术开发的重点。一个比较理想的方案是，采用储氢材料与高压储氢复合的车载储氢新模式。

车载储氢系统是燃料电池汽车重要部件，可以分为硬件和控制系统两部分。硬件系统包括碳纤维缠绕铝内胆储氢瓶、组合式瓶阀、溢流阀、减压阀、压力/温度传感器等组成（图10-7）。而控制系统则是通过制定的控制策略及各压力/温度传感器的反馈信号对系统的电磁阀进行开/关控制，并给出车载供氢系统的适时状态。

图10-7　车载储氢系统

（3）动力电池系统。动力电池系统包括铅酸电池、镍氢电池、锂离子电池等及电化学超级电容器。铅酸电池由于其功率密度低，充电时间长，作为未来电动汽车动力系统的可能性很小。镍氢电池具有高比能、大功率、快速充放电、耐用性优异等特性，是目前混合动力汽车和电动汽车中应用最广的绿色动力系统。锂离子电池具有比能量大、比功率高、自放电小、无记忆效应、循环特性好、可快速放电等优点。超级电容器能在短时间内提供或吸收大的功率，为蓄电池数十倍，效率高，具有上万次的循环寿命和极长的储存寿命，工作温度范围宽，能使用的基础材料价格便宜，可以作为混合型动力汽车的有效动力电池系统。

（4）电机及其控制技术。驱动电机是燃料电池电动汽车的心脏，它正向着大功率、高转速、高效率和小型化方向发展。当前驱动电机主要有感应电机和永磁无刷电机，永磁无刷电机具有较高的功率密度和效率、体积小、惯性低和响应快等优点，在电动汽车方面有着广阔地应用前景。

（5）整车布置。燃料电池汽车在整车布置上存在以下关键问题：燃料电池发动机及电机的相关布置；动力电池组的车身布置、氢气瓶的安全布置；高压电安全系统的车身布置问题。

这些核心部件的布置，不仅要考虑布置方案的优化及零部件性能实现的便利，还要求相关方案必须考虑传统汽车不具备的安全性问题。

（6）整车热管理。燃料电池发动机自身的运行温度为60～70℃，实际的散热系统工作温度大致可以控制在60℃，必须依赖整车动力系统提供额外的冷却动力为系统散热，因此二者之间的平衡将是在热管理开发方面必须关注的。

目前整车各零部件的体积留给整车布置回旋的余地很小，造成散热系统设计的改良空间不大，无法采用通用的解决方案应对，必须开发专用的零部件。

（7）整车与动力系统的参数选择与优化设计。燃料电池汽车整车性能参数是整个燃料电池动力系统开发的信息输入，而虚拟配置的动力系统的特性参数也影响项目整车性能。两者之间的参数选择是一个多变量多目标的优化设计过程，而且参数选择与行驶工况和控制策略紧密相关。

（8）多能源动力系统的能量管理策略。能量管理策略对燃料经济性影响很大，且受到动力系统参数和行驶工况的双重影响。完成能量管理策略的工况适应性开发后，其核心问题转变为功率分配优化，当然还必须考虑一些限制条件。按照是否考虑这些变量的历史状态，可以把功率分配策略分为瞬时与非瞬时策略两大类。

3. 燃料电池汽车的结构类型

目前燃料电池电动汽车绝大多数采用的是混合式燃料电池驱动系统，串联式（图10-8）和并联式（图10-9）两种。

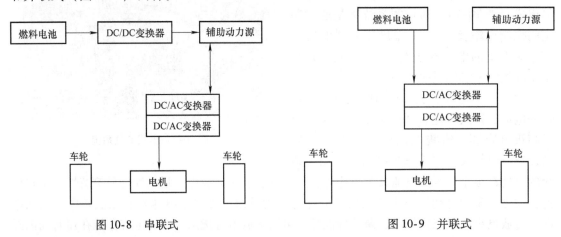

图10-8 串联式　　　　　图10-9 并联式

4. 燃料电池汽车基本结构

燃料电池汽车总布置结构如图10-10所示。

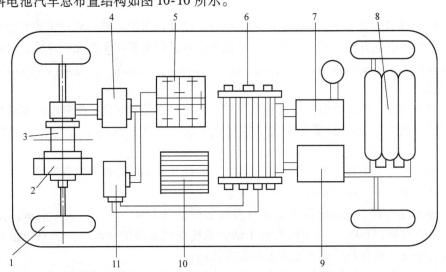

图10-10 燃料电池汽车总布置结构

1—驱动轮　2—驱动系统　3—驱动电机　4—DC/AC变换器　5—辅助电源装置
6—燃料电池发动机　7—空气压缩机　8—氢气储存罐　9—氢气供应系统辅助装置　10—中央控制器　11—DC/DC变换器

（1）燃料电池发动机。在FCEV所采用的燃料电池发动机中，为保证PEMFC组的正常工作，除以PEMFC组为核心外，还装有氢气供给系统、氧气供给系统、气体加湿系统、反应生成物的处理系统、冷却系统和电能转换系统等，燃料电池发动机的组成见表10-4，结构如图 10-11 所示。

表 10-4 燃料电池发动机的组成

名称	组成	作用
燃料电池发动机	氢气供应、管理和回收系统	气态氢的储存装置通常用高压储气瓶来装载。液态氢气虽然比能量高于气态氢，由于液态氢气是处于高压状态，不但需要用高压储气瓶储存，还要用低温保温装置来保持低温，低温的保温装置是一套复杂的系统
	氧气供应和管理系统	氧气的来源有从空气中获取氧气或从氧气罐中获取氧气，空气需要用压缩机来提高压力，以增加燃料电池反应的速度
	水循环系统	燃料电池发动机在反应过程中将产生水和热量，在水循环系统中用冷凝器、气水分离器和水泵等对反应生成的水和热量进行处理，其中一部分水可以用于空气的加湿
	电力管理系统	燃料电池所产生的是直流电，需要经过 DC/DC 变换器进行调压，在采用交流电动机的驱动系统中，还需要用 DC/AC 转换器将直流电转换为三相交流电

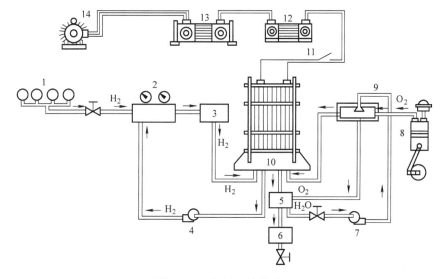

图 10-11 燃料电池发动机

1—氢气储存罐 2—氢气压力调节仪表 3—热交换器 4—氢气循环泵 5—冷凝器及气水分离器
6—散热器 7—水泵 8—空气压缩机 9—加湿器及去离子过滤装置 10—燃料电池组 11—电源开关
12—DC/DC 变换器 13—DC/AC 变换器 14—驱动电机

（2）辅助动力源。在 FCEV 上燃料电池发动机是主要电源，另外还配备有辅助动力源。根据 FCEV 的设计方案不同，其所采用的辅助动力源也有所不同，可以用动力电池组、飞轮储能器或超大容量电容器等共同组成双电源系统。在具有双电源系统的 FCEV 上，驱动电机的电源可以出现以下驱动模式。

1）在 FCEV 起动时，由辅助动力源提供电能带动燃料电池发动机起动，或带动车辆起步。

2）车辆行驶时，由燃料电池发动机提供驱动所需全部电能，剩余的电能储存到辅助动力源装置中。

3）在加速和爬坡时，若燃料电池发动机提供的电能还不足以满足 FCEV 驱动功率要求，则由辅助动力源提供额外的电能，使驱动电机的功率或转矩达到最大，形成燃料电池发动机与辅助动力源同时供电的双电源的供电模式。

4）储存制动时反馈的电能，以及向车辆的各种电子、电器设备提供所需要的电能。

(3) DC/DC 变换器

1）装置 DC/DC 变换器的必要性。FCEV 采用的电源有各自的特性，燃料电池只提供直流电，电压和电流随输出电流的变化而变化。燃料电池不可能接受外电源的充电，电流的方向只是单向流动。

FCEV 采用的辅助电源（动力电池和超级电容器）在充电和放电时，也是以直流电的形式流动，但电流的方向是可逆性流动。

FCEV 上的各种电源的电压和电流受工况变化的影响呈不稳定状态。

2）DC/DC 变换器的基本功能。当输入直流电压在一定范围内变化时，能输出负载要求的变化范围的直流电压，例如，输入电压最低时也能达到最高输出电压，输入电压最高时也能达到最低输出电压等。

输出负载要求的直流电流范围：能够输出足够的直流负载电流，并且能够允许在足够宽的负载变化范围的情况下，例如从空载到满载，即电流从零到最大，设备能正常运行，电压稳定、不损坏器件。

3）FCEV 车载 DC/DC 变换器的功能

① 调节燃料电池的输出电压。

② 调节整车能量分配。

③ 稳定整车直流母线电压。

4）FCEV 车载 DC/DC 变换器的要求

① 转换器是能量传递部件，因此需要转换效率高，以便提高能源的利用率。

② 为了降低对燃料电池的输出电压要求，转换器应具有升压功能。

③ 由于燃料电池输出的不稳定，需要转换器闭环运行进行稳压，为了给驱动器稳定的输入，需要转换器有较好的动态调节能力。

④ 体积小，重量轻。

(4) 驱动电机

1）直流电机驱动系统采用换向器和电刷，保证了励磁磁动势与电枢磁动势的严格正交，易于控制。但直流电机结构复杂，其高速性能和可靠性受换向器和电刷的影响较大。

2）交流电机坚固耐用、结构简单、技术成熟、免维护、成本低，尤其适合恶劣的工作环境。其缺点在于损耗大、效率低、功率因数低，进而导致控制器容量增加，成本上升。

3）永磁电机驱动系统通常可分为方波供电的无刷直流电机和正弦波供电的永磁同步电机。转子采用永磁体，不需要励磁。因此，功率因数大，电机具有较高的功率密度和效率。但仍然存在成本高、可靠性较低及使用寿命较短的缺点。

4）开关磁阻电机驱动系统作为一种基于"磁阻最小原理"设计的新型电机，定子、转子均采用凸极结构，具有结构简单、可靠性高、控制简便及功率/转矩特性优越的特点。但存在噪声大、转矩和母线电流脉动严重的缺陷。

(5) 电控系统。燃料电池汽车的动力电控系统主要由燃料电池发动机管理系统（FCE -

ECU)、电池管理系统（BMS）、动力控制系统（PCU）及整车控制系统（VMS）组成，具体如图 10-12 所示。

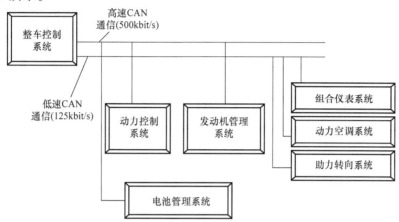

图 10-12　燃料电池汽车的动力电控系统

1）发动机管理系统。燃料电池发动机管理系统按整车控制器的功率设定值控制燃料电池发动机的功率输出，监测发动机的工作状态，保证发动机稳定可靠地运行时进行故障诊断及管理，其具体组成包括供氢系统、供氧系统、水循环及冷却系统。

2）电池管理系统。电池管理系统分上下两级，下级 LECU 负责动力电池组电压、温度等物理参数的测量，进行过充过放保护及组内组间均衡；上级 CECU 负责动力电池组的电流检测及 SOC 估算，以及相关的故障诊断，同时运行高压漏电保护策略。

3）动力控制系统。动力控制系统包含 DC/DC 变换器、DC/AC 变换器、DCL 和空调控制器及空调压缩机变频器，以及电机冷却系统控制器。DC/DC 变换器和 DC/AC 变换器的作用如前所述，DCL 负责将高压电源转换为系统零部件所需的 12V/24V 低压电源，电机冷却系统控制器负责电机及 PCU 的水冷却系统控制。

4）整车控制系统。整车控制系统的核心是多能源控制策略（包括制动能量回馈功能），它一方面接收来自驾驶人的需求信息（如点火开关、加速踏板、制动踏板、档位信息等）实现整车工况控制；另一方面基于反馈的实际工况（如车速、制动、电动机转速等）以及动力系统的状况（燃料电池及动力电池的电压、电流等），根据预先匹配好的多能源控制策略进行能量分配调节控制。

5. 氢燃料电池车实例

（1）帕萨特领驭氢燃料电池车。上海大众帕萨特领驭燃料电池车动力总成系统主要由燃料电池发动机、驱动电机及其控制器、DC/DC 变换器、锂离子动力电池组等组成，如图 10-13 所示。

（2）上汽大通 FCV80 燃料电池车。上汽大通 FCV80 燃料电池车（图 10-14）采用了氢燃料电池系统，动力总成由氢燃料电池、动力电池和永磁同步电机构成。车载储氢罐的氢存储量为 6.2kg，储氢压力为 35MPa，单次加氢仅需要 3min。而永磁同步电机的最大输出功率为 100kW，峰值转矩 350N·m。此外在 40km/h 的等速情况下，这款车的续航里程为 438km。

（3）丰田氢燃料电池车 Mirai。丰田氢燃料车 Mirai，日文意为"未来"（图 10-15）。它

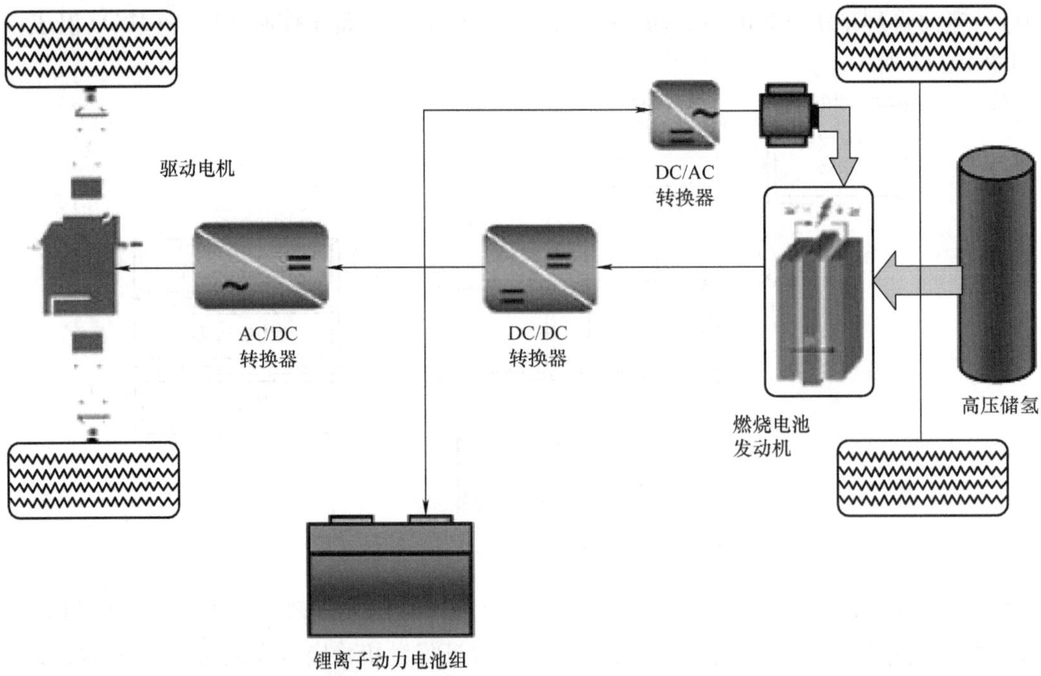

图 10-13 帕萨特领驭氢燃料电池车

图 10-14 上汽大通 FCV80 燃料电池车

的燃料电池组最大输出功率为114kW，功率输出密度为3.1kW/L，它的最大转矩335N·m，充满燃料的 Mirai 拥有近似于传统汽油车款的巡航里程，达到约 500km，而即便燃料用光了，将燃料回填补满的时间也仅需约 3min。Mirai 配置的电能供应系统最大可储存60kW·h的电量，最大电能输出值为9kW。由于使用了碳纤维强化塑料的三层结构，Mirai 的储氢罐可以承受 70MPa 的高压。

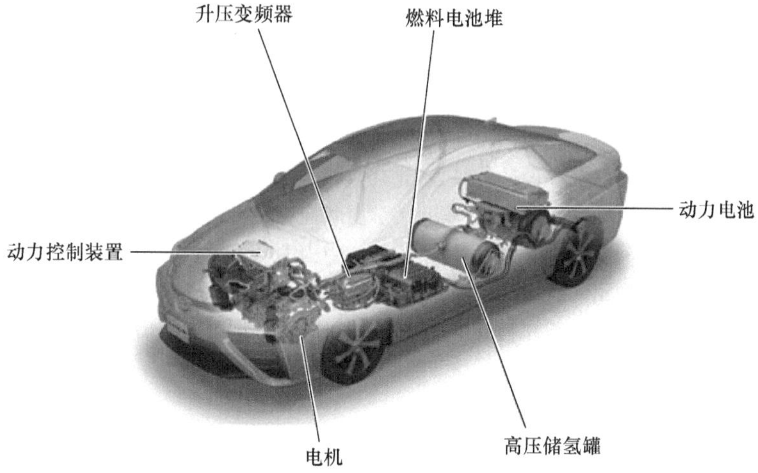

图 10-15　丰田氢燃料电池车 Mirai

本 章 小 结

1. 燃料电池是一种能够持续的通过发生在阳极和阴极的氧化还原反应将化学能转化为电能的能量转换装置。燃料电池汽车（FCV）是一种用车载燃料电池装置产生的电力作为动力的汽车。

2. 燃料电池由阳极、阴极和离子导电的电解质构成，其工作原理与普通电化学电池类似，燃料在阳极氧化，氧化剂在阴极还原，电子从阳极通过负载流向阴极构成电回路，产生电流。

3. 燃料电池电动汽车按主要燃料种类可以分为以纯氢气为燃料的 FCEV 和经过重整后产生的氢气为燃料的 FCEV；按"多电源"的配置不同可以分为纯燃料电池驱动（PFC）的 FCEV、燃料电池与辅助动力电池联合驱动（FC + B）的 FCEV、燃料电池与超级电容联合驱动（FC + C）的 FCEV、燃料电池与辅助动力电池和超级电容联合驱动（FC + B + C）的 FCEV。

4. 燃料电池与普通蓄电池的区别：燃料电池是一种能量转换装置，在工作时必须有燃料输入才能产出电能，不存在充电问题。普通蓄电池是一种能量储存装置，必须先将电能储存到电池中，在工作时只能输出电能，在工作时不需输入燃料；燃料电池通过不断供给燃料，可连续放电。普通蓄电池必须重复充电后才可重复使用，放电是间断的；燃料电池需要一套燃料储存装置或燃料转换装置和附属设备，才能获得氢气，燃料会随着电能的产生逐渐消耗，质量逐渐减轻。普通蓄电池没有其他辅助设备，不论是充满电还是放完电，其质量和体积基本不变；燃料电池产生电能时，反应物质不断地消耗不再重复使用，要不断地输入反应物质。普通蓄电池充放电时，活性物质反复进行可逆性化学变化，活性物质并不消耗。

参 考 文 献

[1] 姜久春. 电动汽车的相关标准 [M]. 北京：北京交通大学出版社，2016.
[2] 陈黎明. 电动汽车结构原理与故障诊断 [M]. 北京：机械工业出版社，2015.
[3] 周志敏. 电动汽车充电站桩工程设计 [M]. 北京：电子工业出版社，2017.
[4] 旋艳静. 新能源汽车概论 [M]. 沈阳：东北大学出版社，2015.
[5] 谭晓君. 电池管理系统深度理论研究 [M]. 广州：中山大学出版社，2015.
[6] 邹国棠. 电动汽车的新型驱动技术 [M]. 北京：机械工业出版社，2015.
[7] 张之超. 新能源汽车驱动电机与控制技术 [M]. 北京：北京理工大学出版社，2016.

读者沟通卡

一、申请课件

本书附赠教学课件供任课教师采用，可在机械工业出版社教育服务网（www.cmpedu.com）注册后免费下载；也可扫描二维码关注"爱车邦"微信订阅号获取课件。

 爱车邦	**免费下载** 教学课件、学习视频、海量学习资料 ➢ 扫描二维码，关注**"爱车邦"** ➢ 点击"粉丝互动"→"视频课件"

二、意见反馈和编写合作

联 系 人：谢元
电　　话：010-88379771
电子信箱：22625793@qq.com
地　　址：北京市西城区百万庄大街 22 号汽车分社
邮　　编：100037